증보판

# CRIME

# 범죄,
# 그 진실과
# 오해

이윤호 저

박영사

범죄,
그
진실과
오해

# 증보판을 내면서

『범죄, 그 진실과 오해』가 한국연구재단의 우수도서로 선정되는 영광을 안고 출간된 지도 적지 않은 시간이 흘렀다. 그 동안 한두 가지 새로운 꼭지가 추가되기도 하고, 독자들의 이해를 돕기 위하여 Box기사 형태로 활용하였던 일부 사례들을 더 새로운 것들로 대치하기도 하였다. 무릇 범죄란 사회를 그대로 반영한다고 했듯이, 사회의 변화는 곧 범죄현상의 변화를 가져오기 마련이다. 이번의 증보판은 바로 변화하는 사회와 그 현상으로서의 범죄현상의 변화를 담기 위한 노력이었음을 독자 여러분들에게 고한다.

1부 '범죄란 무엇인가'에서는 끊임없이 세계를 놀라게 하는 테러와 테러리즘을 재조명하였다. 특히 전통적 테러 외에도 새롭게 등장한 New terrorism과 과거에는 외부로부터의 공격에 국한되던 것이 보스턴 마라톤, 런던 지하철 테러와 같은 점점 내부자들의 소행, 즉 자생적 테러Homegrown terror가 급증하고 있으며, 특히 이러한 자생적 테러로부터 우리 대한민국도 결코 예외이거나 자유로울 수 없다는 점에서 당연히 추가되어야 했다. 2부 '범죄자 이야기'에서는 요즘들어 세간의 우려를 불러일으킨 엽기적인 범죄자들이 Psychopath나 Sociopath의 성향이 강하다는 주장에 귀 기울여서 그들이 누구인지, 그들의 범죄는 어떤 것인지 살펴보았다. 그리고 6부 '범죄예방 및 진압' 편에서는 마치 범죄문제를 해결하는 만병통치의 판도라의 상자처럼 인구에 회자될 뿐더러 온갖 정책에도 등장하는 환경설계를 통한 범죄예방, 즉 CPTEDCrime Prevention Through Environmental Design는 물론이고, CPTED의 대표상품이라 할 수 있는 CCTV가 급증하고 있는데 과연 범죄를 예방할 수 있는지도 살펴보지 않을 수 없었다. 7부 '범죄의 사후대책, 형벌과 교정' 편에서는 최근 유행하고 있는 성범죄자에 대한 전자발찌 부착의 허와 실을 짚어보았다.

　항상 느끼는 것이지만 책을 쓰고 출판하기까지는 저자 혼자만으로 될 수 없다는 점을 이번에도 예외 없이 마음 속 깊이 느끼고 감사하는 마음 가득하다. 자료의 수집에서 정리는 물론이고 원고의 정리와 교정에 이르기까지 많은 시간과 노력을 아끼지 않았던 동국대학교 대학원 박사과정의 조상현, 이승주, 김가은, 엄유진, 장지원 원생들에게 고마움을 전한다. 물론 모든 것은 평온한 가정이 있기에 가능하며, 그 가운데는 아내와 창욱과 승욱 두 아들이 든든하게 지켜주고 있음에도 감사한다.

2017년 6월 초하루
목멱산 기슭에서
저자 이 윤 호

# 들어가며

최근 우리 사회에서 발생하고 있는 이전에는 볼 수 없던 잔혹한 살인, 묻지마 범죄, 아동 성폭행, 학교폭력 등 전체적인 범죄발생건수가 양적으로 증가하고 있을 뿐만 아니라 질적으로도 종류가 날로 다양해짐으로써 국민들의 범죄에 대한 두려움은 날로 높아가고 있다.

필자는 범죄학자의 한 사람으로서 과연 우리는 점점 더 흉악해지고 지능화되는 범죄를 사전에 예측하고 예방할 수 없었는지에 대한 물음에 깊은 책임감을 느끼며 또한 범죄 발생 후에서야 이런 현상을 분석하고 정의내릴 수밖에 없다는 것에 대해 많은 안타까움을 느낀다.

범죄란 우리가 살아가는 사회의 사회문제 중 하나로서 그 사회를 그대로 반영하는 사회적 현상이라고 할 수 있다. 이는 범죄라는 것이 인간 본연의 본성에서 나오는 행동일 수도 있지만 깊이 살펴보면, 결국 사회 속에서 만들어지는 새로운 환경과 조건이 인간에게 영향을 주어 나타나는 인간의 행동이라 말할수 있는 것이다. 따라서 범죄는 범죄를 저지르는 한 개인의 문제가 아닌 사회 전체가 관심을 가지고 지켜봐야 할 사회문제인 것이다. 더욱이 사회가 풍요로워질수록 우리 자신의 신체와 재산에 대한 안전의 욕구가 점점 커져가면서 범죄 문제는 특정된 사람들이 해결하고 예방해야 할 문제가 아니라는 관점에 많은 사람이 공감하고 이미 실천하고 있는 부분이다.

필자는 이러한 범죄의 중요성을 인식하여 대학교재로 '형사정책', '범죄학', '경찰학', '교정학', '피해자학' 등 몇 권을 저술하였다. 하지만 이러한 저서들은 일반 대중들이 보기에 다소 딱딱하고 어려운 내용들이어서, 본서는 일반 대중에게 좀 더 다가가기 편하고 피부로 느낄 수 있는 내용들로 구성하는 것이 목적이었다. 본서의 구성은 제 1 부 '범죄란 무엇인가', 제 2 부 '범죄자 이야기',

제 3 부 '범죄원인 이야기', 제 4 부 '범죄 피해자 이야기', 제 5 부 '범죄 대응의 철학', 제 6 부 '범죄예방 및 진압', 제 7 부 '범죄 사후대책, 형벌과 교정'으로 구성되었으며, 범죄의 다양한 접근방법, 범죄자의 범죄현상과 그 원인 및 그에 따른 예방, 그리고 범죄 피해자의 회복과 권익, 범죄자의 교정·교화를 다루었다. 또한, 과거와 달라진 현대사회의 변화된 범죄의 현상과 범죄가 발생하는 원인이 되는 사회적 환경과 요인 등 범죄와 관련된 내용 전반을 망라하여 저술하였다.

비록 최선을 다하였지만 저자의 학문적 식견과 경륜이 일천한 관계로 아직도 부족한 점이 많은 것을 독자 여러분께 고백한다. 그러나 본서가 저자로서는 새로운 시도이고 또 초판이라는 점에서 앞으로 얼마든지 부족한 부분은 보완하고 잘못된 부분은 수정할 수 있다는 점에서 감히 용기를 내어 출판하게 되었다. 따라서 앞으로 독자 여러분의 따끔한 지적과 충고를 겸허히 수용하여 부족했던 부분은 수정, 보완하여, 이를 저자 개인의 학문적 성장과 차후 더 좋은 책의 저술을 위한 밑거름으로 삼고자 한다.

끝으로, 이 책이 나오기까지는 저자 혼자만의 힘으로는 불가능하였으며, 많은 사람들의 성원과 도움이 있었기에 가능하였음을 밝힌다. 짧은 지면을 통해서나마 그들에게 진심으로 고마움을 표하고자 한다. 우선 본서의 원고를 정리하고 수차에 걸친 교정을 도맡아 준 동국대학교 대학원 경찰행정학과 박사과정의 이승엽 양과, 조상현 군 그리고 석사과정의 박진형, 최재용 군을 비롯한 대학원생들에게 고마움의 뜻을 전하고 싶다. 그리고 졸저임에도 기꺼이 출판해 주어 저자에게 용기를 주고 격려를 아끼지 않았던 박영사 안종만 회장님과 임직원, 편집부 이승현 씨에게도 심심한 감사를 표하는 바이다. 끝으로 가족이란 이름으로 저자에게 무한한 힘이 되어 준 두 아들 창욱, 승욱과 아내에게도 감사의 마음을 전하고 싶다.

2014년 8월
남산 연구실에서
저자 이 윤 호 씀

# 차   례

## 제 1 부  범죄란 무엇인가

## 제 2 부  범죄자 이야기

## 제 3 부  범죄원인 이야기

## 제 4 부  범죄 피해자 이야기

## 제 5 부  범죄 대응의 철학

# 1

## 범죄란
## 무엇인가

# 범죄란 무엇인가

인터넷과 여러 방송매체를 통해서 가장 많이 듣는 소식 중에 하나가 바로 범죄소식이다. 또한 CSI 등과 같은 범죄 드라마는 대중들로 하여금 범죄에 대한 관심을 증대시키고 있다. 이렇게 우리는 일상적으로 범죄를 접하고는 있지만, 아직 어떠한 것이 범죄인지에 대한 이해는 부족하다.

## 범죄에 대한 다양한 접근

범죄에 대한 정의와 규정이 혼재하고 있는 것은 범죄를 다양한 관점에서 접근하고 있기 때문이다.

법률가나 형사사법 분야에서는 범죄를 위법행위로 인식하여 순전히 법률적으로 이해하는 반면, 다른 한편으로는 사회의 통상적인 규범으로부터 크게 일탈되는 행위로 보거나, 종교인들처럼 원죄로 이해하는 경우도 있다. 그러나 범죄학에서 사용되고 있는 범죄라는 용어는 대체로 법률적으로 규정되는 것으로 보고 있다. 즉, 어떠한 행위이건 그것이 범죄가 되기 위해서는 형법 등의 법률을 위반했을 경우이어야 한다는 것이다. 말하자면 법 없이는 공식적으로 인지된 범죄란 있을 수 없다.

그래서 범죄에 대한 법률적 정의는 '법에 규정되어 있는 금지하는 행위를 하거나 반드시 행해야 하는 행위를 하지 않는 것'을 의미한다. 이러한 범죄에 대한 법률적 정의는 법의 생성과 기원에 따라서 그 의미를 달리하는데, 이는 법의 기원을 사회적 합의에 두는 **합의론적 관점**과 사회적 갈등을 법의 기원으로 보는 **갈등론적 관점**으로 나눌 수 있다.

먼저, 법의 기원을 사회적 합의에서 찾는 합의론적 관점은 사회학의 구조기능주의로 설명할 수 있다. 구조기능주의는 사회의 다양한 부분들이 하나의 통합된 구조로 조직되고, 어느 한 부분이나 제도의 변화가 다른 부분에 대하여 상당한 영향을 미친다고 보는 연구방법론이다. 그래서 통합된 문화에서는 사회적 안정성을 위해 사회의 구성원들이 규범, 목표, 규칙, 그리고 가치에 대한 일종의 합의나 동의가 필요하다. 따라서 그 사회의 법률은 일반적으로 사회 구성원들에 의해 합의된 행위규범이 반영된 것이라는 주장은 범죄의 합의론적 관점이다. 즉, 어떠한 행위가 법률에 의해 금지되어야 하며 범죄로 간주되어야 하는가에 대하여 다수 시민들의 일반적인 합의가 있다는 것이다.

갈등론적 관점은 법의 기원을 매우 선별적인 과정으로 본다. 갈등론적 관점을 주장한 갈등론자들은 우리 사회를 상호갈등적인 다양한 집단의 집합으로 보고, 이들 집단 중에서 정치적이면서도 경제적으로 힘을 주장할 수 있는 집단이 자신들의 이익과 기득권을 보호하기 위한 수단으로서 법을 만들어 냈다고 보고 있다. 예를 들어, 절도 등의 범죄로 인한 금전적인 피해가 상대적으로 크지 않은 재산범죄자에 대해서는 강력한 처벌을 하지만, 범죄의 피해정도가 훨씬 큰 기업범죄에 대해서는 오히려 가벼운 처벌을 하는 것이 하나의 단적인 예로 지적되고 있다. 즉, 정치적으로든 경제적으로든 기득권을 가진 계층이 자신들의 기득권을 보호하기 위하여 법을 규정해 놓았다고 본다.

## 법률적인 관점의 범죄의 한계

법률적인 관점에서는 모든 범죄행위를 일일이 법으로 규정할 수 없으며, 비록 범죄로 규정하게 되더라도 지나치게 많은 법률의 등장으로 문제를 일으킬 수 있다. 이러한 점이 범죄에 대한 법률적 정의의 한계이자 문제점이다. 법률이 합의론적 관점에서 기원되었거나 아니면 갈등론적 시각에서 생성되었건 범죄에 대한 법률적 정의는 가장 보편적인 범죄에 대한 정의이지만 전혀 문제가 없는 것은 아니다.

우선, 범죄행위를 포함한 인간의 모든 행위를 모두 법으로 규정하기란 사실상 불가능하며, 따라서 법이 규정할 수 없는 사회적 일탈이 생기게 된다는 한계가 있다. 또한 이러한 한계는 범죄의 상대적 특성에 의하여 추가적으로 문제가 되고 있다.

범죄의 상대적 특성이란 범죄는 시간과 공간에 구애받지 않고 항상 존재하는 것이 아니라 시간과 공간적 상대성을 가지고 있다는 것이다. 시간적 상대성이란 야간통행금지처럼 과거에는 범죄였으나 현재는 범죄가 아닌 경우 혹은, 반대로 여러 가지 신종범죄와 같이 과거에는 범죄가 아니었으나 현재는 범죄로 규정되는 경우이다. 마찬가지로 공간적 상대성이란 간통과 같이 어느 나라에서는 범죄이면서도 다른 나라에서는 범죄가 아니거나 혹은, 반대로 어느 나라에서는 범죄가 아니지만 다른 나라에서는 범죄가 되는 경우 또는 도박과 과거의 통행금지처럼 같은 나라 안에서도 지역에 따라 범죄가 되거나 범죄가 되지 않는 경우를 말한다.

그 뿐만 아니라, 교통·통신 기술의 발달로 인해 사회의 변화 속도를 법이 따라잡지 못하는 경우도 있다. 현재 범죄로 인식되는 해킹의 경우, 초창기에는 처벌할 법 규정의 미비로 인하여 법률적으로 범죄로 규정하기 어려웠다.

## 범죄에 대한 가치관의 혼란

범죄를 법으로만 규정하게 되면 혼란의 위험성이 있다. 모든 범죄행위는 다 부도덕하고 비윤리적인지, 혹은 모든 부도덕하고 비윤리적인 행위가 다 범죄인가라는 혼란이 그것이다. 여기서 발생할 수 있는 문제는 법적으로는 범죄가 아니지만 부도덕하거나 비윤리적인 행위가 과연 범죄가 아닌지에 대한 질문이다. 예를 들어, 인종차별이나 성차별 같은 행위는 법률로 규정된 범죄행위는 아니지만 매우 부도덕하고 비윤리적인 행위이다. 반면에 다수의 과실에 의한 범죄는 비록 법률적으로는 범죄로 규정되지만 그렇다고 근본적으로 부도덕하고 비윤리적이라고 비난할 수 없다.

이렇게 범죄는 아니지만 사회적으로 비난가능성이 큰 행위에 대한 범죄 여부 판단을 위하여 여러 주장이 존재했다. 그 중 하나가 미국의 부부범죄학자인 Schwendinger 부부의 주장이다. Schwendinger 부부는 범죄를 법률이 아닌 인권Human Rights이라는 잣대로 규정하자고 제안했다. 그들의 주장에 의하면 사회적으로 부도덕하고 비윤리적인 행위들이 현재의 법률적 규정에서 규정되지 않고 있다는 것을 지적하며, 이 점을 보완하기 위해서는 범죄행위를 법이 아니라 인간의 기본적 권리, 즉 인권을 침해하는 모든 행위를 범죄로 규정해야 한다고 보았다. 그렇게 된다면 법으로는 범죄로 규정되지 않았던 성차별이나 인종차별도 범죄로 규정될 수 있다는 것이다.

현대사회는 빠르게 발전하고 있고 범죄도 그에 따라 다양한 형태로 증가하고 있다. 그렇기 때문에 범죄에 대한 규정은 사회에 있어 중요하다. 범죄를 법으로만 규정하는 것은 한계가 있기 때문에 우리의 삶의 질이 증진되고 향상될수록 인권의 침해를 잣대로 하는 범죄의 규정도 더 많은 관심을 받게 될 것이다.

# 학교폭력은 어떤 것인가

## 학교폭력의 등장

현대사회에서 학교폭력 문제는 우리사회의 심각한 문제가 아닐 수 없다. 장차 우리의 미래가 될 아이들이 배움의 터전이자 인성의 요람이 되어야 할 학교에서 친구들을 폭행하고 금품을 갈취하는 일들이 발생하고 있다. 지난 2011년 12월 대구의 한 중학생의 자살사건으로 인해 학교폭력 문제가 전국적인 이슈가 되고 나서야 정부가 나서 학교폭력 근절을 위한 종합대책까지 발표하기에 이르렀으나, 이미 이러한 문제는 십수년 전부터 예견된 일이라 할 수 있다.

1990년대 후반 일본에서 발생한 '이지메'라는 현상이 우리나라에서 '왕따'라는 용어로 사용되며 사회문제로 부각되었다. 우리나라에서 왕따, 집단 따돌림, 집단 괴롭힘 등의 문제가 본격적으로 대두되기 시작한 것은 1990년대 중반 이후이다. 엄밀한 의미에서 집단 따돌림과 집단 괴롭힘은 서로 다르다 할 수 있지만 이러한 문제들이 현재의 학교폭력으로 나타나고 있다고 할 수 있다.

학교폭력의 문제는 나날이 심각해져 국가의 대응으로도 한계를 보이고 있다. 일본의 이지메 문제 역시 일본 정부의 수많은 대책에도 불구하고 좀처럼 근절되지 않고 있다. 2007년에 정부 차원에서 이지메와의 전면전까지 선포할 정도로 문제를 심각하게 인식하여 대응하고 있으나 효과는 미미하다고 보고 있다.

## 일본 '이지메' 다시 증가

정부대책에도 6.7% 늘어나
기존 통계, 학교 은폐로 착시

2010년 3월 일왕의 손녀인 아이코愛子 공주당시 8세가 5일 동안 등교를 거부해 왕실이 발칵 뒤집혔다. 가쿠슈인學習院 초등학교 2학년이던 아이코 공주는 남학생들에게 발로 차이는 괴롭힘을 당한 것이다. 하지만 학교 측은 "아이들 사이에 자주 있는 일"이라며 대수롭지 않다는 반응을 보였다. 아이코 공주는 6일 만에 마사코雅子 왕세자비와 함께 학교에 다시 나갔지만 이번에는 모녀의 동반 등교가 2년 가까이 지속되면서 논란을 빚었다.

일본의 뿌리 깊은 집단따돌림이지메 현상은 정부의 대대적인 근절대책에도 불구하고 효과를 거두지 못하고 있다. 2010년 초·중·고교 이지메가 전년보다 6.7% 증가해 2006년 조사 실시 이래 4년 만에 증가세로 돌아섰다.

7일 문부과학성이 전국 초·중·고 3만 9,520개교를 대상으로 실시한 '문제행동조사' 결과 2010년도의 이지메 건수는 7만 7,630건으로 전년도보다 6.7%4,842건 늘었다. 일본에서 초·중·고의 이지메 건수가 증가한 것은 현재 방식의 조사가 실시된 2006년 이후 4년 만이다. 학생 1,000명당 이지메 건수는 2009년보다 0.4건 늘어난 5.5건이었다.

이지메는 초등학교에서 3만 6,909건, 중학교 3만 3,323건, 고등학교 7,018건, 특별지원학교 380건으로 나왔다. 이지메 내용복수 응답은 놀림이나 욕이 66.8%, 집단따돌림 20.8%, 구타 20.2%, 휴대전화를 통한 비방이 3.9%였다. 이지메 해결 비율은 2009년보다 0.5%포인트 줄어든 79%였다. 2010년 자살한 학생은 156명이었다. 이지메가 원인인 것으로 보이는 자살은 4명이었다. 이지메 때문에 등교하지 않거나 거부하는 학생 수는 총 11만 9,891명으로 14년 연속 10만명을 넘었다.

이지메가 증가세로 돌아선 것은 2010년 10월 군마群馬현 기류桐生시의 초등학교 6학년 여학생이 따돌림을 받다가 자살한 사건을 계기로 문부성이 전 학교를 대상으로 개별 실태조사를 강화했기 때문이다.

문부성이 2006년부터 실시한 '문제행동조사'에 따르면 학교현장의 이지메 건수는 2006년(12만 4,898건) 이후 3년 연속 감소해 2009년에는 7만 2,778건으로 줄었다. 하지만 통계상 나아진 것은 교육자치단체와 학교 측이 은폐한 착시 효과라는 지적이 있었다. 2010년 교육당국이 실태조사 강화를 지시하자 증가세로 돌아선 것은 이런 점을 뒷받침하고 있다.

일본 정부는 2007년 이지메와의 전면전을 선포하고, 이지메를 보고도 못본 척하는 사람까지도 가해자로 규정했다. 아이와 부모가 희망하면 이지메에 따른 전학을 인정하는 대책을 내놨다. 하지만 이지메 사건이 발생할 때마다 감추려는 교육현장과 교육당국의 관료적 발상이 근본 해결을 가로막았다. 이지메 당하는 아이를 '집단생활에 적응하지 못하는 문제아'로 간주해 이지메를 피해자 책임으로 돌리는 일본 특유의 사회문화도 해결을 더 어렵게 하고 있다.

[서의동 특파원]
출처: 경향신문, 2012. 2. 7.

## 나날이 심각해지는 학교폭력

근래 우리 학교 현장에서 벌어지고 있는 학교폭력 현상은 과거와 비교해 매우 심각한 수준에 이른 것으로 보인다.

몇 가지 특징을 살펴보면,

첫째로, 과거에 비하여 괴롭힘이 매우 집요해졌다. 가해학생들이 끈질기게 피해학생을 괴롭히고 소외시킴으로써 결국에는 자살에 이르게 하는 강한 집요함을 보이고 있다.

둘째로, 괴롭힘의 형태나 수법이 매우 악랄해졌다. 금품을 갈취하는 것에서 모자라 그러한 금품을 선배에게 상납하는 조직성까지 나타나고 있다.

셋째로, 괴롭힘에 참여하는 가해학생의 집단이 점점 커져가고 있다. 흔히 모범생이라 불리는 학생들조차 피해를 당하지 않기 위해 가해 집단

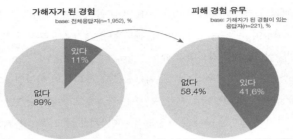

**가해자가 된 경험**
base: 전체응답자(n=1,952), %

있다
11%

없다
89%

**피해 경험 유무**
base: 가해자가 된 경험이 있는
응답자(n=221), %

없다
58.4%

있다
41.6%

가해자가 된 경험에 대해 전체 응답자의 11.0%(215명)가 '경험이 있다'라고 응답했고 학교폭력의 피해경험이 있는 응답자가 가해자가 된 경험이 피해 경험이 없는 응답자의 5.9배에 달하는 41.6%(88명)로 나타나(피해경험유무가 없는 응답자, 7.0%, 121명) 피해자가 가해자로 이어지는 악순환이 드러났다.

피해자가 가해자가 되는 악순환

에 동참하고 있는 실정이다.

마지막으로 가해학생들이 별다른 죄의식 없이 가해행위를 한다는 것이다. 즉, 괴롭힘에 동조하거나 개입하는 것을 그저 한 번쯤 할 수 있는 장난으로 여기거나, 피해를 당하는 학생은 그러한 괴롭힘을 당연히 받아도 되는 것으로 여기고 있다.

그 뿐만 아니라 예전에는 가해행위를 하는 학생들이 특정되어 있었지만 요즘에는 그러한 구분이 의미가 없어졌다. 또한 피해를 당했던 학생들이 다시 가해학생으로 나아가는 문제가 발생하고 있다.

피해학생이 후에 가해자가 되는 경우를 **폭력의 전이**라고 하는데, 실제로 학교폭력 피해학생이 가해학생이 되는 경우가 종종 있다. 그런데 이 폭력의 전이는 비단 학교폭력만의 문제는 아니고 가정폭력이나 아동학대 피해자가 나중에 폭력범죄자로 전이되는 경우도 알려지고 있다.


## 학교폭력의 원인은 무엇인가

학교폭력의 발생 원인은 매우 복잡하다.

여러 가지가 있을 수 있으나 우선 개인의 **심리적 요인**이 대표적이다. 학교폭력의 가해자의 경우, 자아기능이 약화되어 있거나, 욕구불만이 쌓이거나, 목적의식 등이 결핍되어 있을 때 심리적으로 공격행동 또는 폭력행동으로 나타날 수 있다.

두 번째로 가정환경적 요인이 있을 수 있다. 가정은 청소년들에 있어 인성발달의 기초를 제공하는 곳이다. 그래서 가정을 우리는 제 1 차 사회화 기관Socialization Agent이라 하고 있다. 이러한 가정이 결손가정Broken home이거나 부모가 잦은 폭력을 행사하는 가정이라면 아이가 필요로 하는 적절한 사회화가 이루어지지 못하여 결국 아이의 정서에 나쁜 영향을 미칠 수 있다.

아이들 문제의 대부분은 이렇게 가정환경적 요인이 크다고 할 수 있다. 가정 다음으로 중요한 환경 요인이 바로 학교라 할 수 있다. 개인 간 학업 능력의 차이, 입시위주의 교육 제도로 인한 스트레스, 교사와 학생 간의 비인격적 인간관계의 형성 등 우리나라 학교교육이 가지고 있는 여러 역기능적 요소들이 학교폭력의 또 다른 원인이 되고 있다.

특히, 우리 사회는 학생들이 가장 많은 시간을 보내는 곳도 학교요, 학생들에게 가장 중요한 타자Significant Others 또한 친구들인 학교의 학생들이기 때문에 학교를 제 2 차 사회화 기관이라고 한다. 그 만큼 학교가 학생들에게 미치는 영향이 크다. 학교폭력은 폭력이 발생하는 장소를 기준으로 구분하는 범죄유형이라는 점만 보더라도 학교폭력에 있어서 학교가 차지하는 비중이 얼마나 큰지를 잘 알 수 있다. 그래서 일부이지만 학교와 선생님들의 노력으로 학교폭력이 사라진 예도 있다.

가정과 학교 외에도 아이들의 제 3 차 사회화 기관인 우리 사회도 유해한 환경이나 퇴폐적 문화, 선정적 대중매체, 그리고 올바른 여가생활을 추구할 청소년 문화공간의 부족 등의 이유로 아이들에게 큰 영향을 미칠 수 있다. 지금의 학생들은 과거에 비하여 물질적으로 너무나 풍요로운 삶을 영위하고 있지만 반대로 정신적으로는 빈곤에 허덕이고 있다.

## 학교폭력의 올바른 대처방법

수많은 학자들이 학교폭력 문제의 심각성을 인식하고 학교폭력의 실태 분석과 함께 대책을 연구하고 있지만 아직까지 이렇다 할 효과를 보이지 않고 있다. 학교폭력을 예방하기 위해서는 가해·피해학생뿐만 아니라 가정과 학교, 유관단체, 지역사회 그리고 정부에 이르기까지 모두가 노력을 기울여야 할 것이다. 또한 이러한 노력은 지속적이고 장기적인 측면에서 이루어져야 한다.

특히 가정에서는 부모와 자식 사이의 애착관계를 높일 수 있도록 노력하여야 하고, 학교에서는 경쟁심을 부추기는 성적위주의 교육관행에서 벗어나 전인교육의 장이 될 수 있도록 하여야 할 것이다. 물론 교사 개개인에 있어서 학교폭력에 대한 관심과 문제 해결에 대한 노력은 반드시 필요하다.

그와 더불어 사회적 책임이 있는 사람들의 노력이 곁들여 진다면 더욱 좋아질 것이다. 종교인이나 지도층 인사들의 역할과 책임도 필요할 뿐 아니라 학생들이 친근하게 느끼며, 아이들에게 좋은 영향을 끼칠 수 있는 연예인과 같은 사람들이 학교폭력에 대한 관심과 문제 해결에 있어 하나의 목소리를 내는 것도 한 방법이 될 수 있을 것이다.

학교폭력은 어른들이 반드시 짊어지고 해결해 주어야 할 큰 문제이다. 그래서 일부에서는 학교폭력의 가해자도 피해자도 비난해서는 안 된다고 본다. 왜냐하면 그들의 시각에서는 학교폭력은 가해자 역시 피해자로 보기 때문이다. 우리 가정, 학교, 사회가 아이들을 제대로 육성, 양육, 보호, 교육했다면 결코 학교폭력이 있을 수 없다는 이유에서이다. 그래서 학교폭력으로 비난받아야 할 대상은 가해자나 피해자도 아닌 바로 우리 사회의 각종 제도System라고 한다. 실제로 학생들은 보호의 대상이라는 측면에서 보면 그러한 주장이 전혀 과장된 것 같지 않다. 결국 학교폭력은 우리 모두의 문제이고, 같이 해결해야 할 사안이다.

# 동기가 없는
# 범죄도 있는가

## 성행하는 묻지마(무동기) 범죄

전통적인 범죄는 동기를 가지고 있는 범죄자가 특정한 대상을 상대로 범죄를 일으키는 형태였다. 하지만 최근 20년간 특별한 동기 없이 불특정의 대상을 상대로 범죄가 발생하고 있다.

미국의 경우만 보더라도 1999년 Colorado주의 Columbine고등학교 학생들에게 무차별 총기난사를 한 것을 시작으로, 2007년 Virginia공대의 조승희 총격사건, 최근인 2012년엔 California주의 한인신학대학에서의 미국계 한인의 총기난사까지 전에 없던 유형의 다중살인사건이 발생하였다. 이 사건들의 공통점은 가해자가 사회 혹은 조직에 대한 일반적인 불만을 바탕으로 무차별적으로 범행을 일으켰다는 것이다.

콜롬바인 고등학교 총격사건 학교 방범CCTV

버지니아공대 총격사건 범인 조승희

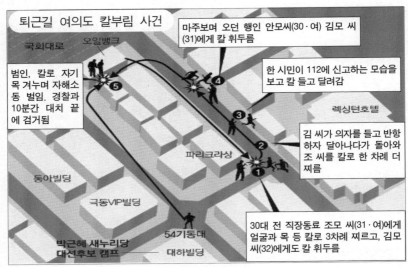

퇴근길 여의도 칼부림 사건

국회대로 / 오일뱅크

마주보며 오던 행인 안모씨(30·여) 김모 씨(31)에게 칼 휘두름

범인, 칼로 자기 목 겨누며 자해소동 벌임. 경찰과 10분간 대치 끝에 검거됨 ❺

한 시민이 112에 신고하는 모습을 보고 칼 들고 달려감 ❹

❸

렉싱턴호텔

파리크라상 ❷

김 씨가 의자를 들고 반항하자 달아나다가 돌아와 조 씨를 칼로 한 차례 더 찌름

동아빌딩

극동VIP빌딩

❶

30대 전 직장동료 조모 씨(31·여)에게 얼굴과 목 등 칼로 3차례 찌르고, 김모 씨(32)에게도 칼 휘두름

54기동대

박근혜 새누리당 대선후보 캠프 ——— 대하빌딩

퇴근길 여의도 칼부림 사건

이러한 묻지마 범죄의 흐름은 세계적으로 일반화되어 이제는 이웃 나라인 중국에서도 발생하고 있다. 2010년 중국의 장쑤江蘇성의 한 유치원에 실직한 40대 남성이 난입하여 교사와 어린이들을 무차별 살해하고, 길을 가던 행인을 향해 칼을 휘두르는 사건이 발생했다. 이 남성은 실직으로 인한 박탈감과 패배감으로 인해 사회에 대한 불만이 커져 범행을 저지른 것으로 알려져 있다.

우리나라에서도 비슷한 사건이 발생하고 있다. 2003년 발생한 대구지하철 화재참사, 2008년 강원도 동해시에서 벌어진 여성공무원 살인사건, 2012년 퇴근길 여의도 칼부림 사건이 대표적이라고 하겠다.

## 무동기 범죄 = 동기 없는 범죄?

엄격하게 말하자면 과실에 의한 범죄를 제외하고 범행의사가 있었던 나머지 거의 모든 범죄는 동기가 존재한다. 범행동기가 있음에도 불구하고 굳이 범행의 동기가 없는 무동기 범죄라고 하는 것은 아마도 범행의 동기가 특정한 피해자 개인에 대한 원한, 치정癡情과 같은 전통적인 범죄와 큰 차이가 나는 것을 강조하거나 구별하기 위한 의도가 숨겨져 있다고 볼 수 있다.

다시 말하자면 일반적인 범죄사건의 경우와 달리 피해자와 가해자 사이의 관계가 명확하지 않다는 측면에서 그 동기를 알 수 없다고 하여 **무동기 범죄**라고 부르기도 하고, 피해자와 가해자가 특정한 관계가 있지 않고 불특정 다수인을 대상으로 행해진다고도 하여 **묻지마 범죄**라고도 부르고 있다. 또는 불특정 다수인을 대상으로 무차별적으로 가하는 범행이라고 하여 **무차별 범죄**라고도 한다.

한편 범죄학에서는 그러한 범죄가 때로는 불특정 다중이나 사회 전반에 대한 증오심의 발로에 기인한 범죄라고 하여 크게는 **증오범죄**Hate crime 의 하나로 보기도 한다. 강도의 경우 재물을 강취할 목적으로 폭력을 사용하는 점에서 그 동기가 명확하고, 일반적인 폭력범죄의 경우에는 감정의 격화로 인해 물리력을 사용하는 것을 쉽게 발견할 수 있는데, 무동기 범죄의 경우 피해자와 가해자가 아무 사이가 아닌 상태에서 범죄가 발생한다는 점에서 차이가 존재한다.

그런데 대부분의 무동기 범죄자들은 하나같이 사회를 원망하거나 사회로부터 소외를 당한 것을 주장할 뿐 피해자와 특정 원한이나 치정관계가 없는 것으로 알려져 있다. 이런 점에서 이들 범죄를 증오범죄의 하나로 분류하기도 하는 것이다.

즉, 범죄학에서 보는 무동기 범죄는 사회에 대한 증오심으로 아무런 인과관계나 동기가 없이 막연한 적개심을 불특정 다수인을 대상으로 표출하는 범죄라는 것이다. 그렇기 때문에 특정인을 대상으로, 특정목적을 위하여 행해지는 전통적 범죄보다 누구나 그 피해자가 될 수 있다는 점에서 사회적 불안 심리와 두려움을 더욱 가중시키는 특징이 있다.

또한 범행동기와 목적을 알 수 없고, 따라서 범행의 대상이 불특정하다는 점에서 예방은 물론 범인추적과 검거까지 어렵다는 문제도 있다. 더구나 이러한 무동기 범죄자들은 이미 범죄전력이 있지만 사회에 대한 불신과 분노의 감정을 해소하지 못하고 다시 사회로 돌아오기 때문에 재범의 위험이 매우 높다는 점에서 그 심각성이 더욱 크다고 할 수 있다.

**증오범죄** Hate crime

증오범죄는 편견범죄 Bias crime라고도 하며, 그 개념에 대해서는 다양한 의견이 존재한다. 우선 미국에서 1990년에 제정되어 공포된 '증오범죄통계법 Federal Hate Crime Statistics Act'에 따르면 "경우에 따라서는 살인, 강간, 폭력, 위협, 방화 그리고 재물의 파괴나 손괴 등의 범죄를 포함하는 인종, 종교, 성적 성향, 또는 민족에 기초한 편견의 증거가 분명한 범죄"라고 증오범죄를 규정하고 있다.[1] 또 FBI는 증오범죄란 "범죄자가 인종, 종교, 장애, 성적 성향 또는 민족출신국가에 대한 범죄자의 전체적인 혹은 부분적인 편견에 의해 동기화되어 사람 또는 재산에 대해 불법적인 행위를 하는 것"이라고 정의하고 있다.[2]

## 무동기 범죄를 일으키는 사람들의 특징

무동기 범죄를 저지르는 사람들의 공통적인 특징은 결손가정과 같은 불우한 아동기나 청소년기를 보내거나, 아동학대를 경험한 경우가 많고, 학교나 사회로부터 좌절을 겪는 과정에서 정상적인 사회생활에 대한 애착이 상실되었다는 점이 존재한다.

무동기범죄의 위험성

이들은 빈부격차로부터의 좌절, 학교와 사회의 치열한 경쟁구조로부터의 좌절, 상대적 박탈감으로부터 오는 좌절 등 다양하게 경험하는 좌절을 극복하지 못하고 결국 범죄를 선택하게 된다. 여

---

1 이윤호, 『현대사회와 범죄』, 박영사, 2008, p. 252.
2 허경미, 『현대사회와 범죄학』, 박영사, 2009, p. 268.

기에 사회적으로 만연한 이기주의와 공권력의 무력화도 무동기 범죄를 유발 또는 용이하게 하는 원인이 되고 있음을 볼 수 있다.

## 무동기 범죄가 최근에 대두되는 이유

과거와 오늘날을 비교해보면, 과거에는 이러한 좌절을 극복하지 못한 경우 그 분노의 표출을 본인 스스로에게 표출하여 '자살'이라는 극단적인 선택을 하는 경우가 많았지만, 최근에는 자신의 처지를 내가 아닌 사회의 책임으로 돌리고 그것을 잔혹한 범죄로 표출하는 사례가 많아지고 있다.

물론, 오늘날 자살률 또한 높다는 점에서 반드시 그렇다는 것은 아니지만, 사회를 향한 분노의 표출이 많아졌고, 그 결과 단순히 화풀이로 길가의 자전거를 훼손하는 수준에서부터 대구의 지하철 방화와 같은 대형참사나 국보 제1호 남대문의 소실과 같은 국가적 손실에 이르기까지 다양한 결과를 가져올 수도 있다는 것에 주목할 필요가 있다.

미국이나 중국 역시 비슷한 경우로 설명할 수 있다. 미국은 인종차별에서부터 경제적 계층 간의 격차의 심화로 인한 소외 등 상대적 박탈감과 그로 인한 좌절감이 그와 같은 무자비한 범죄의 동기가 될 수 있었을 것이고, 중국 역시 급격한 산업화와 경제화로 인한 변화속도에 파묻혀 결국은 이 같은 범죄가 일어나는 원인이 되는 것이다.

## 무동기 범죄에 대한 대책

무동기 범죄는 개인이 가지는 사회에 대한 불만이 가장 큰 원인이자 범행동기인 만큼 단순히 범죄자 개인을 중심으로 하는 미시적 수준의 대처가 아닌 거시적·사회구조적 수준에서의 대안제시가 필요하다.

특히, 사회적 소외계층을 보듬고, 청소년기에 올바른 가치관을 정립할 수 있는 교육제도가 마련되어야 할 것이고, 사회 전반에 걸친 물질만능주의의 분위기를 쇄신하는 것이 전제되어야 한다. 여기에 국가공권력의 정당성을 확보하여 반사회적 분노표출은 그에 응당하는 죗값을 치르게 된다는 사실을 명확히 알려주어야 한다.

앞으로 우리나라도 다문화사회로 접어들면서 문화와 인종적 갈등, 사회경제적 계층 간 격차의 심화, 청년실업 등 경제적 곤궁의 심화 등 외국의 경우처럼 묻지마 범죄나 무동기 범죄의 동기를 제공할 수 있는 상황이 더욱 가시화되고 있기에 이 부분에 대한 관심을 가져야 한다.

구체적으로, 영화 ≪부러진 화살≫과 같이 먼저 억울함이나 상대적 박탈과 좌절을 맛보는 사람이 없도록 사회, 경제, 정치, 사법적 정의의 실현도 중요하며, 왕따와 소외가 없는 학교가 되어야 하며, 인종과 문화에 따른 차별도 없어야 한다. 이를 위하여 우리는 소수, 소외계층에 대한 배타와 배척보다는 포용을 베풀어야 하고, 이들에 대한 사회안전망이 제공됨으로써 생산적인 구성원이 될 수 있는 기회와 수단이 주어져야 한다.

# 사이버범죄란 어떤 것인가

## 통신의 발달로 등장하는 사이버범죄

국가통계포탈에 의하면 2010년까지 우리나라 인터넷 이용자수는 3,700여만 명을 넘어서고 있다. 이러한 수치를 살펴볼 때, 인터넷이 보급되지 않은 곳이 거의 없다고 볼 수 있다. 인터넷은 편리성과 유용성으로 빠르게 우리 삶에 녹아들고 있지만 반드시 좋은 측면만 존재하는 것은 아니다.

초창기 TV매체가 보급되는 경우도 이와 비슷했다. 처음에는 TV가 편리성과 신속성 등을 가진 정보매개체인 줄로만 알았는데, 시간이 지나고 대중화되면서 이것이 선정성, 폭력성 등과 같이 부정적인 측면도 가지고 있다는 사실이 알려지게 되어 '바보상자'로 취급받게 되었다.

인터넷도 TV와 마찬가지로 시작은 좋은 취지에서 시작되어 생활의 일부분이 되었지만, 이제는 많은 부작용과 문제를 야기하고 있다. 그래서 많은 문명의 이기들이 때로는 흉기로 악용되는 부작용을 경험하게 되었다.

이러한 부작용 중 하나는 사이버공간이 일상생활과 밀접하게 연관되면서부터 범죄자들의 활동공간이 현실세계의 공간에서 사이버공간<sup>Cyber space</sup>으로 확대된 점이다. 이처럼 사이버공간상에서 발생하는 범죄를 과거에는 컴퓨터범죄, 정보통신범죄, 하이테크범죄 등으로 불렀으나 최근에는 사이버범죄로 통칭하고 있다.


## 사이버범죄의 정의

사이버범죄란 일반적으로 정보통신망으로 연결되는 컴퓨터 시스템이나 사이버공간을 이용해 다른 사람에게 피해를 주고 건전한 사이버 문화에 해를 끼치는 행위라고 할 수 있다.

사이버공간에서 이루어지기 때문에 현실세계에서 행해지는 일반범죄와는 다른 특징들이 존재한다. 더구나 사이버상에서 범죄가 일어나기 때문에 수사에도 어려움이 존재한다. 사이버범죄수사는 보통 사이트 로그log정보나 IP추적을 기본으로 하고 있다. 그러나 사이버범죄의 특성상 정보 발신자의 신분을 확인하는 것이 어렵고, 전자정보의 증거인멸 및 수정이 간단하기 때문에 범죄수사에 어려움이 많다.

또한 사이버범죄는 은행, 학교, 기업, 공공기관에서 개인에 이르기까지 피해대상이 광범위하며, 공간과 시간에 제약을 받지 않고 범행대상을 선택할 수 있다. 심지어 초고속인터넷을 통하여 피해의 확산이 신속하게 이루어진다는 점에서 21세기의 새로운 재앙이라고 할 수 있다.

그런데 사이버공간이라고 해서 인터넷상만을 의미하는 것은 아니다. 보통 인터넷 사이트에 회원가입을 할 때, 주민등록번호, 전화번호, 주소와 같은 개인신상정보를 요구한다. 우리가 제공한 개인정보는 보통 불법적인 루트를 통하여 유출되는 경우가 있다. 국내 유명 포털사이트 및 온라인 마켓에서의 고객정보유출 사건만 해도 그 심각성을 짐작할 수 있다. 이러한 개인정보유출은 보이스피싱과 같은 또 다른 범죄에 악용되는 경우로 발전한다.

2008년 우리나라 경매사이트 중 하나인 옥션에서 가입회원들의 개인정보가 유출된 적이 있다. 2010년 옥션 측은 개인정보 유출회원 1,081명에게 배상을 결정하기도 했다. 2011년에는 네이트에서 3,500여 만 명의 가

입자 정보가 유출되기도 했다. 사이버범죄는 보통 컴퓨터를 못 쓰게 만드는 정도를 넘어서 많은 형태로 나타난다.

## 사이버범죄의 유형

사이버범죄의 범위를 정확히 분류하기는 어렵지만, 경찰청에서는 이러한 사이버범죄의 유형을 범행목적에 따라 사이버테러형범죄와 일반사이버범죄로 나누고 있다. 대표적인 것들로는 해킹, 바이러스 유포와 같은 불법적인 컴퓨터 사용에서 최근 소셜네트워크상에서 타인을 비방하는 글이나 허위사실을 유포하여 타인의 명예를 훼손하는 사이버 명예훼손과 사이버 모욕죄가 대표적이다.

사이버범죄는 전통적인 범죄와는 다른 특성을 보이고 있다. 사이버범죄의 경우, 일반범죄와 달리 자신의 신분을 노출시키지 않는다는 점에서 범죄자들로 하여금 심리적 안정감을 준다. 최근에 들어서는 본인의 접속위치 등을 숨기기 위해 다른 나라의 도메인 등을 경유하여 특정 사이트에 침입을 시도하고 있으며 이러한 기술이 없는 범죄자들의 경우에도 자신의 접속사실을 감추고 IP추적에 노출되지 않기 위하여 PC방, 학교 등의 공공장소에서 사이버범죄를 일으키기도 한다.

사이버범죄는 일반적으로 살인이나 납치와 같은 강력범죄에 비해서 피해가 적다고 보는 시각이 존재한다. 타인의 생명과 재산에

사이버범죄 분류표(경찰청)

는 큰 피해를 주지 않기에 그러한 의견이 존재하는 것이다. 하지만 유명연예인들이 악성댓글로 인하여 자살한 사건을 보면 알 수 있듯이 사이버범죄는 피해자에게 커다란 정신적 충격을 줄 수 있다. 그래서 사이버범죄는 일반 오프라인에서 일어나는 범죄에 비해서도 그 처벌수위가 결코 가볍지 않다. 가령, 정보통신망 이용촉진 및 정보보호 등에 관한 법률에서는 정보통신망을 통해 공공연하게 거짓의 사실을 드러내어 타인의 명예를 훼손한 경우, 7년 이하의 징역, 5천만원 이하의 벌금형으로 규정하고 있다<sup>법 제70조 제2항</sup>.

## 나날이 증가하는 사이버범죄와 그 예방

실제로 사이버범죄의 경우 살인, 강간과 같은 5대 강력범죄에 비하여 발생률이 크게 증가하고 있다. 하지만 사이버범죄가 증가한 원인으로 컴퓨터 전문가들이 증가한 원인보다는 일반범죄와 마찬가지로 잘못된 가치관 형성이 주된 원인이라고 볼 수 있다.

사이버범죄자들은 보통 사회부적응자로서 손쉬운 방법을 통하여 일확천금을 노리거나 개인의 사사로운 감정을 직접 대면을 통하여 해결하지 못하고 사이버공간을 통하여 보복하는 경우가 대부분이다. 이러한 사이버범죄자들의 사회부적응현상은 성장과정에서 초기 사회화가 제대로 이루어지지 않아 자기통제력이 약한 까닭에 범죄를 저지르는 것으로 설명될 수 있다.

또한, 사이버범죄의 범행수법은 나날이 지능화되고 그 대상이 확대되고 있다. 하지만 극히 새로운 해킹기법이 아니라면 약간의 관심과 주의만으로도 충분히 예방할 수 있다.

우선은 의심되는 사이트의 가입을 자제하고 발신인이 명확하지 않은 이메일은 열어보지 않으며, 온라인 게임이나 커뮤니티, 인터넷 뱅킹, 주식거래 등과 같이 회원가입을 원칙으로 하는 사이트 외에 불필요한 사이트에 대한 회원가입을 자제하고 회원가입을 할 경우에는 개인정보보호정책을 꼼꼼히 살펴보아야 한다. 더불어, 컴퓨터에 대한 침입은 부주의에서 일어나기 때문에 바이러스의 유포나 해킹에 대비하기 위한 바이러스 백신프로그램을 반드시 설치하고 개인방화벽 설정을 높여야 한다. 마지막으로 정기적인 바이러스 검사와 점검으로 사이버범죄를 예방할 수 있다.

### ✦ 사이버범죄예방 유형별 수칙 ✦

**PC보안, 해킹 악성프로그램**

1. 음란물 등 불법컨텐츠 검색을 자제하고, 기타 불법사이트에 접속하지 않는다.
2. 항상 백신프로그램으로 검사하며, 백신프로그램은 항상 최신 버전으로 업데이트한다.
3. 다양한 감염경로를 막기 위해 백신과 방화벽을 동시에 사용한다.
4. 불법소프트웨어를 설치하거나 복제하지 않으며, 정품 소프트웨어 사용을 생활화한다.
5. 무료 프로그램의 경우에도 신뢰할 수 있는 사이트에서 내려받도록 한다.
6. 중요한 데이터는 반드시 정기적으로 백업한다.

**인터넷 사기예방**

1. 인터넷거래는 가급적 신용카드를 이용하며, 현금거래를 유도하는 사람은 의심해본다.
2. '특가 할인상품' 등 광고 이메일을 조심한다.
3. 채팅이나 게시판 등에서 쉽게 돈버는 법 등을 제안하는 사람은 일단 의심해 본다.
4. 신뢰할만한 쇼핑몰 등을 이용하고, 기타 쇼핑몰의 경우 홈페이지에서 다음을 자세히 살펴본다.
   (1) 상품정보, 보증기간, 배송기간, 반품조건 등 거래조건 확인
   (2) 회사신뢰도, 매출실적 등 회사에 대한 정보 확인
   (3) 홈페이지에 약도, 주소, 연락처가 표시되어 있는지 확인
   (4) 고객게시판이 있는지 확인하고, 배송지연, 항의글이 있는지 확인
5. 대형오픈마켓이라고 하더라도 개별 입주자는 신뢰할 수 없으므로, 상대방에 대해 주의한다.
6. 급한 이유가 있다며 싼 가격을 제시하며 직거래를 제안하는 사람은 주의한다.

7. 부득이하게 직거래를 하는 경우, 직접 만나서 물품을 받는 것이 가장 좋다.

8. 해당 쇼핑몰이나 판매자를 대상으로 하는 피해자 모임이나 카페가 있는지 확인한다.

개인 정보보호

1. 자신의 아이디와 비밀번호는 다른 사람에게 알려주지 않는다.

2. 인터넷 사이트에의 무분별한 회원가입은 자제한다.

3. 회원가입시 구체적인 개인정보를 요구할 경우 가입여부를 다시 한 번 생각한다.

4. 인터넷 회원가입시 서비스 약관에 제 3 자에게 정보를 제공할 수 있다는 조항이 있는지 확인한다.

5. 탈퇴가 어렵거나, 탈퇴 절차에 대한 설명이 없는 곳은 가입하지 않는다.

6. 탈퇴 신청을 한 뒤 개인정보를 파기했는지 확인한다.

7. 비밀번호를 주기적으로 변경하고 전화번호나 생일, 연속된 숫자 등을 사용하지 말아야 한다.

8. 함께 사용하는 PC는 아이디, 비밀번호 등 개인정보 입력시 자동완성기능을 사용하지 않는다.

# 대마초 합법화는 가능한가

## 마약범죄의 합법화는 가능한가

네덜란드 같은 나라에서는 우리나라의 '커피숍'과 유사한 매장에서 국가의 엄격한 관리하에 경미한 마약류를 판매하고 있고, 호주 일부 지역에는 헤로인 주사를 맞을 수 있는 시설도 있다. 미국의 캘리포니아주 같은 경우에도 치료 목적의 마리화나를 의사의 처방전이 존재할 경우에 판매하고 있다.

네덜란드 마리화나 까페

어떠한 관점에서 보면 국가가 일부 경미한 약물을 굳이 범죄로 규제하지 않고 합법화하는 것에는 이유가 있다. 또한 마약의 해악성이 과대평가 되었다고 보는 시각도 존재한다. 마약과 담배의 해악성을 비교해보면 마약이나 담배 모두 중독성이 있고 본인의

미국의 마리화나 합법화 주

건강을 해치는 점에서 공통점이 있다. 심하게 취한 모습이 타인에게 불쾌감을 줄 수 있다는 것도 비슷하다. 어떤 면에서는 흡연이 공중도덕을 더 해치고, 중독성 또한 더 강하며, 건강에 더 유해한 것으로 알려지고 있기도 하다.

사실 마약복용이라는 것을 생각해보면 다른 사람에게 직접적으로 큰 피해를 준다고 보기 어려운 측면도 있어 마약범죄의 합법화를 옹호하는 사람도 있다. 그 뿐만 아니라 약물남용이나 중독이 과연 형사정책의 대상인가라는 근본적인 의문도 제기되고, 그래서 일부에서는 형사정책이 아니라 복지 또는 의료정책의 대상이 되어야 한다는 주장도 있다. 오히려 합법화 시킬 경우 복용자는 기분이 좋아져서 좋고, 국가는 마약범죄에 단속하기 위하여 투입하는 치안력을 다른 곳에 집중할 수 있기 때문에 좋은, 어찌 보면 비범죄화하는 것이 당연하다고 여기기도 한다.


## 마약범죄, 전통적인 범죄유형과는 다른 범죄유형

마약을 아예 범죄가 아니라고 하기보다는 다른 범죄와는 조금 다르게 '피해자 없는 범죄Victimless Crime'로 보아야 한다.

엄격하게 말하자면 피해자가 없는 범죄는 있을 수가 없다. 그러나 전통적인 범죄가 특정한 가해자와 특정한 피해자에 가하는 범죄인데 반해, 마약범죄와 같은 일부 범죄는 자신이 가해자인 동시에 피해자이거나, 환경범죄나 가격담합과 같이 불특정 다수인이 피해자인 범죄와 구별하기 위하여 만들어진 학술적 용어가 바로 피해자 없는 범죄이다. 즉, 마약이나 약물남용, 매춘, 도박, 노숙, 자살과 같이 다른 사람에게 분명하고 직접적인 피해를 끼치지 않는 범죄나 비행 행태가 피해자 없는 범죄에 해당한다.

하지만 피해자 없는 범죄라도 사회에 만연하게 된다면 우리 사회의 풍토가 저해될 터이고, 당장의 직접적인 피해는 없을지 몰라도 결국 우리 사회에 해가 될 수 있다. 예를 들어 매춘에 종사하는 여성이나 도박에 빠진 사람들도 자신이 지각하지 못할 뿐, 사실은 스스로를 옭아매고 있는 것과 다름없으니, 스스로를 피해자로 만드는 것과 다를 바 없다. 결국 피해자 없는 범죄에서 완전하게 피해자가 없다고 볼 수는 없다.

실제로 마약이나 약물남용의 경우도 문제점이 존재한다. 첫째는 스스로 가 당장의 쾌감과 즐거움을 느낄지 모르지만, 궁극적으로는 스스로의 건 강을 해치는 것이니 스스로 피해자가 되는 것이고, 둘째는 마약에 찌든 부 모가 있다면, 이로 인해 방치되는 아이들과 약에 취한 남편의 폭력에 괴롭 힘 당하는 아내도 피해자라고 할 수 있다. 또 나아가 마약에 취한 회사원 을 가정한다면, 그러한 사원을 고용함으로써 정상적인 업무를 기대할 수 없을테니 회사와 사회가 손해를 입을 수도 있다. 궁극적으로는 우리 사회 의 건전한 풍토를 저해하고, 국가의 이미지에 손상을 줄 수 있는 피해를 유발한다.

## 마약범죄가 과연 피해자 없는 범죄인가

마약범죄가 '피해와 피해자 없는 범죄'라고 불리는 것에 대하여 대부분의 학자들은 대체로 동의하고 있다. 다만, '피해자 없는 범죄'라는 용어가 사용 되고 있는 것은 타인에게 분명하고 즉각적인, 그리고 직접적인 피해를 끼칠 여지가 적은 범죄군群을 설명하고 지칭하기 위함이라고 생각하면 된다.

종합하면, 약물남용과 같은 행위도 강도나 폭행과 같은 전통적 범죄와 견주어볼 때, 피해자와 가해자의 관계나 피해자의 특성이 다를 뿐이지 결국 은 피해를 유발하는 범죄로 규정하고 있는 것이 현재의 일반적인 추세이다.

마약을 범죄, 그것도 중범죄로 규제하는 또 다른 이유도 있다. 학자들에 의하면 마약과 범죄는 다양한 이유로 범죄와 깊이 관련되어 있다고 한다.

첫째로, 우선 현행법에는 마약 그 자체가 범죄로 규정되어 있다. 즉, 마약을 제조, 판매, 소지, 복용하는 모든 행위가 범죄로 규정되어 있다.

둘째는 많은 범죄자들이 범행시 마약에 취한 상태에서 범행에 가담한다는 것이다. 실제 미국 조사결과에 의하면 교도소에 수용된 재소자의 다수가 자신의 범행 중이나 범행 직전에 약물을 복용하였거나 약물의 영향하에 있었던 것으로 파악되었다. 결국 마약이 범죄를 유발하거나 촉발 또는 촉진시킬 수 있다는 것이다.

셋째는 마약은 철저하게 규제되고 있어서 수요와 공급의 불일치로 인하여 가격이 비싸고, 약물에 중독된 사람이 약물을 구매하기 위하여 또 다른 도구적 범죄를 행하게 된다.

넷째는 마약의 제조와 공급이 철저히 규제되어 그 제조와 거래에 큰 경제적 이익이 생기게 되어 조직범죄의 활동영역이 될 수 있다.

이와 같은 마약과 범죄의 관련성을 이유로 마약을 중대범죄로 규정하고 일부 국가에서는 '마약과의 전쟁'을 치를 정도로 심각한 사회문제로 다루고 있다.


## 마약범죄의 비범죄화(Decriminalization)와 합법화(Legalization)

지금까지 대부분의 국가에서 마약을 범죄로 규정하고, 전쟁을 치르듯이 강력하게 규제해왔는데, 그 성과는 기대에 훨씬 미치지 못하고 있다. 오히려 좋은 결과는 고사하고 마약이 더욱 확산되고, 마약범죄자로 인한 각종 사회문제가 야기되고 있다. 이런저런 부작용과 문제에도 불구하고 우리는 마약을 지금처럼 강력하게 규제하는 것만이 최선의 선택인지 자문해볼 필요가 있다.

기존의 마약에 대한 강력한 대응의 한계로 인하여 발생한 주장은 일반적으로 두 가지가 있다. 그 중 하나는 마약의 비범죄화이고 또 다른 하나는 합법화이다. 마약을 반드시 범죄로 보아 강하게 대처할 때 생기는 이익과 범죄로 규정하지 않음으로써 얻을 수 있는 이익을 비교한 후 정책결정 권자들이 나름의 사정에 맞게 판단을 내린 결과 중 하나이다.

마약을 범죄로 규정하지 않음으로써 얻을 수 있는 이익으로는 다음과 같다.

아주 경미하거나 타인과 사회에 미치는 파장이 극히 미미한 범죄조차 도 공식적으로 처벌한다면 우리 사회에 지나치게 많은 사람을 전과자로 만드는 소위 과잉범죄화Over criminalization의 문제가 생기게 된다. 특히 교도소 에 수용한다고 가정해보면, 더 많은 부작용이 있을 수 있다. 우선 범죄자 스스로에게 자아위축을 가져오고 자괴감을 갖게 할 수 있으며, 지역사회 로부터는 전과자로 낙인찍히게 된다.

전과자로 낙인찍힌 사람이 사회에 쉽게 통합되기 어려울 것이라는 것 또 한 쉽게 예상해볼 수가 있으며 또 불필요한 구금은 오히려 범죄의 학습이라 는 부작용을 낳을 수도 있다. 예컨대 경미한 초범이 교도소 동료로부터 범 죄의 기술과 반사회적 가치관을 학습하여 생애적인 범죄자로 거듭날 수도 있다. 나아가 굳이 구금하지 않아도 될 범죄자들을 수용한다면 그에 따른 교정 예산·인력도 증가할 것이므로 사회 전체적으로도 손실이 될 수 있다. 나아가 경미한 범죄자들로 교도소가 가득 차게 되면 정말 감시와 처우의 노 력을 기울여야 할 흉악범들에게 소홀해질 수 있는 문제도 발생하게 된다.

이러한 맥락에서 일부 일탈적 행동들을 굳이 공식적인 범죄로 규정하 지 않는 것이 궁극적으로 더 큰 이익이 될 수 있다는 논리가 성립할 수 있 는 것이고, 이러한 조류를 소위 '비非범죄화' 논의라고 일컫는다. 그래서 마약이나 매춘, 도박 같은 '피해자 없는 범죄'들에 대하여도 비범죄화 논 의가 상대적으로 활발하다.

마약에 대하여는 엄밀히 말하면 비범죄화 주장보다는 규제를 완화하자 는 의견이 더 많다. 물론, 아예 범죄가 아닌 것으로 하자는 완전한 비범죄화 를 주장하는 견해나 규제를 보다 완화하자는 견해 모두 논리는 비슷하다.

우선 담배나 술과 마찬가지로 개인의 기호인데 국가가 규제·개입하는 것은 개인의 기본권을 침해하며, 다른 기호품을 즐기는 자들과의 형평성에 있어서도 문제가 될 수 있다고 보는 입장이다. 이를 중심으로 굳이 대응하지 않아도 위험성이 낮은 피해자 없는 범죄라고 볼 수 있는 범죄에 대해 일일이 대응함으로써 소모되는 예산이나 인력, 노력 등을 문제 삼는 견해도 존재한다.

또 현실적으로 우리 사회가 여태껏 엄벌주의를 관철해왔지만, 마약사범이 감소하고 있지 않는 것을 보면 범죄로 규정하여 엄벌하려는 노력은 결국 실패한 것이 아니냐는 반성적 고찰도 있다. 보다 근원적인 주장은 마약사범은 처벌의 대상이라기 보단 치료의 대상으로 보아야 한다는 것이다. 환자를 병원에서 치료해야지 교도소로 보내게 되면 역효과만 나타날 뿐이다. 이외에도 국가공권력이 마약문제보다 선순위로 집중해야 할 흉악·강력사범 문제나 교통사고와 같은 더 큰 문제들조차 잘 해결하지 못하고 있으면서 마약문제까지 집중하려는 것은 법집행의 우선순위 선정에 있어서의 오류라는 지적도 존재한다. 앞에서 논했듯이 불필요한 낙인의 방지나 범죄의 학습·악성감염惡性感染의 방지 등도 논거가 될 수 있다. 그래서 이들의 주장은 마약을 차라리 술과 담배처럼 규제를 완화하든지 아니면 의사의 처방으로 살 수 있는 약품처럼 관리를 철저히 하는 편이 더 낫다고 보고 있다.

## 마약을 비범죄화하거나 합법화할 경우

실제로 네덜란드는 마약을 비범죄화 또는 합법화하여 관리하고 있음에도 그렇지 않은 나라와 비교하여 마약문제가 오히려 덜 심각해진 것으로 알려지고 있다. 뿐만 아니라 마약의 비범죄화는 또 다른 부수적인 효과를 가져다주기도 한다. 마약이 철저히 규제될 때는 관리가 되지 않아 주사기나 약물의 오남용으로 인한 질병의 감염으로 건강을 해치는 등의 문제가 심각하였으나 의약품처럼 관리함으로써 오히려 중독자도 줄고 전염병 감염의 우려도 해소될 수 있다. 물론 합법적인 공급으로 인한 가격의 하락이라는 부수효과와 그로 인한 조직범죄로부터의 결별이라는 큰 소득을 얻을 수도 있다.

위와 같은 장점에도 불구하고 아직도 사회에서는 마약범죄에 대한 강력한 대응을 요구하고 있다. 그렇기 때문에 여러 실정법들이 마약이나 유해약물의 생산이나 사용을 금지하고 있다.

사실 마약류의 사용은 육체와 정신을 황폐화하므로 윤리적으로 국가가 이를 예방할 필요가 있다고 보는 것이 상식이라 할 수도 있다. 또 마약류를 복용하면 심성이 포악해져서 살인, 강간 등의 강력범죄를 저지르거나 마약류에 중독되면 마약 구입비용을 마련하기 위해서 강도나 절도 등의 재산범죄를 저지르게 될 우려가 있기 때문에 이를 예방하기 위해서도 마약을 범죄로 보아 강력히 대응하는 것이 필요하다. 마약의 유통자금이 조직범죄 집단의 좋은 자금원이 된다는 점이나 언뜻 '피해자 없는 범죄'인 것 같아도 사실은 많은 구성원에게 피해가 간다는 점에서도 여전히 마약 사범에 대한 강력한 규제론이 지지를 받고 있다.

현실적으로 마약을 범죄로 보아 대응하든, 범죄가 아닌 것으로 보고 대응하든 마약이 사람의 정신을 혼탁하게 한다는 것에 대하여는 이견이 없다. 하물며 불가(佛家)에서는 마늘이나, 파, 부추, 달래, 홍거와 같은 자극적인 맛의 채소들조차도 사람의 판단을 그르칠 소지가 있다하여 오신채(五辛菜)로 규정하여 복용을 자제한다. 그만큼 명철한 사고를 유지하는 것이 바른 삶을 살아가는 데 중요하기 때문에 마약 뿐 아니라 판단을 그르칠 수 있는 음식이나 기호품을 자제하는 것이 필요하다.

## 마약정책, 공급의 차단인가 수요의 차단인가

세계 대부분의 나라가 마약을 심각한 강력범죄의 하나로 규정하고 있으며 심지어는 범죄와의 전쟁보다 더 강력한 마약과의 전쟁War on Drugs을 수행하고 있다. 즉, 마약의 제조나 재배, 소지나 판매, 그리고 복용 모두를 범죄로 규정하고 강력하게 단속하는 것이 지금까지의 가장 보편적인 마약정책이었다고 할 수 있다.

다른 말로는 마약의 공급을 차단하여 마약범죄를 예방하고자 하는 것이다. 지금까지는 각국에서 마약이 유통되지 않으면 마약을 복용하는 중독자가 없어질 것으로 판단했다. 그래서 적극적으로 마약공급의 차단에 대한 대응을 우선적으로 수행했다.

하지만 결론적으로 말하면 공급의 차단정책은 안타깝게도 성공적이었다고 하기가 어렵다. 미국의 경우, 강력한 공급의 차단이 마약과의 전쟁에서 이길 수 있는 전술이라고 생각했기 때문에 마약공급의 차단에 주력했다. 미국이 어느 정도나 공급차단을 통한 마약과의 전쟁에 몰입했나를 알 수 있는 좋은 예가 있다. 당시 미국 사회에 공급되는 마약의 대부분이 중남미국가에서 재배되고 제조된다는 판단에서 각국에 철저한 단속을 요구하였음에도 불구하고 그들 국가 중 파나마가 소극적이었다고 판단한 나머지, 군을 투입하여 분쟁을 일으켜 파나마의 국가원수인 노리에가Manuel Antonio Noriega 대통령을 체포하여 미국으로 압송하여 재판을 통해 미국 교도소에 수감했을 정도이다. 그렇게까지 했음에도 미국의 마약문제는 결과적으로 전혀 개선되지 않고 있으며 오히려 적지 않은 부작용이 발생하고 있다.

## 마약공급 차단의 부작용

대對마약범죄 정책으로 공급의 차단에 집중한 결과 기본적인 시장경제

원리로서 가격을 결정하는 주요변수인 수요와 공급이 불균형을 초래하여 마약가격의 상승을 부채질하게 되었다. 그런데 가격의 상승은 또 다른 부작용을 유발하게 된다. 우선 가격상승으로 경제적 수익성이 높아짐에 따라 조직범죄가 기생하게 되고, 조직 간 영역다툼이나 이권싸움이 빈발하게 되고, 중독자들이 비싼 마약을 구입하기 위한 절도나 강도와 같은 각종 도구적 범죄가 발생하게 된다. 경제적 수익성으로 인해 마약의 제조나 재배 및 판매가 증대되고 심지어 조직범죄집단에서 오히려 수요자를 현혹하거나 강요하는 등 마케팅을 통하여 수요를 창출하거나 증대시켜 마약남용 인구를 증가시키는 부작용도 있다.

뿐만 아니라 마약과의 전쟁으로 마약사범에 대한 처벌도 강화되어 마약범죄로 교정시설에 수용되는 범죄자도 급증하게 되어 교정시설의 과밀수용Overcrowding을 초래하게 된다. 교정시설의 과밀수용은 결국 교정경비를 급증시키고 재소자들에 대한 처우와 교육 및 치료를 어렵게 만들어 재범률을 높이는 원인이 되기도 한다.

이러한 부작용 등을 살펴볼 때 공급의 차단을 집중으로 하는 대對마약정책은 실패했다고 볼 수 있다. 그 결과 이제는 자연스럽게 수요의 차단이 새로운 대안으로 등장하게 되었다.

수요의 차단이란 글자 그대로 마약의 수요를 없애자는 것, 즉 마약을 소비하지 않도록 하자는 것이다. 이 또한 수요와 공급이라는 시장경제논리에 따라 수요가 없어지면 공급과 가격의 불균형으로 가격이 낮아져 마약의 제조·판매 같은 공급에서 얻을 수 있는 이득이 없어지게 되어 마약을 제조하거나 판매하는 사람이 없어지게 되고 결국에는 마약범죄 또한 자연스럽게 줄어들게 될 것이라는 가정에서 시작한다.

마약수요의 차단은 대체로 예방과 치료를 통해서 이루어질 수 있다. 예방은 글자 그대로 처음부터 사람들이 마약을 접하거나 복용하지 않도록 하자는 것이다. 아예 마약에 대한 접근성을 없애는 것이다. 이러한 정책의 일환으로 미국에서는 전국적으로 "마약은 안 된다고 말하자Say 'No' to Drugs"라는 캠페인을 적극적으로 벌이고 있다. 특히 어린 학생들을 대상으로 마치 과거 금연캠페인을 하듯이 호기심 등으로 한 번 마약을 시작하게 되면 중독될 우려가 크고 마약의 중독은 곧 신체와 정신을 파멸시킨다는 마약의 무서움과 폐해를 강조하여 마약을 처음부터 접하지 않도록 유도하고 있다.

그러나 이러한 노력에도 불구하고 결과가 크게 만족스럽지 못하자 미국 당국은 보다 적극적인 전략을 강구했다. 바로 'DARE Drug Abuse Resistance Education'라고 하는, 이른바 '약물남용 저항교육'이라는 전략을 경찰을 중심으로 각급학교 단위로 운영한 것이다. DARE는 학생들에게 마약의 유혹을 저항하고 극복할 수 있는 요령과 방법들을 교육하는 것을 의미한다.

이러한 예방교육에도 불구하고 마약의 유혹에 넘어가는 사람은 있기 마련이다. 그래서 일단 마약에 중독되거나 마약을 남용한 사람에게는 다시 마약에 손을 대지 않도록 할 필요가 있다. 그렇기 때문에 알콜중독자를 위한 단주동맹Alcoholic Anonymous이나 도박중독자를 위한 단도박동맹처럼 약물중독자를 위해서도 그와 같은 치료가 필요하다.

이를 위해서 약물중독자나 마약범죄자들에게 중독해소Detoxication 프로그램을 제공하고 그 밖에 다양한 약물중독해소를 위한 치료 프로그램이 교정시설, 특히 의료교도소에서 제공되어야 한다. 즉, 지금까지와 달리 단순히 다른 수형자와 마찬가지로 형벌만 부과하는 것이 아니라 치료를 병행하거나 치료를 위한 수용을 해야 한다는 것이다.


## 수요차단 노력의 결과

마약수요의 차단이 물론 아직까지 만족스럽지 못할 수도 있겠지만 세계적으로 금연운동이 점점 성공하여 흡연인구가 상당히 줄어든 것도 사실 어떻게 보면 흡연인구를 줄이려는 담배수요의 차단 덕분이라 할 수 있고, 마약

수요의 차단도 이와 유사한 효과를 거둘 수 있을 것으로 기대해볼 수 있다.

마약은 단순한 공급의 차단으로 대對마약정책을 수행하기에는 한계가 있다. 따라서 음주나 흡연문제가 수요차단을 통해서 어느 정도 효과를 거두고 있는 것을 참고하여 마약문제도 수요차단의 정책을 중심으로 마약정책을 수행해야 한다. 약물은 개인 자신에게 피해를 주는 행위이다. 따라서 음주, 도박, 약물, 흡연 등과 같이 모두가 본인의 의지에 따라 중독자가 될 수도, 중독에서 벗어날 수도 있으므로, 마약범죄를 해결하기 위해서는 수요의 차단에서 그 해결책을 찾아야 한다.

# 화이트칼라범죄는 어떤 범죄인가

## 화이트칼라범죄의 정의와 구별실익

화이트칼라범죄는 학문적으로 사용하는 용어로서, 전통적으로 청색 작업복을 입은 노동자계층으로 대변되는 블루칼라가 저지르는 범죄와 구분하기 위하여 만들어졌다. 화이트칼라범죄가 만들어진 이유는 아마 전통적인 범죄가 주로 블루칼라에 속하는 사람들에 의한 것이었는데 그렇지 않은 새로운 계층의 사람들에 의한 범죄가 생겨나자 이를 분명하게 대비하고자 붙인 이름이라고 할 수 있다.

화이트칼라범죄는 1939년 범죄학의 아버지라고 할 수 있는 미국의 서덜랜드Sutherland라는 학자가 사용한 용어로 상위계층의 사람이나 권력이 있는 사람들이 자신의 직업활동 과정에서 자신의 지위를 이용하여 벌이는 범죄를 지칭하는 것에서 시작되었다. 범죄자의 지위나 신분, 그리고 범죄의 수법이나 형태가 일반적으로 우리가 쉽게 접하는 일상적인 전통적 노상범죄Street crimes와 조금 다르다고 할 수 있다. 이런 점에서 일부에서는 화이트칼라범죄를 엘리트범죄Elite crimes라고도 부르고 있다.

전통적 노상범죄와 화이트칼라범죄를 구분하는 가장 큰 차이는 당연히 범죄자의 신분상 특징, 즉 전통범죄가 하위계층에 의한 범죄라면 화이트칼라범죄는 전적으로 상위계층에 의한 범죄라는 차이에 있다. 그러나 화이트칼라범죄는 높은 사회적 지위를 가지고 존경받고 있는 사람이 자신의 직업과정에서 범하는 범죄라고 할 수 있지만, 비록 상위계층에서 일어난 범죄라도 살인 등은 직업적 절차나 과정의 일부라고 볼 수 없기 때문에 화이트칼라범죄라고 할 수는 없다. 결국 범죄자의 지위와 신분만으로 전통범죄와 화이트칼라범죄를 구분하기는 어려우며, 범죄의 유형과 수법, 때로는 그 동기까지 고려해야만 분명한 특징과 차이를 알 수 있다.

화이트칼라범죄를 구분하는 특징은 범죄자의 신분과 지위의 차이에만 있는 것은 아니다. 화이트칼라범죄자들은 보편적 범죄자와는 달리 자신을 범죄자로 생각하지도 않으며 범죄적 기질도 가지고 있지 않다고 한다. 그렇기 때문에 범죄자뿐만 아니라 일반인들도 실질적으로 범죄자라고 보지 않는다는 것이 오히려 더 큰 문제라고 할 수 있다. 대체로 화이트칼라범죄는 범죄라기보다 단지 이윤을 추구하는 기업세계의 정상적인 한 부분이라고 보는 경향이 강하다고 할 수 있다. 한마디로 대부분의 화이트칼라범죄는 서덜랜드Sutherland가 규정한 바와 같이 '사회적 지위가 높은 사람에 의한 직업적 범죄'로 볼 수 있기 때문에 서덜랜드의 개념정의[3]가 아직은 상당한 비중을 가질 수밖에 없다.


## 상위계층의 사람들이 범죄를 저지르는 이유

상위계층의 사람들은 대부분의 사람들과 달리 경제적 지위와 신분이 보장되어 있는 편이다. 그럼에도 불구하고 그들이 범죄를 저지르는 이유는 세 가지 정도로 설명할 수 있다.

첫째, 시장경쟁과 경제논리를 중심으로 하는 기업문화와 관련된 심리

---

3 Edwin Sutherland, "White-collar Criminality," American Sociological Review 5(1940), pp. 2-10.

학적 원인을 들 수 있다. 심리적으로 기업범죄자 즉, 화이트칼라범죄자들은 기업을 운영함에 있어 경쟁자를 이기고 돈을 벌고자 하는 극도의 신경증적 욕구를 가지고 있다고 심리학자들은 주장한다. 수단과 방법보다는 결과를 중시하는, 그래서 최대의 이윤을 추구해야하고, 성과를 내야만 생존할 수 있는 지나치게 경쟁적 기업문화에서 그 원인을 찾는다. 이를 주장할 확실한 근거는 존재하지 않지만 일부 화이트칼라범죄자 중 기업범죄에 연루된 사람들이 죄책감이 결여된 경우가 많은 것을 보면 전혀 터무니없는 주장은 아니다.

둘째, 차별적 접촉이론Differential Association Theory에 따른 이유를 들 수 있다. 범죄학에서는 화이트칼라범죄의 원인으로 차별적 접촉이론을 이용하여 범죄원인을 설명한다. 즉, 같은 부류의 사람들끼리 접촉하면서 범죄행위를 학습하고 배우게 된다는 것이다. 마찬가지로 화이트칼라범죄도 정부조직이 기업규정의 위반에 강력히 대항하지 못하고 있기 때문에 기업의 잠재적 범법자들은 그들의 직장동료나 상사에 의해서 직·간접적으로 화이트칼라범죄를 범하도록 압력받고 있다는 것이다. 이와 함께 정부나 일반시민도 이를 강력하게 비난하거나 강력한 법집행을 시행하지 않기 때문에 범죄적 학습이 용이하다는 것이 문제로 나타난다고 본다. 이러한 차별접촉은 부정직한 기업관행을 통제하고자 하는 사회적 노력의 부족에서도 기인한다고도 할 수 있다.

셋째, 중화이론Neutralization Theory적 설명이 존재한다. 화이트칼라범죄자는 자신의 범죄를 정당화하거나 혹은 합리화하는 경향이 있다. 예를 들어, 종업원이 회사의 기물을 훔치더라도 보험으로 보상되기 때문에 회사에는 실제 아무런 피해를 주지 않거나, 기업운영을 함에 있어서 비합법적이거나 불공정한 법은 어겨도 괜찮다고 여기는 자기합리화가 있다. 이는 화이트칼라범죄자 즉, 기업범죄자에게 가장 보편적인 것으로, 정부의 각종 기업규제는 곧 자유기업경영체제Free enterprise system에 대한 위반이기 때문에 그것은 공정치 못하고 따라서 이를 어길 수밖에 없다는 논리라고 할 수 있다.[4] 또한 다른 기업이나 기업인도 다 법을 어기기 때문에 자신들의 행위에 대하여도 죄책감이나 책임감을 느끼지 않는다는 논리이다. 예를 들어 세금을 포탈하지 않고는 돈을 벌 수 없다든지 또는 돈만 쓰면 안 되는 일이 없다는 등의 주장처럼 모든 사람이 다 세금을 포탈하고 모든 사람이 다 뇌물을 주고받기 때문에 안하는 사람이 바보일 뿐이라는 잘못된 생각도 화이트칼라범죄를 조장하는 원인이라고 할 수 있다.


## 화이트칼라범죄를 줄일 수 있는 전략은

다른 범죄와 마찬가지로 화이트칼라범죄도 개인차원의 노력과 사회적인 노력이 동시에 이루어져야 범죄를 줄일 수 있다. 특히 화이트칼라범죄가 기업이나 직업적인 부분에서 이루어지는 만큼 이러한 부분에서의 노력이 선행되어야만 한다.

과거부터 우리 사회는 경제발전을 최우선적으로 여겨, 경제적 성장을 위한 위법행위는 사회적으로 '묻어주는' 분위기가 형성되어 있었다. 이는 경제발전의 주체라고 할 수 있는 기업체가 살아야 나라도 살 수 있다는 생각이 강하게 반영되어 있다. 이러한 분위기 속에서는 화이트칼라범죄의 근절이 어려울 수밖에 없다. 화이트칼라범죄의 방지와 대치를 위해서는 기업활동에 대한 사회적 책임감을 강조하는 분위기 쇄신이 필요하다고 볼 수 있다. 화이트칼라범죄를 경제성장을 위한 것이라고 정당화, 합리화 시키고 이를 묻어가는 분위기를 버리고 기업도 사회구성의 일원으로서 공동의 책임을 다해야 한다는 것이다.

그러기 위해서는 기업업무의 투명성을 확보하기 위한 사무처리 과정 및

---

4 John E. Conklin, Illegal But Not Criminal: Business Crime in America, Englewood Cliffs, NJ: Prentice-Hall, 1977, pp. 86-99.

정보를 공개하고 사회구성원들이 기업의 불법적 활동을 항상 감시할 수 있도록 해야 할 것이다. 이와 함께 기업의 윤리교육이 병행된다면 화이트칼라범죄는 단순한 문제가 아니고 그 피해가 전 국민에게 영향을 미칠 수 있는 일이라는 것을 사회 전체와 기업에서도 인지할 수 있을 것이다.

화이트칼라범죄를 억제하기 위해서는 화이트칼라범죄에 대한 전반적이고 체계적인 연구를 진행하는 노력이 필요하다. 하지만 안타깝게도 화이트칼라범죄에 대한 자료가 다른 범죄에 비하여 턱없이 부족하기 때문에 연구에 한계가 존재한다.

또한 화이트칼라범죄를 억제하기 위한 직접적인 조치로는 법안의 보완 및 강화를 통해 법의 사각지대에서 벌어지는 불법적인 화이트칼라범죄를 단죄하는 것이 필요하다. 더 나아가 화이트칼라범죄의 특별한 성격을 고려하여 단순한 벌금형 보다는 화이트칼라범죄가 명백한 범죄행위임을 인식시키기 위해서라도 처벌을 강화해야 한다.


## 화이트칼라범죄가 주는 피해

화이트칼라범죄는 당연히 전통범죄와 다른 형태를 지니고 있을 뿐 아니라 불행하게도 관련 연구의 미흡, 범죄에 대한 이해의 부족, 그리고 화이트칼라범죄의 특성 등으로 인하여 아직까지 화이트칼라범죄가 우리사회에 미치는 영향이나 결과에 대해서는 정확하게 파악하기가 현실적으로는 어렵다. 사실 화이트칼라범죄의 피해를 정확하게 알 수 없는 큰 이유는 다른 일반적인 범죄와 다르게 그 피해가 직접적인 피해보다 간접적인 피해로 나타나기 때문이다.

그러나 화이트칼라범죄가 주는 피해가 비록 직접적이기보다 간접적이긴 하지만 범죄로 인하여 발생하는 폐해를 비교해보면 대부분의 노상범죄보다 그 폐해가 더 큰 것이 사실이다. 화이트칼라범죄의 폐해가 더 큰 이유는 화이트칼라범죄가 통상적인 범죄에 비해 경제적 손실 외에도 신체적 손상, 그리고 심지어는 사회적 폐해도 엄청나기 때문이다. 더구나, 화이트칼라범죄는 범죄 폐해 정도가 어느 정도까지 발생하는지 완전히 파악할 수 없고, 설사 파악되더라도 피해의 정도나 범위가 명확하지 않으며 범죄나 피해자체가 알려지지 않는 경우도 많다.

또한, 다양한 유형의 범행에 따라 문제의 성격과 정도가 다르기 때문에 정확한 영향을 추산할 수 없게 만들고 있다는 점에서 더 심각하다고 할 수 있다.


## 화이트칼라범죄 폐해의 사례

금융사기사건의 경우, 피해가 일반 예금주의 피해나 주식 소유자의 피해를 강요하게 되고, 세금포탈의 경우는 일반시민의 납세액을 상승시키게 되며, 가격담합은 소비자로 하여금 더 많은 부담을 안겨주게 된다. 그러나 정말로 심각한 점은 이러한 경제적 손실의 대부분을 피해자들이 모르고 있다는 점이 화이트칼라범죄의 피해를 심각하게 하는 요인이다.

전통적 노상범죄가 대부분 특정한 관계에 있는 특정한 가해자가 특정한 피해자에게 피해를 주는 반면에 화이트칼라범죄는 대부분이 특정한 개인보다는 불특정한 다수 피해자에게 피해를 가하기 때문에 그 피해의 범위가 훨씬 광범위하고, 전통적 범죄가 대부분 한시적, 단기적 피해에 그치는 반면 화이트칼라범죄는 장기적, 지속적 피해를 가져다주기 때문에 피해의 정도가 더 크며, 피해유형도 단순히 신체적 손상이나 재산적 손실에 국한되지 않고 재산적 손실과 신체적 손상을 동시에 가져올 수 있으며, 그보다 더 중요한 것은 우리 사회에 불신풍조와 규범의 붕괴를 심화시키는 사회적 폐해도 유발하게 된다. 이런 이유에서 많은 사람들이 노상범죄보다 화이트칼라 범죄의 심각성을 더 우려해야 한다.

## 화이트칼라범죄의 분류

화이트칼라범죄는 그 유형이 매우 다양해서 일관성 있고 분명하게 분류하기가 쉽지는 않은데, 범죄학자 Moore[5]는 범행수법을 기준으로 이를 7가지 유형으로 분류하였다.

첫 번째 유형은 상품의 방문판매에서 어음사기에 이르기까지 다양한 사기사건과 같은 신용사기/사취Stings/Swindles이며,

두 번째 유형은, 계량기의 속임이나 부당한 요금 청구 등 규칙적으로 소비자나 고객을 속이는 사취Chiseling,

세 번째 유형은, 자신의 사회적 지위를 이용하여 그 조직 내의 권한을 개인적인 이익을 위해 남용 및 착취Exploitation of Institutional Position하는 것으로서 금품 요구, 기업체의 물품 구매 시 금품의 수수 등이 있으며,

네 번째 유형으로 조직 내 자신의 지위를 이용하여 조직의 재물을 자신을 위하여 횡령하는 것으로 이는 조직의 하부에서 상층부에 이르기까지 어느 단계에서나 가능하다.

다섯 번째 유형은, 고객사기로 보험사기, 신용카드사기, 의료사기 등 고객이 조직을 상대로 하는 일종의 절도이고,

여섯 번째 유형은, 기관의 중요한 위치에 있는 사람이 그것을 필요로 하는 사람에게 정보 등을 넘기는 행위로 정부와 기업 분야 모두에서 가능한 범죄이다.

마지막 유형은 기업범죄Corporate crimes로 일컬어지는 범죄로서, 기업이 경제, 정치, 정부기관의 행위를 규제하는 규칙을 의도적으로 어기는 행위인데, 예를 들어 가격담합과 같은 불공정거래, 불안전하거나 위험한 제품의

---

5 Mark Moore, "Notes Toward a National Strategy to Deal With White-collar Crime," in Herbert Edelhertz and Charles Rogovin(eds.), A National Strategy for Containing White-collar Crime, Lexington, MA: Lexington Books, 1980, pp. 32-34.

생산과 판매, 허위 또는 과장광고 및 환경범죄 등이 여기에 속한다고 할 수 있다.

## 화이트칼라범죄가 노상범죄보다 심각한가

범죄의 심각성은 범죄가 발생하였을 때, 범죄로 인한 피해와 피해자를 얼마나 많이 생성시키는가에 따라 판단이 가능하다. 화이트칼라범죄 피해자는 행위주체인 기업체 이외의 모두가 그 피해대상이라고 할 수 있어 그 피해자의 수나 피해정도가 그 만큼 많아지기 때문에 더욱 심각하다고 할 수 있다.

산업스파이, 특허·의장권 침해행위, 가격담합, 기업결합 등은 같은 기업가들 간의 경쟁을 통해 일반 시민에게 피해를 전가시키는 것이고, 정부에 대한 행위는 탈세, 보조금 사기, 수출입 교란, 불법 정치자금 및 뇌물제공, 신고의무 불이행 등도 기업이 그 자신들의 이익을 위하여 일반 사람들에게 피해를 강요한다고 할 수 있다. 또한 피고용인에 대한 행위로는 저임금, 노동시간연장, 인종·성차별, 노동조합 탄압 등 노동관계법 위반행위가 있고, 소비자에 대한 행위는 허위광고, 허위상표 부착, 안전성 시험 불이행 등 상품의 제조·판매 등도 화이트칼라범죄에 속한다고 볼 수 있다. 마지막으로 일반대중에 대한 행위는 대기·토양·수질오염, 자원 고갈, 매점·매석 등으로 사회전체에 해악을 끼치는 것을 들 수 있다. 이처럼 화이트칼라범죄 피해자는 우리 모두가 될 수밖에 없기 때문에 피해자의 수 그리고 피해정도도 그 만큼 더 심각하다.

화이트칼라범죄의 진정한 문제는 화이트칼라범죄의 폐해가 노상범죄보다 더 심각함에도 불구하고 우리 사회와 시민들은 그 심각성을 미처 인식하지 못하고 있다는 점이다. 결과적으로 이들 화이트칼라범죄는 대부분 형법보다는 오히려 행정법 등에서 규율되고, 형법에 의한 처벌보다는 행정적인 조치나 민사적인 조치로 규정되어 다루어지며, 형사적 사안으로 취급이 되더라도 법원을 비롯한 법집행 및 형사사법기관에서 비교적 관대하게 처분하고 있어 화이트칼라범죄의 효과적인 억제가 어려운 실정이다.

---

### '화이트칼라범죄'에 관대한 법원

법원이 이른바 화이트칼라범죄에 관대하다는 속설이 통계를 통해 확인됐다.

양형위원회가 범죄 유형 31개의 구속률과 1심 선고형을 분석한 결과 강간과 강도 범죄의 1심 실형 선고율은 각각 57.7%, 59.7%였다. 반면 화이트칼라범죄로 분류되는 횡령과 배임 범죄의 1심 실형 선고율은 각각 35.2%와 28.1%에 그쳤다. 뇌물죄의 경우 1심 실형 선고율이 28.8%였지만 집행유예 비율은 60.3%로 나타났다.

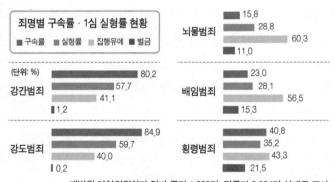

대법원 양형위원회가 일반 국민 1,000명, 전문가 2,294명 상대로 조사
출처: 대법원

[전지성 기자]
출처: 동아일보, 2008. 6. 16.

# 테러와 테러리즘은
## 어떻게 다른가

## 테러리즘이란

흔히 쓰이는 테러라는 말은 '커다란 공포'라는 의미를 가지는 라틴어 어원terrere에서 유래한 단어이다. 우리가 이해하고 있는 테러는 정확히 표현하자면 테러리즘 혹은 테러행위라고 해야 맞다.

테러리즘이라는 용어는 1798년 발간된 아카데미 프랑세즈 사전Dictionnaire de l'Académie Française에서 '조직적인 폭력의 사용'이라는 의미로 처음 규정되었다고 한다. 프랑스 대혁명 시절 로베스피에르 공포정치 시기1793년 6월~1794년 7월에 정권 유지 수단은 대중을 폭력으로 억압하여 발생한 대중의 공포terreur였다. 대중은 정권의 폭력에 반발하여 폭력적 수단으로 이에 대항하기 시작했는데 이를 테러행위라 부르면서 테러리즘이라는 용어가 세상에 등장하게 되었다.

21세기에 가장 많이 사용되는 용어 중 하나인 테러리즘이란 용어는 실제로 200여 년 넘는 기간동안 사용되어 왔다. 2001년 미국에서 발생했던 9·11 테러나 최근 중동 등지의 잦은 폭탄테러 때문에 옛날의 테러리즘들이 기억에서 희미해지긴 했지만, 테러행위를 처음으로 표현하는 단어로는 백색테러와 적색테러가 존재한다.

프랑스의 혁명시대였던 1700년대 말, 당시 공화당 혁명정부가 왕권복귀를 갈망하던 반혁명파에 대해 가했던 폭력을 '적색테러'라 칭했고, 반대로 반혁명파가 혁명파에 가했던 테러를 '백색테러'라 지칭했다.

## 테러의 과거와 현재 ─ 공통점과 차이점

　1700년대의 테러와 현재의 테러는 공통점이 존재하지만 차이점도 존재한다. 그러한 공통점과 차이점을 알아보기 위해서는 과거와 오늘날의 테러리즘에 대한 정의를 알아볼 필요가 있다.

　다른 많은 개념들도 그렇겠지만 테러리즘은 학자들이나 전문가의 시각에 따라 다양하게 정의되고 있다.

　대표적인 정의 중 하나로 미국 연방수사국FBI의 정의를 들 수 있다. 미국 연방수사국은 테러리즘을 '정부 혹은 시민들을 협박하고 이들로 하여금 특정한 행위를 강요하기 위하여 사람이나 재산에 가하는 정치적, 사회적 목적의 불법적인 폭력', 즉 그 공격자체가 폭력의 궁극적인 목적이 아니라, 공격을 통해 정부 혹은 시민을 압박하고 두렵게 하여 테러집단이 원하는 행위를 하도록 만드는 것이라 본다.

　UN에서도 결의를 통하여 테러를 '민간인을 상대로 하여 사망 혹은 중상을 입히거나 인질로 잡는 등의 위해를 가하여 대중 혹은 어떤 집단의 사람 혹은 어떤 특정한 사람의 공포를 야기함으로써 어떤 사람, 대중, 정부, 국제조직 등으로 하여금 특정 행위를 강요하거나 혹은 하지 못하도록 막고자 하는 의도를 가진 범죄행위'[6]라고 정의내리고 있다.

　이처럼 미국 연방수사국이나 UN의 정의를 살펴볼 때, 테러의 목적을 폭력행위가 아니라 그 폭력행위로서 테러집단이 원하는 행위를 강요한다

---

6 UN안보위원회 결의 제1373호에 의한 테러리즘 정의.

는 점에서 테러가 일종의 도구적 범죄Institutional crime임을 알 수 있다. 이러한 특징은 1700년대 말의 테러리즘이나 최근의 테러리즘 모두 공통적인 면이라 할 수 있다.

예를 들자면, 중동지역에서 어떤 무장단체가 테러로 Mr. John이라는 사람을 살해했다고 가정한다면, 공격한 단체가 궁극적으로 원한 것은 Mr. John을 죽이는 것이 아니라, 다른 사람들이나 정부가 그러한 명백한 공격을 보고 두려워하게 만들어서 중동지역에 군대를 파견하지 못하게 하는 것이라 할 수 있다. 결국 테러는 다른 궁극적 목적을 위한 도구로 행하는 범죄행위로 볼 수 있다.

하지만 과거의 테러와 현재의 테러 사이에는 차이점도 존재한다. 많은 학자들이나 실무자들은 모든 테러에 일관되게 적용할 수는 없지만 몇 가지 특징을 들어 차이를 주장하고 있다.

대표적인 차이점 중 하나는 테러의 목표이다. 테러 목표의 차이점을 살펴보면, 첫째로 과거의 테러의 목표가 국가원수, 정부요인, 국가기관 등과 같은 경성목표Hard target가 주된 것이었다면, 오늘날은 불특정 다수의 시민, 대중교통수단과 같은 연성목표Soft target가 주된 목표가 되고 있다. 그리고 둘째로 과거의 테러리즘은 테러행위 이후 자신들의 존재와 요구조건을 밝히는 경우가 다수였지만, 최근의 테러리즘은 누가 공격했는지도 알 수 없고, 요구조건을 제시하는 경우도 없기 때문에 테러집단을 색출하고 근절하기가 어렵다. 셋째로 현재의 테러는 전쟁수준의 무차별 공격으로 불특정 다수를 대량살상하기 때문에 그 피해가 상상을 초월한다는 것이다. 이렇듯 현재의 테러는 언제 어디에서, 누구에게 발생할지 모르고, 그렇기 때문에 더욱 큰 공포를 자아낼 수도 있다.

## 우리나라는 테러안전국가?

우리나라라고 테러로부터 안전한 나라는 결코 아니라고 할 수 있다. 실제로 한국인이 테러의 표적이 되어 희생된 사례들이 한국도 테러로부터 예외가 될 수 없다는 것을 잘 보여주고 있다. 2003년 이라크에서 오무전기 직원들 피격 후 2명 사망, 2004년 6월 이라크에서 김선일 씨 피살, 2007년 아프가니스탄에서 샘물교회 선교단 납치 및 2명 피살, 2009년 3월 예멘에서 자살 폭탄 테러로 한국인 관광객 4명 사망 등 우리나라 국민들도 뉴테러리즘의 대상이 되고 있다.

더욱이 최근 우리나라는 사이버테러의 위협이 증가하고 보수와 진보의 갈등의 골이 심화되어 백색테러와 적색테러의 위협까지 가중되고 있는 형편이다. 하지만, 테러리즘은 누가 언제 왜 테러행위를 저지를지 예측이 거의 불가능하기 때문에 대응이 쉽지 않다는 사실이 문제를 더 심각하고 어렵게 만들고 있다.

## 테러는 예측가능한가

테러는 일종의 무작위폭력Random violence으로만 알려지고 있다. 그래서 예측도 예방도 더 어려워지고 있기 때문에 모든 사람들을 다 공포에 떨게 할 수 있는 것이다. 이러한 점이 테러범이나 테러집단이 노리는 효과이기도 하다. 그러나 조금만 더 깊이 들여다보면 테러가 꼭 무작위폭력이라고만 할 수 없는 부분이 있다.

9·11테러에 공격당한 목표를 살펴보면 미국의 국방성, 백악관, 세계무역센터가 존재한다. 이러한 표적들은 무작위로 선정된 것이 아닌 철저하게 계획되고 선택된 표적이라고 볼 수 있다. 특히 테러범들이 선택하는 표적에는 일정한 특징이 존재한다.

테러범들의 표적선택에 대해서 미국의 Clarke와 Newman이라는 학자들이 그들의 저서인 '테러범들보다 더 영리하기Outsmarting the Terrorists'에서 EVIL DONE이라는 영문 머리글자로 테러범들이 선택하는 표적의 특징을 제시하고 있다.


E는 Exposure로서 위험에 많이 노출되고,

V는 Vital로서 사회에 필수적인 장소나 시설이며,

I는 Iconic으로서 상징성이 있으며,

L은 Legitimate로서 테러 후에 비난을 적게 받고 정당성을 주장하기 쉬우며,

D는 Destructive로서 완전히 파괴할 수 있어 그 피해가 크며,

O는 Occupied로서 사람이 많이 상주하고,

N은 Near로서 비교적 가까운 곳에 위치하고,

E는 Easy로서 쉽게 테러를 가할 수 있는 표적이 가장 매력적인 테러의 대상이 된다는 것이다.


우리가 사회의 모든 시설, 사람, 장소를 모두 항상 보호할 수 없다는 점을 테러범들도 잘 알기 때문에 테러범들은 표적을 선택할 수 있다. 따라서 자원낭비할 것 없이 테러에 효율적으로 대응하기 위해 우리는 모든 대상을 다 똑같이 보호할 필요도 없다. 그래서 위 언급된 특징을 토대로 보호가 꼭 필요한 대상에 대한 우선순위를 정할 수도 있다.

구체적으로 살펴보면, 위에서 설명한 테러범들의 표적선택범주에 따라 테러의 위험성 정도를 분석, 평가하여 위험성이 높은 대상을 순서대로 우선순위를 정하여 보호하는 것이 필요하다. 테러범들이 표적선택에 매력을 더하는 요소인 상징성, 파괴력, 피해의 규모, 노출된 표적 등을 고려하여 보호대상을 판단할 필요가 있다.

# 테러, 뉴테러리즘 그리고 자생테러

## 테러와 테러리즘은 어떻게 다른가?

테러란 '커다란 공포' 혹은 '공포 조성'을 의미하는 라틴어<sup>terrere</sup>에서 유래된 단어지만 종종 테러행위, 즉 테러리즘을 지칭하는 의미로 통용되고 있다. 테러 관련 분야의 전문가들과 학자들의 시각, 테러리즘의 동기, 범위, 주체 그리고 그 대상에 따라 단어의 정의가 달라지며 심지어 미국의 경우 국가 내의 부처마다 테러리즘을 달리 정의하고 있다. 미국 국무부는 테러리즘을 준국가집단<sup>Sub-national Groups</sup> 또는 비밀요원<sup>Clandestine Agents</sup>에 의한 폭력으로 지칭하고 있는 반면 미국 국방부는 테러리즘의 주체를 명시하지 않아 그 범위가 방대하다.

흥미롭게도 시각에 따라 동일한 사건의 해석 역시 달라지는데 어떤 경우에는 테러리즘으로, 또 다른 경우에는 일반적인 범죄사건으로 간주되기도 한다. 예를 들어 영국 정부의 관점에서 보면 북아일랜드의 소수파 가톨릭교도가 주축을 이루는 북아일랜드 공화국군<sup>Irish Republican Army</sup>의 무력투쟁을 테러리즘으로 규정하지만 피지배자의 입장에서 볼 때 이 단체는 해방주의자<sup>Freedom Fighter</sup>이다. 일제의 식민지배를 받았던 우리의 시각에서도 북아일랜드 공화국군의 공격에 동정심을 보일 가능성이 크지만 꼭 그렇지만

은 않다는 점에서 테러리즘을 보는 관점과
정의에 관한 논쟁은 다양하다.

우리나라의 경우 국가대테러활동지침<sup>대통</sup>
<sup>령 훈령 제47호</sup>에 따라 테러를 '국가안보 또는 공
공의 안전을 위태롭게 할 목적으로 국가 또
는 국제기구를 대표하는 자 등의 살해·납
치 등, 국가 또는 국제기구 등에 대하여 작

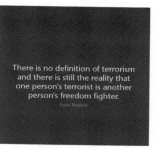

There is no definition of terrorism
and there is still the reality that
one person's terrorist is another
person's freedom fighter.
_Kumi Naidoo_

그린피스의 쿠미 나이두 사무총장의 어록

위·부작위를 강요할 목적의 인질 억류·감금 등, 국가중요시설 또는 다중
이 이용하는 시설·장비의 폭파 등, 운항 중인 항공기의 납치·점거 등 운
항중인 항공기의 파괴 또는 운항중인 항공기의 안전에 위해를 줄 수 있는
항공시설의 파괴 등, 국제민간항공에 사용되는 공항 내에서의 인명살상
또는 항해시설의 파괴, 선박억류 또는 선박의 안전운항에 위해를 줄 수 있
는 선박 또는 항해시설의 파괴 등, 해저에 고정된 플랫폼의 파괴 등, 핵물
질을 이용한 인명살상 또는 핵물질의 절도·강탈의 활동'으로 테러리즘의
개념이 보다 명확하게 명시되고 있다. 하지만 한국인이 테러의 표적이 된
사례들이 점점 증가하고 테러방지법<sup>Anti-terrorism Act</sup> 제정에 대한 찬반 논란
이 재점화되며 우리나라 역시 테러리즘에 관한 개념 정립이 불가피하게
됐다.

## 테러리즘의 과거와 현재

뉴테러리즘은 종래의 테러리즘과는 다른 유형의 테러리즘을 뜻하며 일
반적으로 미국의 9·11테러를 기점으로 그 이전의 테러를 과거의 전통적
테러리즘<sup>Old Terrorism</sup>이라 하고, 이후의 테러를 뉴테러리즘<sup>New Terrorism</sup>으로 구
분하고 있다. 뉴테러리즘의 전략과 전술은 매우 파괴적인데 과거의 테러
리즘이 항공기·인질 납치, 요인 암살, 시설점거 등과 같은 극단적 수단을

NEW VERSUS OLD TERRORISM

- **Old terrorism:** Used to refer to more secular groups before 1990 and end of the Cold War.
- **New Terrorism:** a new kind of terrorism believed to have begun with the 1993 World Trade Centre bombing and dominated by religious doctrines that emphasize transformational and apocalyptic beliefs

**GOALS**

**Old Terrorism:** Limited, specific, tangible, local oriented goals, nationalist, independent movements, separatists. Understandable, comprehensible, realistic, rational and prone to compromise.

**New Terrorism:** goals can be ambiguous, implausible or unrealistic, seeking maximum destruction, having transnational, regional and systematic ambitions

**METHODS**

- **Old Terrorism:** limited in methods, selective, restrained, specific, they see terrorism as a refined instrument, want to be involved in the political process, they do not want to go to far.
- **New Terrorism:** the means they are willing to use is unlimited, highly indiscriminate in their use of violence, attracted to the use of weapons of mass destruction

**ORGANIZATIONAL STRUCTURE**

- **Old Terrorism:** highly centralized, hierarchical chain of command, professional revolutionaries, some were state sponsored.
- **New Terrorism:** a network, decentralized, proceeds largely by inspiration, amateurs, independent of state.

과거의 테러리즘과 뉴테러리즘의 목표, 수법, 조직구조의 차이를 정리한 표
출처: http://www.slideshare.net/Stephenjozie/defining-terrorism2

동원한 '의사소통'의 측면이 강했다면 뉴테러리즘은 마치 전쟁 수준의 공격 형태로 자행되고 있다는 것에 큰 차이가 있다.

뉴테러리즘의 개념적 특징을 최초로 정립한 곳은 미국의 민간연구소인 '랜드Rand'이며 정치적 목적, 심리적 공포심, 요구사항 관철이 과거의 전통적 테러리즘의 특징적 요소였다면 뉴테러리즘은 피해규모나 테러리즘 수법의 면에서 큰 차이를 보이고 있다. 뉴테러리즘은 정치적, 종교적, 경제적 연관성이 없는 불특정 대중을 대상으로 가해지는 보편적 테러General Terror이며, 적은 비용으로 피해의 극대화를 추구한다.

또한 뉴테러리즘은 대량 살상 자체가 주된 목표이기에 9·11테러와 같은 가미가제식 공격 또는 생화학무기, 급조폭발물 등 수단을 불문한 최대한의 타격을 가하는데 9·11테러 공격의 배후 조직 역시 이미 생화학무기를 보유하고 있었다고 한다.

생물무기는 다른 폭탄, 핵폭탄, 화학무기에 비해 비용이 적게 들며 대량생산이 가능하고 은닉과 운반이 용이하며 생물무기에 의한 테러가 발생했을 시 그 대처가 어렵다. 생물무기는 세균무기의 개념이 확대된 것으로 바이러스나 세균 등의 미생물을 이용하여 사람, 가축, 식물을 살상하며 음식물에 삽입하는 방식의 테러 기법으로 쓰인다. 생물무기의 위험성과 이

로 인한 대량 살육의 가능성 때문에 국제법으로 그 사용뿐 아니라 개발, 생산, 저장까지도 금지되어 있지만 안타깝게도 여전히 많은 국가에서 보복 사용과 방어 방법이라는 그럴듯한 명분으로 개발이 이루어지고 있다.

## 자생테러(Homegrown Terror), 외로운 늑대들(Lone Wolf)

외로운 늑대Lone-wolf는 자생적 테러리스트라는 의미로 통용되는 용어로서 1990년대에 미국의 극우 인종주의자인 앨릭스 커티스Alex Curties와 톰 메츠거Tom Mertzger가 백인 우월주의자들에게 독자적 행동을 선동하면서 '외로운 늑대'라는 표현을 최초로 사용했다. 외로운 늑대 테러리즘은 테러조직의 지휘체계나 배후 세력 없이 특정한 조직이나 정부에 대한 반감으로 인해 테러 활동을 외곽에서 자발적으로 동조하여 테러를 자행하는 새로운 유형의 테러리즘을 의미한다. 따라서 외로운 늑대 테러리즘은 그 어떤 테러 조직의 지시 없이 개인적으로 활동하고 테러를 실행하는 이른바 프리랜서 형태를 띠고 있고 외부 조직이나 계층과 관계없이 테러활동의 범위가 개인에 의해 세워지고 실행되어진다는 것이 특징적이다.

따라서 외로운 늑대 테러리즘의 범위가 애매모호하고 정치적 동기에 따른 암살에서 개인적인 욕구나 이해관계로 빚어진 살인행위까지 공격의 수법과 종류가 광범위하다. 대표적인 외로운 늑대 테러로는 1955년 미국 오클라호마시티 연방청사 테러사건, 1997년 미국 뉴욕 Empire State Building 테러 사건, 2012년 프랑스 툴루즈의 유대인 학교 총기 난사 사건, 2013년 미국 보스턴 마라톤 폭발 테러 사건, 2014년 호주 시드니 도심 카페 인질극 등이 있다.

특히 외로운 늑대 테러의 경우 테러 감행 시점이나 테러행위를 위한 사전행위를 예측할 수 없다는 점에서 테러예방이 어렵다. 또한 이들을 추적하는 것 역시 용이하지 않다는 점에서 때론 조직에 의한 테러보다 더 큰 피해를 초래하기도 한다. 2000년대 이후 미국에서는 주로 이슬람계 외로운 늑대 테러범들이 발견되고 있는데 이는 이들이 이민을 온 후 사회로부터 고립감을 느끼고 부적응자라는 낙인을 얻으며 급진적인 성향을 보이기 때문이다.

우리나라 역시 외로운 늑대 테러로부터 안전지대는 아니다. 사상 초유의 국정 농단 사태, 지속되는 취업난, 불경기가 개인적 좌절과 분노를 유발하고 이러한 불안요소가 팽배한 사회는 무고한 사람에게 피해를 가해 심리적 보상을 얻으려는 외로운 늑대 테러를 조장하고 있다. 외로운 늑대 테러는 사회의 갈등 구조가 원인이 되는 경우가 많으므로 사회의 관심으로부터 멀어졌거나 소외받는 곳은 없는지 살펴보려는, 보다 적극적인 관심과 지원이 뒷받침돼야 한다.

## 한국, 테러 안전지대 맞나? 인터넷·다문화 …"한국 '외로운 늑대' 발생조건 충분"

이슬람 수니파 극단주의 무장단체 이슬람국가[IS]가 한국 내 다수의 주한미군 기지와 우리 국민 1명을 테러대상으로 지목하면서 한국 역시 테러로부터 자유롭지 않다는 점이 확인됐다. 전문가들은 최근 불황과 양극화가 심화되고 다문화 사회 진입으로 이질성이 높아진 우리 사회도 갈등 관리에 실패할 경우 극단주의에 빠진 '외로운 늑대[one wolf]'에 의해 자행되는 테러가 발생할 가능성이 높다고 보고 있다.

지난해 IS가 시리아와 이라크 지역에서 확보한 영토의 22%를 잃고 심각한 재정난에 시달리는 등 약화되면서 약점을 은폐하기 위해 테러 중심 전략으로 전환하고 있다는 점은 전세계 테러 가능성을 높이고 있다.

문제는 아부 알아드나니 IS 대변인이 전세계의 극단주의적 성향을 가진 이들을 향해 "네가 너희 나라에서 할 작은 성전은 시리아·이라크의 큰 성전보다 더 효과적이고 서방에 더 치명적이다"며 자생적 테러를 자극하고 있다는 점이다. 외부로부터의 지휘나 지원을 받지 않는 '외로운 늑대'들이 벌이는 테러는 준비 단계에서 사전에 인지하거나 차단하기가 보다 어렵기 때문이다.

한국은 이슬람교의 영향력이 비교적 적어 이슬람 극단주의에 기반한 테러 가능성은 적다고 인식되고 있지만 여전히 테러 가능성을 배제할 수는 없다. 장지향 아산정책연구원 선임연구위원은 "IS의 공식 홍보 책자 다비크Dabiq가 밝힌 '십자군 동맹국'에 한국도 포함돼 있어 국내에 체류하는 이슬람 국가 출신 극단주의 세력이 테러에 나설 가능성을 완전히 배제할 수는 없다"고 했다.

제대로 관리되지 않는 갈등은 잠재적 테러의 씨앗이다. 국제 결혼이나 이주노동자의 증가로 사회의 이질성이 심화되고 있지만 정부의 정책적 대응이 늦었다는 점이 문제다. 오세연 세명대학교 경찰행정학과 교수는 "다문화 사회로 전환되면서 피부색이나 언어에서 오는 사회적 편견과 차별이 늘어나고, 이는 다문화가정 2세들과 외국인을 고립시켜 반한 감정을 갖게 만든다"며 "이는 테러 발생 가능성을 높인다"고 했다.

그러나 지난해 1월 터키와 시리아를 거쳐 IS에 자진 가담한 김모 군이나 자신과 정치 노선이 다르다는 이유로 신은미 씨 강연회에서 황산테러를 자행한 고등학생 사례는 테러가 이슬람 극단주의자들의 전유물이 아님을 보여준다. 테러 전문가들은 "'외로운 늑대'는 개인적 좌절과 분노를 정치적·사회적·종교적 억울함과 결합시켜 신념을 만들어 간다"고 설명한다. 경제적 좌절을 겪고 있는 소외계층 역시 테러의 주체가 될 수 있다는 얘기다.

정보통신 서비스가 잘 갖춰져 있고 소셜네트워크서비스SNS가 확산된 한국사회의 특성은 이같은 극단주의적 성향을 보다 증폭시키는 확성기 역할을 할 가능성이 크다. 인터넷과 트위터를 함께 하는 사람들이 서로의 극단적 성향과 믿음을 증폭시키는 '에코 체임버Echo Chamber' 효과를 낳기 때문이다. 경찰청 관계자는 "지난해 1~7월부터 국내 웹상에 IS 가입을 선동하거나 신념을 지지하는 글들이 수백건 씩 올라와 꾸준히 모니터링하고 있다"며 "8월부터는 참수 동영상이나 전쟁 훈련 동영상 등 자극적인 영상들이 퍼날라지고 있다"고 우려했다.

'외로운 늑대'가 자발적 판단으로 테러를 자행하기는 하지만 온라인을 통해 외부 테러단체와 접촉하면서 그 가능성은 더 높아지기도 한다. IS는 유투브 등에서 잠재적 테러리스트들을 모집하고 선동하기 위해 온라인 훈련캠프를 운영하고 있다. 이들은 "전사들이여, 캠프를 찾기 위해 발품을 팔지 말라. 이제 집에서 혼자 또는 형제들과 어울려 훈련을 받으라"고 선전한다. 세계 이슬람 미디어전선<sup>GIMF</sup>는 급조 폭발물<sup>IEDs</sup>, 공대지 미사일, 비행기술 등을 비디오로 제작·게시해 '외로운 늑대'의 테러를 기술적으로 지원하기도 한다.

정육상 계명대 경찰행정학과 교수는 "경찰이 테러단체나 극단주의자들이 운영하는 사이트에 접속하는 소외계층 청소년 등 취약인물의 사이버상 활동을 모니터링하는 예방활동을 강화해야 한다"고 조언했다.

[원호연 기자]
출처: 헤럴드경제, 2016. 6. 21.

# 2

## 범죄자 이야기

# 범죄자는 태어나는 것인가 Nature 만들어지는 것인가 Nurture

2010년 부산에서 여중생을 성폭행하고 살해하는 사건이 발생해 온 세상을 떠들썩하게 만들었다. 이 사건의 범인으로 김길태가 잡혔는데, 그가 범죄를 일으키게 된 원인 중 하나로 어릴 때 버려져 입양된 점이 제기되어 사회적 관심을 끌었다. 왜냐하면 이렇게 반인륜적인 범죄가 일어날 때마다 범죄의 원인으로 유전의 영향인지 아니면 자라온 환경의 영향인지 논란이 되기 때문이다.

범죄의 원인이 유전이냐 환경이냐, 즉 본성 Nature 이냐 양육 Nurture 이냐는 문제를 둘러싼 논쟁은 이미 오래전부터 제기되어 왔으며, 범죄학을 연구하는 학자들 사이에서는 오랫동안 관심을 가졌던 테마 중 하나였다. 범죄의 원인을 찾는 데 있어서 유전적인 요인에 주목하는 가장 기본적인 이유는 아이들의 외모나 성격, 지능 등이 그들의 부모를 닮는다는 사실에서부터 시작된 것으로 보인다.

이러한 범죄의 관계를 규명하기 위한 노력은 오랫동안 진행되어 왔으며, 고링 Goring 의 연구를 필두로 하여 범죄자가계연구, 쌍생아연구, 입양아연구 등이 존재한다.

## 범죄자 집안의 존재(범죄자가계연구)

"범죄자 집안의 성립은 가능한가?"라는 질문에 대한 연구로 범죄의 유전성을 규명하기 위한 범죄자가계연구를 들 수 있다.

범죄자가계에 대한 연구는 19세기 말 뉴욕의 Jukes가※에 대한 덕데일 Dugdale의 연구를 대표적으로 들 수 있다. 덕데일은 1900년경 뉴욕 주의 어느 교도소를 시찰하던 중에 우연히 6명의 가족 수용자들과 마주치게 된다. 6명의 가족 수용자는 덕데일의 관심을 끌었고 덕데일은 지난 75년간의 Jukes가계사를 분석했다. 그 결과 조사대상자 709명 중 걸인이 280명, 절도범 60명, 살인범 7명, 잡범 140명이라는 특이한 사실을 발견하게 되었다. 이러한 조사결과를 기초로 덕데일은 범죄의 유전성을 주장했다.

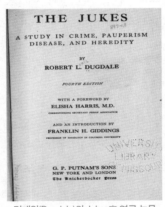

덕데일(Dugdale)의 Jukes家 연구 논문

덕데일 뿐만 아니라 곳다드 Goddard 역시 가계도 Family tree를 통해 범죄와 유전과의 연관성을 연구했다.

곳다드는 칼리카크가 Kallikak家를 추적조사하여 범죄와 유전과의 연관성을 밝히고자 하였다. 그에 따르면 미국 독립전쟁에 출전한 칼리카크와 정신박약자인 마틴이라는 성매매여성과의 관계에서 태어난 480여 명의 후손 중에는 정신박약자가 143명, 성적 비정상자 32명, 알콜중독자 24명, 간질병환자 3명, 조사자 早死者 82명, 범죄자 3명, 성매매영업자 8명 등이 있었다고 한다. 그러나 전쟁이 끝나고 칼리카크가 결혼한 정상적인 여성과의 사이에서 태어난 후손 490명 중에는 정신이상자가 1명, 알콜중독자 2명, 종교적 광신자 1명, 조사자 1명뿐이었다고 한다.

이러한 연구결과만 놓고 보면 범죄도 유전된다고 생각할 수 있다. 하지

만 범죄자가계도 연구를 통한 범죄유전성에 대한
초기의 연구는 많은 비판을 받게 된다.

Kallikak가(家)의 가계도

곳다드나 덕데일이 비판을 받는 부분은 가계도
결과를 일률적으로 분석했다는 점에 있다. 즉, 주
크의 후손들이나 정신박약자 사이에서 태어난 칼
리카크의 후손들이 범죄의 길로 들어선 것은 유
전적 결함 때문이 아니라 제대로 된 성장환경을
제공받지 못한 탓이었다고 보는 것이다.

결론적으로 이들 연구에서는 환경적 요인에 대한 완전한 통제를 하지 못
했다는 비판을 받고 있는 것이다. 자녀의 유전적 배경을 결정하는 것이 자녀
를 생산한 부모라면 자녀를 사회화시키는 사람 역시 바로 그들의 부모이기
때문에 유전과 환경은 분리될 수 없다는 것이다.

유전과 환경이 분리될 수 없기 때문에 명문名門 가문에도 범죄자가 있을
수 있고, 한문寒門 가문이라 하더라도 범죄자가 없을 수도 있는 것이다. 현
실적으로 한문 가문에서 모두 범죄자가 나오는 것은 아니기 때문이다.

바로 이러한 문제점으로 인해 범죄의 유전성을 확인하기 위한 보완적
연구로 쌍생아연구와 입양아연구가 대두되었다.


## 범죄의 유전적 영향(쌍생아연구)

쌍생아연구란, 일란성 쌍생아가 유전적으로 동일한데 반해 이란성 쌍생
아는 일반적으로 형제와 다를 바가 없기 때문에 일란성 쌍생아가 이란성
쌍생아보다 행위일치율이 더 높을 것이라는 전제를 가지고 두 집단을 비
교함으로써 행위에 대한 유전적 영향을 정확하게 밝힐 수 있다는 가정에
서 시작된 연구이다.

1930년대 이후 쌍생아의 범인성에 관한 연구가 세계적으로 이루어졌으

35년 만에 만난
앨리스·폴라의 경우

• 두 사람 모두 작가
• 대학 전공도 영화
• 알레르기성 체질
• 웃는 버릇
• 어린시절 파리여행 꿈꿔

쌍생아 행위일치율을 보여주는 사례

며, 실제로 대부분의 연구결과는 일란성 쌍생아의 행위 일치율Concordance Rate이 이란성 쌍생아나 일반형제들보다 더 높은 것으로 나타났다. 이러한 쌍생아연구 결과에 의하면 일란성 쌍생아의 경우 한명이 범죄자이면, 다른 한명도 범죄자일 가능성이 더 높다는 가정이 가능하다.

이러한 가정을 확인하는 대표적인 연구로는 독일의 생리학자인 랑게Lange의 연구가 있다. 랑게는 성인남성의 쌍생아일란성 13쌍, 이란성 17쌍 중 범죄성이 일치하는 일란성 쌍생아는 10쌍79.6%, 이란성 쌍생아는 2쌍11.8%으로 조사되어 범죄는 숙명처럼 유전된다고 주장했다.

쌍생아연구와 랑게의 연구를 살펴보면 결국 범죄도 유전된다는 결론을 내리기 쉽다. 하지만 쌍생아연구도 범죄자가계연구와 마찬가지로 양육방법의 유사성과 같은 환경의 영향을 전적으로 배제하지 못하였다는 점에서 많은 비판을 받아왔다.

또한 지나치게 적은 수의 표본으로 인해서 통계적 타당성이 저해되었다는 문제점이 지적되기도 했다. 이에 새롭게 시도된 것이 입양아연구라고 할 수 있다.

## 범죄의 환경적 영향(입양아연구)

입양아연구는 말 그대로 입양아의 행동을 생부모의 행동과 비교하여 범죄와 유전의 관계성을 밝히고자 했던 연구이다. 만약 입양된 어린이의 행동이 입양한 양부모보다 생부모의 행동과 더 유사하다면 범인성에 대한 유전적 기초가 지지를 받을 것이고, 반대로 입양아의 행동이 생부모보다는 양부모의 행동에 더 유사하다면 환경적 요인이 더 많이 작용하는 것으로 보는 것이다.

대부분 사람들의 일반적인 관점은 자신을 낳아준 생물학적인 아버지의 영향을 더 많이 받을 것으로 보기 쉽다. 이러한 사람들의 예측은 맞는 것으로 나타났는데, 입양아가 생물학적인 아버지의 행동유형과 유사함을 보여, 대체로 유전적 요인들이 범죄에 영향을 주고 있음이 나타났다.

생부와 환경적 접촉이 없었던 입양아들의 경우에도 생부와 유사한 행위유형을 보이고 있다는 사실이 발견된 것도 특이한 점으로 나타났다.

허칭스Hutchings와 메드닉Mednick은 1927년부터 1941년 사이에 덴마크의 코펜하겐에 입양되었던 전체 1,145명의 입양아들을 대상으로 생부와 양부의 범죄기록과 입양아들의 범죄기록들을 조사하였다. 이들 중 185명이 범죄기록을 갖고 있었는데 이들을 전과기록이 없는 통제집단과 비교한 결과, 허칭스와 메드닉은 생부의 범죄사실이 입양된 자녀들에게도 영향을 준다는 사실을 발견하였다.

즉, 양부의 범죄기록 여부와 관계없이 생부가 범죄기록을 가지고 있는 입양아들은 그렇지 않은 입양아들보다 범죄자가 더 많아, 생부모의 영향이 양부모의 영향보다 큰 것으로 나타났다.

또한 허칭스와 메드닉의 연구에서는 흥미로운 사실이 발견되었는데, 바로 친아버지와 양아버지가 모두 범죄자였던 경우 입양된 아이의 범죄율이 가장 높다는 사실이었다. 그리고 생부가 범죄성향이 있다고 해서 무조건 입양된 아이가 범죄를 저지르는 것은 아니었으며, 오히려 범죄성향이 있는 양아버지를 보고 자란 입양아들이 범죄를 저지르는 확률도 적지 않았다는 것이다.

이러한 연구결과를 보면 입양아가 범죄를 저지르는 경우 그 원인으로 유전적 영향도 중요하지만, 환경적인 영향도 무시할 수 없다는 것을 확인할 수 있다.

범죄란 엄연히 사회적 현상으로서 환경적인 요소를 떼어놓고는 범죄를 논할 수 없다. 유전과 환경 중 어느 것이 범죄에 더 영향을 미치는지에 대해서 정확히 단언할 수는 없으나, 분명한 것은 환경적인 요소를 간과할 수 없다는 점이다.

비록 범죄인자를 가진 유전자를 가지고 태어난 사람이라 하더라도 어떠한 성장환경에 놓이느냐에 따라 범죄자가 될 수도 있고, 그렇지 않을 수도 있다. 범죄를 저지르는 범죄 유전자가 따로 존재하는 것이 아니라, 범죄의 유전성은 범죄를 유발할 수 있는 유전형질이 어떠한 성장환경에 놓이느냐에 따라 결정되는 문제라고 볼 수 있다.

우리 인간은 환경의 지배를 받지 않을지는 몰라도 환경의 영향에서 벗어나지는 못한다. 범죄도 이러한 입장에서는 예외가 아니다.

초기 범죄생물학에 대한 가장 큰 비판은 바로 환경적 영향을 경시하였다는 점이었다. 이러한 비판을 통해서 범죄에 대한 환경의 영향이 적지 않음을 알 수 있게 되었다.

일부에서 범죄를 사회적 질병이라고들 한다. 우리 사회의 공기가 오염되면 오염된 공기를 마시게 되고, 물이 오염되면 오염된 물을 마실 수밖에 없어서 전염병과 같은 질병에 걸리게 된다는 것이다.

공기와 물은 인간의 생존에 절대적으로 필요한 환경요소이면서도 가장 당연하게 여기게 되는 요소이다. 우리 사회도 요즘 오염된 공기와 물처럼 퇴폐적, 폭력적 환경이 넘치고 있다. 이러한 폭력적, 퇴폐적 환경 속에서 폭력을 보고, 듣고, 배우기 쉬운 사회에서는 청소년들이 바르게 자라기를 바라기란 쉽지 않다. 그래서 일부에서는 범죄자, 특히 청소년 범죄자를 이러한 폭력적 환경의 피해자라고 부른다.

물론, 공기와 물의 오염이 모든 사람을 병들게 하지는 않는다. 오염되지 않은 공기와 물을 찾아 새로운 환경으로 이주하고, 오염된 환경에서도 그 피해를 줄이려고 노력하는 사람과 그렇지 않은 사람은 큰 차이가 나타나기도 한다.

이런 점들을 학자들은 "범죄는 범죄적 소질을 가진 사람Nature이 범죄적 환경에 처했을 때<sup>Nurture</sup> 가장 범죄자가 되기 쉽다" 또는 "범죄는 범죄적 소질과 범죄적 환경의 상호작용<sup>Interaction</sup>의 산물이다"라고 말하고들 있다.

---

## "김길태 사건 보며 … 입양아 범죄율 높다는 인식 가슴 아파"

"김길태가 입양아란 사실로 입양가족들이 심적인 고통 겪어"
"근거 없는 일반상식, 인식전환이 필요할 때"

부산 여중생 납치살해 사건의 피의자 김길태가 입양이라는 사실이 밝혀진 뒤 새삼 입양에 대한 오해와 왜곡된 시선을 보내는 이들이 있다. 이와 관련해 아동의 가정위탁을 도와주는 기관인 (사)한국수양부모협회 박영숙 대표가 특별기고를 보내왔다.

김길태의 어린 시절 입양 사실이 밝혀지면서 입양이나 입양가족들이 다시 한번 심적인 고통을 겪고 있다. 함부로 써버리는 기사들도 문제이지만 근거 없는 일반상식도 이제는 인식전환이 필요하다.

미국 미네소타대학교의 라차드 와인버거<sup>Richard A. Weinberg</sup> 박사가 2009년 6월 발표한 논문 '발달행동유전학 학습평가심리 기술, 유아교육과 정책<sup>Developmental behavior genetics, psychoeducational assessment techniques, early childhood education and public policy</sup>'에서 입양아들이 범죄를 더 많이 저지른다는 근거가 없다고 주장했다.

그는 지난 30년간의 101명의 주로 백인 흑인 다문화 7세~10세 입양아들의 성인이 된 후를 연구한 결과 학력, 지적 성과, 생활적응도 면에서 일반아동과 비교했을 때 큰 차이가 없었다고 발표하였다.

또 최근에는 에모리대학교의 어윈 볼드만, 켄트주립대학교 맨프레드 반 덜먼 박사의 공동연구에서도 입양아 사회심리학적인 적응도를 연구하였다. 주로 학교적응, 행동문제, 일반 건강, 범죄 등에 관해 91개 입양가정의 240명의 아동을 연구한 결과, 일반적으로 '입양아들이 문제가 많다'라는 인식과는 달리 입양아동들이 사회심리학적으로 부적응하는 특별한 증거가 나타나지 않았다고 밝혔다. 입양아동이 적응하는데 힘겨워하는 것은 사실이지만 각자 아이들의 성격차이 때문이지 입양 때문은 아니라고 지적하였다.

[박영숙 (사)한국수양부모협회/유엔미래포럼대표]
출처: 마이데일리, 2010. 3. 12.

# 범죄형 외모는
# 따로 존재하는가

## 범죄형 얼굴

사람들은 일반적으로 범죄를 저지르는 사람은 나쁘게 생겼을 것이라는 편견을 가지곤 한다. 하지만 사람들의 이러한 범죄자 외모에 대한 편견은 잘못되었다고 보아야 할 것이다.

2000년대 후반 7명의 여성을 납치하여 살해한 희대의 연쇄살인범 강호순의 얼굴이 언론에 공개되었을 때 많은 논란이 있었다. 강호순의 얼굴공개가 적절한지에 관한 논의와는 별도로 흔히 우리가 생각하는 연쇄살인범의 모습과는 너무나도 다른 모습에 사회적으로 큰 관심이 몰렸다.

주로 영화나 드라마 심지어 애니메이션에서도 큰 턱, 강한 턱선, 튀어나온 광대뼈 등을 가진 얼굴이 전형적인 범죄형으로 그려지는 경향이 있었기 때문에 연쇄살인범 강호순의 얼굴에 대해 많은 논란이 있었다. 일반적으로 상상했던 범죄자의 얼굴과는 달리 호남형好男型에 온화해 보이기까지 하는 강호순의 얼굴에 대중은 적지 않은 충격에 빠지기도 했다.

사람들이 강호순의 모습에 충격을 받은 것은 일반적으로 상상하거나 여기는 범죄자의 모습과 달랐기 때문이다. 그러면 사람들이 언급하는 범인일 것 같은 사람, 즉 타고난 범죄형 얼굴은 무엇일까.

일부 사람들이 다른 사람들보다 큰 체형과 도드라진 광대뼈 때문에 사소한 오해를 받은 적이 있다고 말한다. 흔히 일반 사람들은 범죄형 얼굴이 따로 있다고 생각하는 경향이 있다. 그래서 흔히들 "저 친구는 꼭 범죄형으로 생겼어"라고 말하기도 한다.

강호순의 모습과 범죄자에 대한 편견

특히 날카로운 눈빛, 큰 턱, 매부리코 등의 얼굴 생김새를 가지고 있는 사람들에 대해 범죄형 얼굴이라는 편견을 가지고 바라보는 경향이 많다. 그러나 이는 잘못된 사회적 통념通念으로서 범죄형 얼굴이 따로 있는 것은 아니다. 연쇄살인범 강호순의 얼굴은 사람들이 일반적으로 상상한 범죄형 얼굴과 비교해봤을 때, 전혀 범죄자로 보이지는 않는다.

실제로 폭력계나 강력계 형사들을 보면 오히려 더 범죄자처럼 우락부락하게 생긴 경우가 많은 것처럼, 관상만으로 사람을 예단豫斷하여 범죄형 얼굴이 따로 있다고 단정할 수는 없다.

사람들이 상상하는 범죄형 얼굴에 대한 인식은 어떻게 형성되었을까?

범죄형 얼굴형이 따로 있다는 사람들의 생각은 단순히 사회적 통념에만 기인한 것은 아니다. 이러한 범죄형 얼굴과 범죄와의 관계를 범죄학적으로 연구한 사례가 존재한다.

가장 대표적인 사례로는 '범죄학의 할아버지'라고 불리는 이탈리아의 의사 롬브로소Lombroso 연구를 들 수 있다. 그는 군 범죄자들의 두개골을 연구하여 선천적으로 범죄자형 외모가 따로 있다고 주장했다. 그는 이런 사람을 일컬어 '생래적 범죄자Born Criminal'라고 지칭하여 격세유전隔世遺傳 범죄자로 태어난다는 데 특히 관심을 가졌으며, 범죄자에게는 일

체사레 롬브로소(1835~1909)

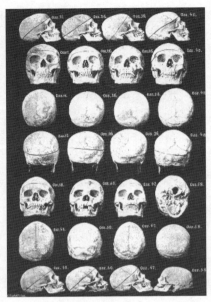
롬브로소의 두개골연구

정한 신체적 특징이 있다고 주장했다. 또한 그는 다윈Darwin의 진화론에 깊은 영향을 받아 범죄인은 보통 사람보다 비교적 퇴화된 또는 덜 진화된 인간이라고 생각했다고 한다.

그러나 롬브로소의 연구는 과학적인 관찰과 분석에 기초하고 있다는 점에서 높은 평가를 받고 있지만, 많은 문제점으로 인해 과학적 사실이라기보다는 하나의 역사적 호기심으로 인식되고 있다.

그의 연구에서 언급되는 대표적인 문제점으로는 그의 연구가 비교 가능한 인종적·사회적 배경을 가진 통제집단을 설정하지 않았다는 방법론상의 결함을 다분히 가지고 있으며, 유전되는 것으로 믿었던 많은 인자들이 실제로는 유전적인 요인으로 결정되는 것이 아니라는 반론이 제기되었다. 또한 롬브로소가 제시한 많은 생물학적 특징들이 사실은 음식과 환경에 의해서도 야기될 수 있다는 비판을 받게 되었다.

그럼에도 불구하고 아직은 많은 사람들이 범죄형 얼굴이 있다고 생각하는 것은 대부분의 사람들이 알고 있고 관심과 우려를 가지는 범죄는 강도·강간·살인과 같은 전통적 노상범죄이고 그러한 범죄를 행하기 위해서는 남보다 강한 체격과 체력을 가진 사람일 것이라는 편견에 사로잡혀 있기 때문일 것이다.

이모상마以毛相馬라고 '사물을 겉만 보고 판단하는 것은 잘못'이라는 옛말이 있듯이 사람의 외모만 보고 "범죄형 얼굴이다, 범죄자처럼 생겼다"라고 판단하는 것은 옳지 않다. 하지만 얼굴에 대한 인간의 편견은 생각보다 강력하기 때문에 범죄형 얼굴에 대한 주장들은 사람들에게 편협적[偏狹的]인 시각을 제공할 수 있는 소지가 크다.

## '노동자풍 외모'

19세기 프랑스 해부학자 프란츠 조제프 갈은 사람의 머리를 만져 보거나 관찰하는 것만으로 범죄형 인간인지 아닌지 알 수 있다는 학설을 내놓았다. 인간은 뇌의 지시에 따라 움직이고 그 뇌가 모여 있는 곳이 두개골이므로, 두개골이 튀어나오고 들어간 생김새를 보면 그 사람을 알 수 있다는 것이다. 이를테면 폭력·살인·절도를 충동질하는 뇌는 귀 바로 뒤쪽에 발달했다고 했다.

갈의 학설은 '골상학[骨相學]'이라는 이름을 달고 유럽을 휩쓸었다. 이탈리아 범죄학자 롬브로소는 한 걸음 더 나가 범죄인은 귀와 이빨, 입술 생김과 머리카락도 다르다고 주장했다. 그는 "이런 범죄 친화적 특질은 유전되기 때문에 개개인의 노력으로 없앨 수 없다"고까지 했다. 골상학은 혈통론과 연결되면서 인류사의 비극을 낳았다. 히틀러는 아리안족의 고귀한 피를 유대인의 범죄적 피로부터 지키겠다며 수백만 유대인을 아우슈비츠로 몰아넣었다.

폴포트의 캄보디아 크메르루주 정권은 관료·문인·학자들을 특히 편견과 차별 대상으로 삼았다. 크메르루주는 손이 곱고 얼굴이 깨끗한 사람은 무조건 지식인으로 보고 머리에 비닐봉지를 씌워 질식시켰다. 그들은 1975년 집권 후 4년 동안 150만 명을 학살했다. 우리가 '무뢰한', '냉혈한', '파렴치한' 할 때의 '한[漢]'은 중국의 한족[漢族]에 대한 차별을 담고 있다. 6세기 중원을 차지한 북방 이민족들은 미처 남쪽으로 도망 못 가고 자기네 지배를 받는 한족에 대한 경멸을 담아 이런 말들을 만들어 퍼뜨렸다.

경찰이 부산 여대생 납치강도사건 용의자를 찾는 전단에서 용의자 인상을 '노동자풍의 마른 체형, 마른 얼굴'이라고 했다가 손가락질을 받고 있다. 민주노총은 "노동자를 부정적으로 묘사해 편견과 왜곡된 인식을 부추기는 짓"이라며 들고 일어났다. 경찰은 전에도 다른 전단에서 '노동자풍의 얼굴이 길고 통통함', '노동자풍의 조선족 말투'라는 말을 썼다고 한다.

사무직 화이트칼라도 명예퇴직이나 정리해고를 당하면 언제든 육체노동자가 되는 세상이다. '노동자풍 얼굴'이란 게 어떻게 생긴 걸 말하는 것인지, 다른 직종의 얼굴과 구분되는 노동자만의 얼굴이 날 때부터 따로 있다는 얘긴지 알 수가 없다. 19세기 사이비 과학 같은 수사를 하고 있는 모양새가 갈 데 없는 '경찰풍風'이다.

[사설: 김태익 논설위원]
출처: 조선일보, 2010. 11. 19.

## 범죄형 체형

현대의 사람들은 그 사람을 판단하는 요소로 많은 정보를 구한다. 대표적인 것으로 외모와 체형, 혈액형, 생일 등이 있다. 그 중 체형은 그 사람을 판단하는 가장 표면적이고 1차적인 요소로 작용한다.

흔히 우리가 말하기를 "마른 체형을 가진 사람은 소극적이고 예민한 성격을 가지고 있는 반면에, 좀 넉넉한 풍채를 가진 사람은 적극적이고 온화한 성격을 가지고 있다"고 일반적으로 판단한다. 만일 체형과 성격이 관련이 있다면 범죄와도 상당히 밀접한 관련이 있다고 볼 수 있는데, 범죄학적으로 체형과 범죄는 실제로 관련이 존재하는가?

오래전 초기 학자들 일부는 체형과 범죄의 관련성을 주장하기도 하였지만, 현대 범죄생물학에서는 둘의 관계를 그다지 중요하게 생각하지 않고 있다. 그래서 오늘날에는 체형과 성격이 아무런 관련이 없는 것과 마찬가지로 체형과 범죄도 아무런 관련이 없는 것으로 대부분 이해하고 있다.

이상하게도 사람들은 얼굴 생김새와 체형을 범죄와 연관시키고 있지만, 이를 뒷받침할만한 과학적인 근거는 존재하지 않는다. 외모를 가지고 그 사람의 범인성을 판단할 수 없듯이 체형과 범죄 간에도 아무런 관련성이 없다고 보아야 한다.

범죄자적 신체특성이 따로 존재하지 않는다고 알려져 있음에도 불구하고 체형과 범죄의 관련성을 연구한 사례가 존재한다.

체형을 범죄와 관련시켜서 연구를 진행한 최초의 학자는 독일의 정신과

의사인 크레취머Ernest Kretschmer인데, 그
는 키가 크고 마른 쇠약형Asthenic, 근육
질이 잘 발달된 근육형Athletic, 그리고
키가 작고 뚱뚱한 비만형Pyknic의 세 가
지로 사람의 신체유형을 구분할 수 있
다고 주장했다.

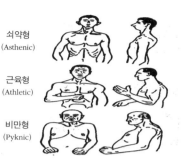

쇠약형
(Asthenic)

근육형
(Athletic)

비만형
(Pyknic)

크레취머의 체형과 범죄와의 관계

4,414명의 범죄자 체형을 대상으
로 비교한 그의 연구에 따르면, 근육형은 잔혹한 공격성과 격렬한 폭발성
을 보이는 성격의 소유자로 폭력범죄자들 중에서 가장 많이 발견되고, 쇠
약형은 다른 사람을 배려하는 감정이 없고 지성이 부족하며 행동에 조심
성이 많은 성격을 가진 사람으로 주로 소액절도범이나 사기범에서 많이
발견되었다고 한다. 또한, 비만형은 범죄를 저지를 가능성이 가장 낮은 유
형이지만 간혹 횡령과 사기를 저지르는 것으로 조사되었다.

크레취머의 이러한 시도를 토대로 윌리엄 셸던William Sheldon은 체형과 범죄
에 관한 연구를 더욱 더 발전시켰다.

셸던은 그의 연구를 통해서 사람들이 가지고 있는 체형은 타고나는 것
이며, 체형이 그 사람의 기질 또는 인성과 밀접한 관련이 있다고 주장했
다. 그는 인간의 신체유형을 신체긴장형Mesomorphs, 내장긴장형Endomorphs 그리
고 두뇌긴장형Ectomorphs으로 구분했는데, 이 가운데 신체긴장형이 범죄자가
될 확률이 가장 높다고 했다.

신체긴장형의 사람들이 범죄자가 될 가능성이 높은 이유는 근육과 골
격이 잘 발달되어 있으며, 활동적이고 공격적인 성격의 소유자이기 때문
에 폭력범죄자가 될 가능성이 크다고 본 것이다. 보통사람들보다 잘 발달
된 근육과 공격적인 성격을 가지고 있기 때문에 범죄와 관련이 깊다고 판
단한 것이다.

다른 신체 유형을 살펴보면 내장긴장형의 사람들은 뚱뚱하고 움직임이

## William Sheldon
## Body Type(Somatotype) Theory

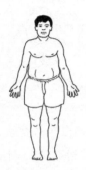 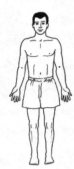 

| Endomorph | Mesomorph | Ectomorph |
|---|---|---|
| • Tolerant | • Courageous | • Artistic |
| • Relaxed | • Energetic | • Sensitive |
| • Love comfort/ | • Active | • Apprehensive |
| luxury | • Dynamic | • Introverted |
| • Pleasant | • Assertive | |
| • Extraverted | • Aggressive | |
| | • Risk-taker | |

셸던의 체형과 범죄의 관계 연구

느려서 무기력한 행동을 하는 특징을 가지고 있다. 또한 두뇌긴장형의 사람들은 대체로 몸이 마르고 예민하며 내향적인 성격으로 다른 유형의 체형에 비해 지능적인 특징을 보인다고 했다.

체형과 범죄자 형성의 관계를 알아보기 위하여 이렇게 연구가 진행되었음에도 불구하고 왜 체형과 범죄는 관련이 없다고 보는 것일까? 범죄의 원인을 사람의 신체적 특성에서 찾으려고 했던 이러한 연구들은 여러 가지 문제점으로 인해 많은 비판을 받게 되었다.

인간의 신체유형은 대부분 선천적으로 타고나는 것인데, 이 유형에 따라 사람들을 분류하고 범죄성향과 연결시킨다는 것은 매우 비합리적이고, 비과학적이라고 보는 것이다. 또한 범죄에 영향을 미치는 사회학적 측면에서의 접근이 결여되어 범죄의 원인을 지나치게 축소해서 인식했다는 비판을 받기도 한다.

즉, 이 이론들은 범죄에 대한 사회환경적 요인들의 효과를 무시하거나 경시하고 있고, 그렇기 때문에 지역, 사회경제적인 여건에 따라 범죄율이 어떻게 달라지고, 시대적으로 어떻게 변화하는지 등에 대해 설명하기에는 무리無理가 있는 것이다.

하지만 이러한 비판에 대해서도 반론이 존재한다. 인간의 체형은 선천

적인 면보다는 식습관이나 생활유형 및 환경에 의한 영향이 크다는 주장
이 존재한다.

하지만 바로 이러한 주장 또한 단순히 체형과 범죄의 관계를 단순하게
설명하기 어렵게 하는 원인이기도 한다. 그 사람의 식습관이나 생활습관
에 따라 후천적으로 비만형이 될 수도 있고, 근육형이 될 수도 있는데, 획
일적으로 모든 근육형과 모든 비만형을 동일시하여 모든 사람의 체형과
범죄를 직접 관련시키기는 것은 무리라는 지적도 있다.

## 과학 탈 쓴 '범죄형 얼굴 찾기'

≪쏘우≫는 ≪양들의 침묵≫이나 ≪유주얼 서스펙트≫, ≪세븐≫ 등과 비슷한
스릴러 영화다. 영화가 시작되면 영문도 모르고 지하실에 감금된 아담리 와넬과 의사
인 닥터 고든캐리 엘위스이 등장한다. 두 사람은 그들을 감금한 범인이 제시한 단서와
자신들의 기억을 더듬어 가면서 범인의 윤곽을 서서히 잡아간다. 지하실 밖에서는
탭 형사대니 글로버가 범인을 잡기 위해 추적을 하고 있다. 영화가 전개되면서 등장인
물 사이의 연관성이 드러나고, 결국 범인이 밝혀지는 장면에서 관객들은 놀라운
반전을 경험하게 된다.

≪쏘우≫나 ≪유주얼 서스펙트≫에서 관객들이 놀라워하는 것은 전혀 범인이
아닐 것 같은 사람이 범인이기 때문이다. 범죄를 다룬 영화에서 일반적으로 묘사
되는 범죄형 외모를 가진 사람이 아니라, 범인과는 거리가 멀어 보이는 사람이 범
인일 때 반전을 경험하는 것이다. 영화나 애니메이션에서는 큰 턱과 튀어나온 광
대뼈를 가진 얼굴이 전형적인 범죄형으로 그려지는 경향이 있다. 그렇다면 실제로
누가 보아도 범인일 것 같은 사람, 즉 타고난 범죄형 얼굴이 있을까?

19세기 범죄인류학의 창시자로 불리는 이탈리아의 롬브로소는 범죄형 얼굴이
있다고 생각했다. 롬브로소는 수많은 범죄자를 조사한 뒤 선천적인 범죄자의 얼굴
을 가려내 발표했다. 그는 범죄자의 얼굴에서 원숭이의 특징을 찾으려 했고, 이러
한 특징을 가진 사람이 선천적인 범죄자라고 생각했다. 그가 생각한 원숭이의 특
성은 큰 턱이나 튀어나온 광대뼈, 벌어진 엄지발가락과 같은 외모뿐 아니라 지독

한 게으름이나 무책임성과 같은 성격까지 포함되는 것이었다. 롬브로소의 범죄인류학은 당시 과학계에서 뜨거운 논쟁을 불러일으켰다. 그는 범죄자는 타고나기 때문에 자란 환경보다는 생물학적인 측면에 관심을 두어야 한다고 주장했다. 또 선천적인 범죄자에게 범죄에 대한 책임을 물을 수는 없으며, 같은 범죄를 저질렀더라도 더 무거운 형을 부과하고 석방한 뒤에도 관리를 해야 한다고 말했다. 형량을 정해 놓지 않고 '10년 이하의 징역'과 같이 범위만 설정해 놓은 부정기형이나 가석방 등이 등장하게 된 것은 이러한 영향이 크다.

선천적인 범죄자와 관련된 또 다른 소동은 1960년대에 등장한 XYY형 유전자를 가진 남자에 대한 것이다. XYY형은 정상인보다 Y염색체를 하나 더 가지고 태어난 남자로, 범죄자나 정신병원 등의 연구를 통해 알려졌다. 이것은 일반적으로 남자가 여자보다 공격적이고 대부분의 연쇄 살인범이 남자라는 것을 고려할 때 Y염색체를 하나 더 가진 사람이 폭력적일 것이라는 너무나 단순한 믿음에서 출발한 주장이었다. 대부분 XYY형 유전자를 가진 남자들이 정상적인 삶을 살고 있지만 잘못된 믿음에 근거한 연구가 이러한 소동을 불러온 것이었다.

이후 많은 연구에 의해 롬브로소의 주장과 XYY형 유전자를 가진 사람이 선천적인 범죄자라는 주장은 근거가 미약한 것으로 밝혀졌고, 오늘날에는 더 이상 받아들여지지 않고 있다. 하지만 얼굴에 대한 인간의 편견은 생각보다 강력하기 때문에 이러한 주장은 많은 재판에 영향을 끼쳤다. 심지어 XYY형 유전자를 가졌다고 해서 살인범이 무죄로 풀려난 일도 있었다. 섣부른 유전적 낙인이 얼마나 위험한 것인지를 깨닫게 하는 사례다.

[최원석 기재]
출처: 한겨레신문, 2005. 3. 27.

# 범죄는 남성의 전유물인가

일반사람들에게 연쇄살인범은 남성의 이미지로 나타나는 경우가 대부분이었다. 과연 여성연쇄살인범은 존재하지 않을까.

실제로 대부분 연쇄살인범들은 남성이다. 특히 살인과 같은 중범죄는 남성 범죄자들이 절대적으로 높은 비율을 차지하고 있다. 하지만 여성연쇄살인범이 존재하지 않는다는 생각 또한 잘못된 선입관이다.

일반적으로 대중매체에서 접하는 범죄 문제들을 보면 대부분이 남성에 의해 저질러지고 있다. 더구나 연쇄살인의 경우 여성이 저지르는 경우는 거의 볼 수 없는 것도 사실이다. 하지만 일부 유형의 범죄에서는 여성이 범죄의 주체가 되는 경우가 있다.

많은 범죄 중에 매춘은 여성들이 특히 높게 관련되어 있고 도박 또한 여성들이 많이 관련되는 범죄 중 하나다. 사기나 횡령과 같은 유형의 범죄들도 여성들이 꽤 높은 비중을 차지하고 있으며 상점에서의 들치기와 같은 것들도 여성범죄자가 대부분이다.

## 여성들의 범죄에 대한 입장

학자들 사이에 이론의 여지가 없이 공통적으로 받아들여지고 있는 것

중의 하나가 성별과 범죄의 관계로서 남성이 여성보다 월등히 많은 범죄를 저지르고 있다는 점이다. 대부분의 범죄가 남성에 의해 발생한다는 것은 전 세계적으로 보편적인 경향이고 우리나라 역시 마찬가지이다.

실제 모든 범죄통계에도 잘 나타나고 있다. 현재 우리나라에 여성범죄자만을 위한 교도소가 청주여자교도소 하나밖에 없다는 점이 이러한 사실을 방증한다. 범죄자 수가 늘어나면 이들을 수용하기 위한 교도소의 수도 증가하기 마련인데, 여성범죄자의 수가 워낙 미미한 수준이다 보니 대부분의 교정정책이 남성범죄자 중심으로 돌아가고 있고, 여성범죄자만을 위한 처우나 교정시설은 거의 없는 실정이다.

그러나 이전 시각과 통계적 사실에도 불구하고 남성과 여성이 그들의 범죄성이나 범인성 자체에 큰 차이가 있는 것이 아니라는 주장도 없지는 않다. 일부에서는 여성범죄자들에게는 우리사회와 형사사법기관의 관대함으로 인해서 여성범죄자가 통계적으로 적은 것으로 보일 뿐이며, 여성범죄가 은폐하기 쉬운 범죄에 집중된다는 특성 때문에 잘 적발되지 않고 범죄발생에 필요충분조건의 하나인 범행기회가 여성의 성역할과 사회적 역할로 인해 축소되기 때문에 여성범죄가 통계적으로 적은 것으로 보일 뿐이지 실제는 범죄성의 성별 차이는 그다지 크지 않다는 것이다.

대부분의 범죄가 남성에 의하여 발생하지만 특정 유형의 범죄는 여성범죄자의 참여율이 높게 되는데 그것은 여성이라는 생물학적 특성으로 인하여 나타난다고 볼 수 있다.

매춘의 경우는 물론이고, 특히 사기와 같은 유형의 범죄는 물리적인 힘이 필요 없이 이루어지는 범죄이기 때문에 신체적으로 약한 여성들도 참여하기 용이하다. 살인이나 폭력과 같은 대인적인 범죄의 경우 물리적인 힘이 있어야 가능한 것들이므로 대부분 남성에 의해 저질러지게 마련이지만, 사기나 횡령과 같은 범죄들은 별다른 물리적 힘이 전제되지 않고도 성공할 가능성이 높은 유형의 범죄이고, 더구나 차분하고 세심한 여성적인 특성이 기밀성을 보장하여 은밀하게 진행되는 이러한 유형의 범죄에 적합할 수 있다.

그럼에도 불구하고 살인이나 폭력을 저지르는 여성범죄자들도 분명히 존재한다. 그러한 범죄를 저지르는 여성들은 도대체 어떠한 사람들이고 그들이 왜 여성의 몸으로 그렇게 끔찍하고 잔인한 범죄를 저지를 수 있는 걸까.

여성들이 특정 범죄를 유난히 잘 저지르기도 하지만 여성이라고 해서 살인이나 폭력범죄를 저지르지 않는 것은 아니다. 현재 여성범죄자만 수감하고 있는 청주여자교도소에는 살인과 같은 중범죄로 수용된 여성범죄자들이 존재한다.

살인의 경우 여러 가지 요인으로 발생하는 중범죄인데, 여성의 경우 대부분이 남성들 때문에 살인과 같은 중범죄를 저지르는 경우가 많다. 살인과 같은 중범죄와 관련된 여성범죄자 대부분은 가정폭력의 희생자인 경우가 많다. 즉, 가정폭력으로부터 스스로를 방어하거나 자녀를 지키기 위한 과정에서 가해자인 남편이나 애인 등을 살해하거나 중상해를 입히는 경우가 대부분이다.

우리나라에서 살인을 저지른 여성범죄자들의 대부분도 사건정황을 살펴보면 배우자의 과도한 폭력에서의 대피로 이루어지는 경우가 상당수이다. 그래서 실질적인 살인죄보다는 과실치사가 되는 경우도 많이 존재한다.

## 늘어나는 여성범죄자

사회가 나날이 복잡해지고 다양해짐에 따라 과거보다 여성범죄자의 수가 늘어나고 있다. 물론 아직은 남성범죄자 수준에는 미치지 못하고 있지만 실제 여성범죄자의 수는 해마다 늘어나고 있는 추세이다.

과거보다 여성들이 저지르는 범죄가 늘어나는 이유로는 여러 가지가 제시되고 있는데 그 중 대표적인 것이 바로 현대사회에 들어서서 여성들에게 기대하는 성 역할의 변화가 중요한 요인이라고 볼 수 있다.

과거 사회에서 여성들에게 기대하는 역할은 가정에서의 어머니의 역할이었던 것에 반해, 현대에 들어서서는 전통적인 여성의 역할기대가 변화하고 있다. 이는 과거와 달리 현대에 들어서면서 여성의 교육수준이 높아져 여성의 권리가 향상되고 사회진출이 확대되면서 전통적인 여성상, 즉 수동적이고 남성에게 복종적인 여성의 모습이 더 이상 통용되지 않기 때문이다.

오늘날 사회에는 남성과 동등한 수준의 교육을 받고 직장에서도 남성과 똑같이 업무를 수행하고 있는 적극적이고 활동적인 여성들이 많다. 또한 인생의 최종 목표를 좋은 남편을 만나서 결혼해 현모양처로 살아가는 것에 두었던 예전의 여성들과 달리 요즘 젊은 여성들은 자신의 일을 인생에 중요한 가치로 두고 있고, 결혼을 미루거나 아예 하지 않는 독신 여성의 수도 늘어가고 있는 추세이다.

그러다 보니 비합법적 수단을 강조하는 범죄적 기회도 남성과 동등한 수준으로 노출되어 있고, 범죄를 저지를 가능성이 높아진 것도 사실이다. 더구나 교육수준이 높아지고 자신의 권리에 대한 인식이 증대되어 남편으로부터의 부당한 대우에 대해 적극적으로 반발하거나 대처하게 되다보니 범죄가 발생할 가능성이 높아지게 된 것이다.


## 여성 청소년의 범죄와 일탈

어린 청소년들의 경우, 비행을 저지르는 아이들은 남자아이들이 거의 대부분이지만 여성 청소년들이 경우 몇몇 유형의 비행에 관련되기도 한다. 특히 성적 일탈이라든가 가출의 경우 여자아이들의 비율이 높은 편이다.

이는 여전히 우리 사회에 존재하고 있는 전형적인 성 역할에 대한 편견에서 비롯되는 경우가 많다. 청소년 문제의 상당 부분은 가정교육이나 부모의 책임이 큰 편인데, 여성의 사회진출이 증가하고 남녀평등이 상당히 실현되고 있음에도 불구하고 가정교육에 있어서는 전통적인 성 역할을 강요하는 경우가 많다.

남자 아이들의 경우 비교적 간섭을 덜 하는 편이고, 사소한 다툼이나 성적 일탈에 대해서도 그럴 수 있다고 여기거나 오히려 남자다운 행동으로 보는 등 관대한 편인 것에 비해 여자 아이들에 대해서는 엄격히 행동을 통제하고 간섭하는 경우가 많다. 여자 아이들이 남자 아이들처럼 행동하는 것에 대해 문제아로 규정하거나 특히 성적 일탈에 대해서는 굉장히 엄격한 잣대로 평가하기 마련이다.

그러다 보니 지나친 간섭이라 여기는 여자 아이들의 경우 가출을 감행하게 되고, 청소년 시기의 가출은 보다 중대한 범죄를 유인하는 중요한 요인으로 작용하게 되어 중범죄자가 될 가능성이 높아지게 된다.

특히 우리 사회는 가출 소년들보다는 가출 소녀들이 일탈된 기회나 위험한 상황에 빠지게 될 가능성을 많이 가지고 있다. 가출한 소년들의 경우 부모의 품으로 돌아가더라도 다시 정상적인 학교생활이 가능할 수 있지만, 가출 소녀들의 경우 가정으로 다시 돌아가더라도 부모나 학교로부터 쉽게 받아들여지기가 힘든 상황이다. 가출 소녀들은 집으로 돌아가더라도 사회와 부모의 편견으로 인하여 결국에는 다시 거리로 내몰리기 쉽다.

시간이 지남에 따라 전통적인 가치관의 변화와 더불어 사회는 복잡화되고 다양해지고 있다. 이러한 변화에 의하여 여성과 여성 청소년들이 범죄자로 전락할 가능성도 점점 더 커지고 있다. 하지만 그들이 범죄자가 되는 것에 그들 개인적인 책임만 존재하지는 않는다. 사회가 상대적 약자인 여성과 여성 청소년의 보호를 소홀히 하게 되면 그들이 선택할 수 있는 수 있는 것은 범죄 밖에 없을 것이다.

그렇기 때문에 범죄자만을 비난할 것이 아니라 우리 사회 모두가 책임의식을 가지고 반성해야 한다. 편견을 버리고 범죄를 저지를 수밖에 없었던 그들의 상황에 대해서도 관심을 가지고 공감하는 자세를 가지는 것이 필요하다.

여성과 남성의 범죄비율

1999년에 363,688명이던 여성범죄자수는 2008년에는 381,241명으로 증가하는 등 최근 10년간 약간씩의 증감 추세가 반복되고 있다.

| | 남 성 | 여 성 | 총범죄수 |
|---|---|---|---|
| 2003 | 1,632,260 | 320,859 | 1,953,119 |
| 2004 | 1,902,099 | 400,714 | 2,302,813 |
| 2005 | 1,674,506 | 328,845 | 2,003,351 |
| 2006 | 1,699,364 | 328,842 | 2,028,206 |
| 2007 | 1,803,034 | 342,431 | 2,145,465 |
| 2008 | 1,986,437 | 381,555 | 2,367,992 |
| 2009 | 1,960,208 | 406131 | 2,366,339 |
| 2010 | 1,497,356 | 317,030 | 1,814,386 |
| 2011 | 1,413,910 | 315,141 | 1,729,051 |
| 2012 | 1,406,840 | 316,975 | 1,723,815 |

〈여성과 남성의 범죄비율〉

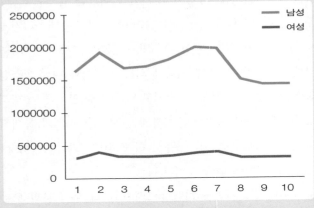

출처: 사이버경찰청, 「경찰범죄통계」, 2012: 8

# 범죄행위는 선택의 결과인가
## 충동의 산물인가

## 범죄자도 사고하는 존재

우리 사회에서 범죄는 과거에 비해서 다양한 형태로 일어나고 특히 질적인 측면에서 특히 악화되고 있는 실정이다. 문제는 이러한 범죄를 일으키는 자들이 과연 자발적으로 일으키는지 아니면 타의에 의하여 일으키는지 문제가 된다.

범죄를 저지르는 자들이 과연 그러한 행동을 자신의 자유의지에 따라 이성적, 합리적으로 판단해서 저지르는 것일까? 이성적이고 합리적인 사람이라면 도저히 그러한 범죄를 행하기 어려운데 그들은 왜 범죄를 일으키는지에 대한 의문도 제기되고 있다.

아리스토텔레스Aristoteles가 말하기를, "인간이 동물과 다른 것은 이성이 있기 때문"이라고 했다. 인간을 어떠한 존재로 볼 것인가라는 주제는 오늘날까지도 많은 학자들 간에 논란이 되고 있는데 그중 가장 대표적인 것이 자유의지의 문제이다.

"인간을 과연 자유의지를 가진 존재로 볼 것인가, 범죄행위라는 것도 자유의지를 가진 인간의 선택의 결과로 본다면, 이러한 선택은 합리적인 사고과정을 거쳐서 결정되는 것인가"라는 질문에 많은 범죄학자들이 범죄행위도 결국 합리적인 선택의 결과라고 주장하고 있다. 많은 범죄자들이 그러한 범죄를 저지르게 되는 것에는 나름의 이유가 있고, 동기가 무엇이든 간에 범죄행위는 범죄를 저지름으로써 생기는 이득과 결과를 철저하게 계산하여 발생한다는 것이다.[7] 실제로 적지 않은 범죄자들이 사전에 범행을 결심하고, 범행 대상과 장소·시간·수법 등을 선택한다는 점에서도 범죄자의 범행이 선택의 결과임을 보여주기도 한다.

인간이 합리적 선택에 따라 범죄를 저지르는 존재라고 보았던 학자들의 주장은 합리적 선택론Rational Choice을 선보인 베카리아C. Beccaria 등의 고전주의 학파에서 비롯된다. 고전학파의 범죄관은 인간은 자유의지를 가진 합리적 존재이며 동시에 모든 인간은 일탈할 잠재성을 가진 존재라는 가정에서 시작한다. 인간은 자신의 욕구를 충족시키거나 문제를 해결하기 위해서 관습적인 해결책이나 범죄적 해결책을 선택할 자유의지를 가지고 있는데, 범죄자는 그 중에서도 적은 노력으로 큰 이익을 가져다주는 범죄적 해결책에 보다 큰 매력을 느끼기 때문에 범죄행위를 저지르게 된다는 주장이다.[8]

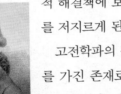

체사레 베카리아[9]

고전학파의 관점에서는 범죄자들은 자유의지Free Will를 가진 존재로서 자신의 행동을 자유의지에 의해서 선택하는데, 선택의 기준은 바로 이익과 비용이라는 경제적 가치판단에 기초한다고 판단한다. 즉, 범죄자를 합리적 선택을 하는 이성적 존재라고 보는 것이다.

이러한 입장을 설명한 학자도 있다. 바로 노벨경제학상을 수상하였던 시카고 대학의 베커Becker 교수이다. 그는 범죄행위도 인간의 다른 행위와

---

7 Larry J. Siegel, Criminology: Theories, Patterns, and Typologies(9ed.), Wadsworth, 2007, 이민식 외(역), 『범죄학: 이론과 유형』, CENGAGE Learning, 2008, p. 112.

8 이윤호, 『형사정책』, 박영사, 1997, pp. 96-97.

9 18세기 이탈리아의 형법학자로 '범죄와 형벌(Dei delitti e delle pene)'이라는 그의 저술을 통해서 근대 형사법의 등장을 위한 개혁의 배경을 제공하였다.

같이 특정행위의 비용과 이익을 고려한 선택의 결과라고 주장하였다. 그는 범죄행위의 결과 얻을 수 있는 것이 잃을 수 있는 비용보다 크기 때문에 범행을 선택한다는 것이다. 인간이란 쾌락은 극대화하고, 고통은 최소화하려고 하며, 최소한의 비용으로 최대한의 결과를 얻으려하기 때문에 범죄행위도 바로 그런 선택의 결과라는 것이다.

만약 고전학파나 베커 교수의 입장이 사실이라면 범죄통제나 억제는 매우 간단할 수 있다. 범죄로부터 얻을 수 있는 이익보다 범죄로 인한 비용을 더 크게 하면 되는 것이다. 쉽게 말해 범죄의 이익보다 비용, 즉 처벌의 고통을 더 크게 하면 된다. 인간은 누구나 쾌락을 추구하고 고통을 피하려는 속성을 가지고 있기 때문에, 처벌의 고통이 범죄를 통해 얻게 될 이익을 능가할 경우 형사처벌을 통하여 범죄통제나 억제의 목적을 달성할 수 있다고 보았다. 그리고 이들은 처벌이 효과적이기 위해서는 처벌이 엄격하고, 신속하고, 확실하게 이루어져야 한다고 주장했다.[10]

고전학파가 주장한 요인들을 설명하면 다음과 같다. 처벌의 엄격성이라 함은 처벌의 정도가 범죄에 상응하는 정도로 집행되어야 범죄통제에 효과적이어야 한다고 본다. 다음으로 신속성은 범행시점으로부터 처벌이 빠르게 집행될수록 처벌의 효과가 크다. 마지막으로 확실성은 범죄를 저지르면 반드시 처벌을 받게 된다는 것으로, 범죄자로 하여금 일단 범죄를 저지르면 절대로 법망에서 빠져나갈 수 없다는 인식을 심어주어야 처벌의 효과가 매우 크다는 것이다.

따라서 고전주의 학파에서는 형사사법기관이 처벌을 엄중하고 신속하고 확실하게 집행할수록 범죄발생을 효과적으로 억제할 수 있다고 보았다. 이러한 처벌의 억제효과는 범죄자에게는 처벌을 부과함으로써 재범을 저지르게 될 위험성을 감소시킨다는 점이고, 일반 시민들을 잠재적인 범죄자

---

10 이윤호, 전게서, p. 98.

집단으로 가정할 경우 이러한 집단들이 범죄자에 대한 처벌을 인식하게 되어 범행을 저지를 수 있는 기회나 상황에 노출될 경우 범죄행위를 선택할 가능성이 줄어들게 되어 범죄발생을 억제할 수 있다고 보았다.

## 충동적 범죄에 대한 이야기

고전주의 학파들의 주장에는 나름 일리가 있다. 그러나 한 가지 의문점이 제기된다. 모든 범죄가 이성적인 판단으로 결정된다고 볼 수는 없다. 이러한 경우는 어떻게 판단하고 대처하는가가 문제가 된다. 예를 들어 충동적으로 범죄를 저지를 수도 있고, 우연히 범죄가 발생하기도 하며, 복수심에서 상대를 죽인다거나, 사상이나 종교 등의 이유로 테러를 일으키는 자들은 범죄행위를 통해 얻게 될 실익이 없는데 이러한 이들의 범죄행위는 어떻게 설명할 수 있는가라는 반론이 제기될 수 있다.

실제로 범죄행위가 인간의 합리적 선택의 결과라고 주장했던 학자들이 가장 많은 비판을 받았던 점들이 위와 같은 반론들 때문이었다. 그러한 부분들을 설명하는 데 고전주의 학파들의 입장에는 한계가 있는 것도 사실이다. 실제로 모든 범죄가 인간의 이성적 판단에 따라 발생하지는 않는다.

고전학파가 주장했던 논리는 범죄유형 가운데서도 특히 도구적 범죄Instrumental crimes를 설명하는 데 효과적이다. 도구적 범죄라는 것은 절도나 사기처럼 원하는 바를 얻기 위한 수단으로서의 범죄를 의미하는데 범죄가 다른 목적을 위한 수단인 범죄라고 할 수 있다. 이러한 유형의 범죄들은 범행에 드는 노력이 적은 것에 비해 범죄를 통해 얻게 되는 보상이 크기 때문에 발생한다는 점에서 합리적 선택의 결과로 볼 수 있다.

그러나 충동이나 우연에 의해 발생하는 범죄들, 말하자면 폭력이나 살인과 같은 표출적 범죄Expressive crimes 유형의 경우, 범죄자가 자신의 분노나 억울함을 범죄적인 방법으로 표현함으로써 발생하기 때문에 합리적 선택의 결과로 발생한다고 볼 수 없다. 그리고 종교나 사상의 이유로 범죄를 저지르는 확신범의 경우 역시 범죄를 통해 발생하게 될 손익을 꼼꼼하게 고려해서 범죄를 저지른다고 보기 어렵다.

결론적으로 보자면 모든 범죄가 합리적 선택의 결과라고 볼 수는 없으며, 충동과 격정, 확신에 의한 것도 있을 수 있다는 것이다.

지금까지 수많은 범죄학자들이 범죄의 원인을 밝혀내기 위해 끊임없이 연구하고 많은 이론들을 제시하고 있지만, 여전히 범죄를 일으키는 모든 원인을 찾아내지는 못했다. 인간은 복잡한 존재이기 때문에 하나의 형태를 가지고 판단하기 어렵기 때문이다. 인간이 저지르는 행위는 이성적 판단에 따라 신중히 고려하여 결정되기도 한다. 하지만 경우에 따라서는 인간은 자신도 어쩔 수 없는 힘, 예를 들어 정신적이거나 심리적인 이유, 혹은 주위 환경이나 상황에 의해 범죄행위를 저지르는 것으로 나타날 수 있다.

인간이라는 존재는 언제나 예측한 대로만 움직이지 않기 때문에 다양한 군상들이 모여서 사회를 구성한다. 그렇기 때문에 하나의 입장에서만 제시되는 범죄에 대한 해석은 일부에 대한 설명이 될 수는 있지만 전반적인 범죄에 대한 이해를 제공하지는 못한다.


## 가장 효과적인 범죄통제는?

사람들이 생각하는 것과는 달리 범죄는 여러 가지 요인에 의해 발생한다. 인간의 개인적 속성이나 성격, 심리상태, 자라온 환경 등 이 모든 것들이 종합적으로 작용하여 범죄행위의 발생에 영향을 미친다. 따라서 이 모든 요소들을 고려하여 범죄의 원인을 찾아야 하고, 그러한 원인을 제거하거나 줄인다면 범죄의 감소를 기대해 볼 수 있다.

한 가지 덧붙이면, 범죄억제를 범죄자에게만 초점을 맞추기 보다는 시민들 스스로도 범죄의 피해자가 되지 않도록 자신의 몸은 스스로가 지킨다는 생각을 가지고 사전에 철저하게 예방할 수 있도록 주의하는 것이 필요하다. 그래서 대중들에게 범죄가 발생할 수 있는 상황이나 기회에 애초에 관련되지 않도록 늘 조심할 것을 홍보해야 한다.

## '불쾌지수 범죄' 무더위속 잇단 우발범죄

서울 등 수도권 지역 수은주가 최고 30도를 웃도는 날씨가 며칠째 이어지고 있는 가운데 순간적인 짜증이나 화를 참지 못해 벌이는 '짜증 범죄'가 곳곳에서 발생하고 있다. 일반적으로 기온과 습도가 올라가면 불쾌지수가 상승해 우발적인 범죄가 자주 발생하는 것으로 알려져 있다.

서울 광진경찰서는 평소 자신을 괴롭히던 사람을 걷어차 숨지게 한 남 모씨(47)를 살인 혐의로 구속했다고 8일 밝혔다. 경찰에 따르면 당구장을 운영하던 남씨는 불법 사행성 오락기를 설치하라며 5년간 자신의 당구장에 찾아와 협박을 하던 임 모씨(45)를 최근 시비 끝에 폭행해 살해했다. 전직 축구 선수인 남씨는 임씨를 폭행해 쓰러뜨린 뒤 발로 걷어차 내장파열을 일으킨 것으로 알려졌다.

광진경찰서는 이날 또 '마을버스가 서지 않았다'는 이유로 버스에 돌을 던져 유리창을 깨뜨리고 타고 가던 승객 서 모씨(67)를 다치게 한 혐의로 허 모씨(19)와 공범 김 모씨(19)를 검거해 허씨에 대해 구속영장을 신청했다.

전국 각지에서도 짜증 범죄는 이어졌다. 울산 동부경찰서는 지난 7일 오후 동구 화정동에 사는 선배 강 모씨(59) 집에 찾아가 돈을 빌리려다 "1만원도 빌리느냐"며 무시당하자 홧김에 강씨 집 마당에 불을 지른 혐의<sup>현존 건조물 방화미수</sup>로 김 모씨(51)를 8일 불구속 입건했다.

충북 청주에서도 면박을 주는 부인을 목 졸라 숨지게 한 50대 가장이 경찰에 붙잡혔다. 아내가 "일도 하지 않는 주제에 아프다고 한다"며 면박을 주자 목을 졸라 숨지게 한 혐의를 받고 있다.

[고승연 기재]
출처: 매일경제, 2010. 6. 8.

# 우리는 살인범죄를 얼마나 알고 있는가

대부분의 사람들은 타인에 의한 범죄 피해를 두려워한다. 실제로 강도와 절도와 같은 대부분의 전통적 범죄들은 가해자와 피해자가 서로 모르는 사람 사이에서 주로 발생한다. 하지만 대표적인 전통적 범죄인 살인은 그에 비해 낯선 사람에 의해 일어나는 경우가 상대적으로 훨씬 적다.

이에 대해 학자들은 살인을 하나의 신화나 통념Myth이라고도 한다. 보통 살인사건과 관련하여 피해자와 가해자의 관계, 살인이 일어나는 상황, 살인의 동기들을 학자들은 연구하고 있다.

이 가운데 살인사건의 피해자와 가해자의 관계를 살펴보면 대부분의 경우가 아는 사람, 즉 면식범에 의해 일어나는 것이 특징이라고 한다. 특히 물질적 취득이라는 목적을 위하여 살인이 도구가 되는 일종의 도구적 범죄로서의 강도살인과 같은 경우를 제외하면, 표출적 범죄의 특성을 가진 살인사건은 가족 또는 친인척과 같은 근친관계를 비롯한 면식관계에서 많이 발생하고 있다.

일반적으로 대인범죄는 물리적 거리는 가까우면서 감정적, 심리적 거리는 멀 때 더 쉽게 발생한다고 하는데, 가족이 바로 이러한 조건을 가장 잘 충족시키고 있다. 즉, 가족은 대부분의 시간을 가까운 관계에서 보내게 된다. 이러한 물리적 근거리 관계에 있는 사람들은 즐거움을 주기도 하지만,

때로는 심리적 좌절과 상처의 주요 원인이기도 한다.

통상적으로 살인과 같은 범죄행위는 극단적 감정을 요구하는데, 우리가 아무런 감정을 느끼지 못하는 낯선 이방인과의 사이에서는 그러한 극단적 감정을 쉽게 일으키지 않기 때문에 이방인끼리 살해하는 경우는 많지 않다고 본다. 바로 이러한 면에서 티오<sup>Thio</sup>는 살인을 '가족문제<sup>Family affair</sup>'라고 칭하기도 했다.

하지만 티오의 주장은 "살인이 가족 간의 살인만 있는 것은 아니지 않는가"라는 비판을 받는다. 또한 가족 간의 살인이 아닌 경우도 면식범의 소행이 많을 수 있냐는 질문을 받기도 한다.


## 살인범죄

살인범죄는 대체로 계획된 살인과 우발이나 충동에 의한 살인으로 나누어 설명할 수 있다.

우발이나 충동에 의한 살인은 글자 그대로 어떠한 상황이 우발적으로 또는 충동적으로 살인을 유발한 경우이다. 이런 경우는 가해자와 피해자가 낯선 사이가 아니라 아는 사이일 수도 있고 전혀 모르는 낯선 사이일 수도 있다. 우발적인 강도살인이라면 모르는 사이일 가능성이 높지만 술자리에서 격정에 의한 우발적 살인이라면 아는 사이일 가능성이 더 높을 수 있다.

하지만 계획된 살인이라면 대부분 범행의 표적이 정해져 있기 마련인데 범행의 동기가 치정이나 원한 등이라면 당연히 아는 사이일 수밖에 없을 것이다. 이를 피해자학<sup>被害者學</sup>에서는 '바뀔 수 있는 피해자<sup>Exchangeable victim</sup>'와 '바뀔 수 없는 피해자<sup>Unexchangeable victim</sup>'로 나누고 있다. 이는 범행의 동기가 치정이나 원한과 같은 경우는 가해자와 피해자의 특별한 관계 때문에 발생하는 범죄로서 그 피해자가 결코 바뀔 수 없지만, 강도나 절도 등은 누구나 범죄의 표적으로 선택될 수 있어서 피해자가 바뀔 수 있는 경우라고 본다. 면식관계의 살인은 대부분 원한이나 치정 등과 같은 둘 사이의 특별한 동기로 발생하는 범죄여서 그 피해자가 바뀔 수 없는 것이다. 다시 말해 모르는 사람에게 원한이나 치정을 가질 이유가 없기 때문이다.

표적이 정해지지 않은 사람, 즉 불특정 다수인에 대한 살인은 살인이라기보다는 '묻지마 범죄'나 '무동기 범죄' 또는 '무차별 범죄'라고 하는 '무작위적 폭력Random violence'으로서 일종의 증오범죄Hate crimes에 가까운 것이어서 여기서 비교하기는 적당치 않다.


## 살인이 갖는 또 다른 신화(Myth)

보통 사람들은 살인의 가해자보다 살인의 피해자에게 더 많은 동정심을 갖게 마련이다. 대부분 살인의 피해자들이 연약한 존재일 뿐만 아니라 공격적이고 강한 가해자에 의해서 살해되는 것으로 여겨지기 때문이다. 하지만 이러한 일반적 가정이 항상 옳은 것만은 아니다.

경제적이건, 신체적이건, 정치적이거나 지위나 신분상으로나 힘이 강한 사람은 굳이 살인을 하지 않아도 상대를 이길 수 있지만 약자가 더 강한 상대를 이길 수 있는 방법은 살해하는 것 밖에 없기 때문에 극단적인 방법에 의존하게 된다. 이러한 경우의 대표적인 예가 가정폭력에 시달린 자녀나 아내가 폭력적인 아버지와 남편을 살해하는 경우라고 할 수 있다.

뿐만 아니라 살인사건 가운데 보편적으로 4건 중 1건은 피해자가 먼저 살인범을 공격한 경우로, 살인범죄의 피해자가 될 것을 스스로 자초한 셈이다. 흔히 아이가 밖에서 또는 학교에서 야단을 맞고 들어오면 자초지종 들어본 후 부모들이 "맞을 짓을 했구만" 이라고 하는 경우와 같은 것이다.

볼프강Wolfgang같은 학자는 미국 필라델피아 시에서 발생한 살인사건을 조사한 후, 이러한 유형을 '피해자 유발 살인Victim-precipitated homicide'이라고 칭하기도 했다. 볼프강Wolfgang이 발표한 연구 「살인의 유형Patterns in Criminal Homicide」에 의하면 전형적인 피해자 유발 살인에 해당되는 요소를 다음과 같이 세 가지로 제시하였다.

첫째, 가해자와 피해자는 과거 대인관계가 있었다는 점을 제시했다.

둘째, 상황이 통제될 수 없을 정도로 확대되는 사소한 의견불일치로부터 살인이 일어난다는 점이다. 이러한 의견불일치는 일종의 촉매제로 작용하여 극단적인 감정을 이끌어내게 된다. 그리고 의견불일치로 발생하는 상황은 단기적일 수도 있지만, 때로는 장기적인 대치상태의 결과로서 나타나기도 한다.

마지막으로 피해자 유발 살인의 대부분은 피해자의 음주가 보편적인 요소로 제시된다. 피해자가 술에 취해 자제력을 잃거나 자신을 방어할 수 없기 때문에 살인범죄의 희생자로 전락하게 된다고 본다.

일반적으로 사람들은 범죄에 대한 경계의 방법으로 낯선 사람만 의심하고 피하려는 경향이 크다. 하지만 범죄의 현실을 살펴보면 그게 아니라는 것을 알 수 있다.

살인범죄도 다양한 형태로 나타난다. 피해자 유발이나 촉진에 의한 살인과 일반 살인, 그리고 낯선 사람에 의한 살인과 아는 사람에 의한 살인 등 살인범죄라는 형태에서는 맥락이 같으나 나타나는 형태는 다양하다. 그렇다면 이러한 범죄들을 처리할 때 법률적으로는 다르게 처리할까?

위와 같이 구분하여 처리하는 면도 있고 아닌 면도 존재한다. 살인에 대한 형벌은 가해자와 피해자의 관계나 범행의 동기와 수법 등 다각도로 고려하여 결정하는데, 우선 계획된 범행일수록 형벌이 중하며, 아는 사이일수록 또 형벌이 엄중하다. 그래서 친족살인을 가중 처벌한다.

또 피해자유발에 의한 범죄도 피해자의 책임부분을 고려하게 된다. 극단적인 사례이지만 12년간 의붓딸에게 성폭행을 일삼던 의붓아버지를 살해한 여성에게 실제로 징역 3년에 집행유예 5년이라는 아주 가벼운 처벌이 내려지기도 했다<sup>속칭 김보은양 사건</sup>.

## 강력범죄 가해자 — 피해자와의 관계

예를 들어, 살인의 동기는 가해자와 피해자간 매우 밀접한 관계를 갖고 있다. 남성의 경우 격정이나 싸움·말다툼에 의한 기회적인 살인이 많아 가해자와 피해자가 면식관계인 경우가 많다. 반면 여성의 경우 우발적인 성향보다 어느 정도의 계획성이나 피해자와 가까운 관계에 있는 가족 간의 불화나 원한, 분노에 의해서 보다 많이 발생하고 있다. 따라서 피해자가 남편, 자녀, 애인 등에서 많이 나타나는 경향이 있다.

⟨강력범죄 피해자와의 관계별 현황⟩

| | 계 | 살 인 | 강 도 | 강 간<br>(성폭력범포함) | 방 화 |
|---|---|---|---|---|---|
| 계 | 22,564(100) | 1,208(100) | 5,584(100) | 14,329(100) | 1,443(100) |
| 직장상하동료 | 492(2.2) | 67(5.5) | 48(0.9) | 341(2.4) | 36(2.5) |
| 친구·애인 | 1,063(4.7) | 176(14.6) | 148(2.7) | 648(4.5) | 91(6.3) |
| 친 족 | 806(3.6) | 223(18.5) | 28(0.5) | 315(2.2) | 240(16.6) |
| 이 웃 | 1,894(8.4) | 183(15.1) | 293(5.2) | 1,276(8.9) | 142(9.8) |
| 타 인 | 11,460(50.8) | 229(19.0) | 3,684(66.0) | 7,022(49.0) | 525(36.4) |
| 기 타 | 1,575(7.0) | 90(7.5) | 401(7.2) | 859(6.0) | 225(15.6) |
| 미 상 | 5,274(23.4) | 240(19.9) | 982(17.6) | 3,868(27) | 184(12.8) |

주 : 1. 범죄분석
    2. ( )안은 분포백분율
    3. 통계수치는 강력범죄자 처분인원 기준

출처: 법무연수원(2010: 70)

# 연쇄살인범은
## 사이코패스Psychopath인가

2000년대 들어 우리나라에서도 살인사건, 특히 연쇄살인Serial killing 사건이 많이 발생하였다. 이러한 연쇄살인 사건을 일으킨 당사자들은 대부분 사이코패스psychopath라고 보는 경향이 크다.

이러한 사이코패스에 대한 대중의 관심이 높아져 최근 인터넷상에는 사이코패스를 진단하는 심리테스트들도 존재한다. 하지만 사이코패스에 대한 이해도 충분치 않은 상황에서 이러한 진단테스트들이 실제로 타당성이 있는지 의문이 생길 수밖에 없다.

### 사이코패스란?

국내에 사이코패스란 개념이 세간의 관심을 끌기 시작한 것이 지난 2004년 엽기적 연쇄살인범 유영철사건이 계기가 되었다. 2004년 7월 검거되기까지 10개월 동안 21명을 잔혹하게 살해하고 사체를 절단해 유기한 유영철은 조사과정에서 국내에서 처음으로 사이코패스 판정을 받았다. 그 이후로 2008년 경기도 서남부 일대에서 부녀자 8명을 살해한 강호순, 2010년 부산에서 여중생을 납치하여 성폭행 후 살해한 김길태는 대표적인 연쇄살인범이며, 사이코패스적 성향을 갖고 있다. 따라서 우리는 사이코패스psychopath라 하면 일반적으로 연쇄살인범을 자동적으로 떠올리는 것이다.

그럼 "연쇄살인범이 모두 사이코패스인가?"라는 의문이 제기된다.

모든 연쇄살인범이 사이코패스는 아니지만 대부분의 연쇄살인범이 사이코패스적 성향을 갖고 있다고는 볼 수 있다. 즉, 사이코패스라고 진단받은 범죄자들의 행태는 가지각색이다. 살인에 국한되지 않고 절도나 방화 등의 범죄를 저지르기도 한다. 바꿔 말하면, 그동안 발생한 국내 연쇄살인범들이 사이코패스의 한 형태를 가질 뿐 그 원인 이나 범행 특성은 상이하다는 점이다.[11]

테스트는 여러 가지 형태가 존재하지만 대표적인 것은 다음과 같다.

"당신은 여성이며, 절친한 친여동생과 장례식에 가게 되었습니다. 그런데 그 곳에 서 검은색 머리를 한 검은 양복을 입고, 검은 구두를 신은 남자에게 반하게 되었습니 다. 하지만 그 남자는 당신뿐만 아니라 당신 여동생의 이상형이었습니다. 그래서 당신 뿐만 아니라 당신의 여동생조차도 그 남자를 바라보고 있었습니다. 그리고 그 날 밤, 당신은 꿈속에서 당신의 여동생을 죽였습니다. 왜 그랬을까요?"

이 테스트의 설명에 따르면 피검사자가 만약 사이코패스라면 "동생의 장례식장에서 그 남자를 또 보기 위해 동생을 죽였다"라고 대답한다고 한 다. 많은 경우의 수가 대답이 될 수 있는 만큼 단 한가지의 경우만 사이코 패스가 될 수 있는 것에 대하여 신뢰를 할 수 있을까.

실제로 연쇄살인범Serial killer에 대한 관심이 급증하면서, 사이코패스에 대 한 관심 또한 높아진 게 사실이다. 하지만 위와 같은 테스트는 그다지 신 빙성이 높다고 할 수는 없다.

사이코패스란 반사회적 인격 장애Antisocial Personality Disorder를 뜻하기도 한 다. 우리가 흔히 정신병질을 진단할 때 사용하는 진단 기준은 미국심리학 회에서 마련한 DSM－Ⅴ라는 분류체계이며, 반사회적 인격 장애는 이 분 류체계에 포함된다. 그러나 아직까지 사이코패스는 정식적으로 공인되지 않은 개념이다.

위와 같은 테스트는 아마도 사이코패스의 대표적인 특징으로 거론되는

---

11 최선우, "사이코패스의 연쇄살인범죄 그 양태와 예방대책", 『자유공론』 9(2009), pp. 110-114.

타인에 대한 공감능력이나 잘못에 대한 뉘우침 결여 등과 같은 요소를 테스트에 반영한 것에 불과하다. 하지만 사이코패스의 답은 정해져 있지도 않고, 설사 어떤 사람이 정말 사이코패스라고 하더라도 일반인과 같은 아주 정상적인 답을 할 수도 있다.

하지만 사이코패스로 알려진 대부분의 연쇄살인범들이 너무 잔인하다는 점만 보아도 사이코패스는 우리가 일상생활에서 마주치는 일반인과는 다를 것이라는 생각을 하게 된다. 혹시 사이코패스가 일반적인 정상인들과 다른 그들만이 보이는 보편적인 또는 흔히 보이는 특징이 존재하지 않나 찾아보게 된다.

사이코패스를 연구한 클레클리<sup>Cleckley</sup>라는 학자에 따르면, 사이코패스들은 외관상 상당히 정상적이며, 지능도 보통 수준 이상을 지니고 있다고 한다. 하지만 이들은 극단적으로 이기적이며, 타인을 목적달성의 도구로 이용하며, 무책임하면서 냉담하며 쉽게 거짓말을 하는 특성을 지니고 있다고 한다.

사이코패스를 진단하는 측정도구인 PCL<sup>Psychopathy Checklist</sup>을 개발한 헤어<sup>Hare</sup>박사는 사이코패스가 걱정, 불안, 망상, 우울 또는 환각상태와 같은 정신장애가 없다고 말한다. 따라서 사이코패스는 정신분열 등의 정신질환군으로 분류할 어떤 임상적 증상도 찾아보기 힘든 매우 독특한 특성을 지닌다고 보고 있다.

클레클리가 제시한 사이코패스의 특성을 보더라도, 이들은 사랑할 능력이나 타인에 대한 이타심이 없고, 공감능력이 결핍되어 있고, 죄책감이나 양심의 가책이 결여되어 있다고 주장한다. 이와 같은 극단적 이기주의는 정신병질자에게 항상 나타나며 본질적으로 변하지 않는다고 한다. 사이코패스들이 누군가를 돕거나 타인을 이해하는 반응을 보였다면, 이는 다른 목표를 위한 일시적인 위장일 뿐이라고 한다. 사실상 타인의 관점에서 바라보는 능력이 거의 없을 뿐만 아니라 흉악한 범죄를 저지르고도 오히려 피해자를 비난하기도 하고, 양심의 가책이나 죄책감을 느끼지 못한다고 한다. 심지어 범죄를 일종의 게임으로 여기는 경우도 존재한다.

위와 같은 특징들이 연쇄살인범을 사이코패스일 것이라고 추정하게 만들었다. 타인에 대한 이해와 동정심의 부재라고 하는 공감능력의 부재, 그로 인한 잔인성과 잔학성, 죄의식의 부재와 같은 특성들이 없다면 가장 잔인하고 잔혹한 범죄인 살인을 그것도 연쇄적으로 할 수 없을 것이라고 가정하기 때문이다.

그렇다고 모든 연쇄살인범이 사이코패스라고 가정하는 것도 곤란하다. 상당수의 연쇄살인범이 '지나치게 잔인하다' 등의 특징으로 인하여 사이코패스일 가능성은 다른 살인범들에 비해 더 높을 수는 있지만 그렇다고 모든 연쇄살인범이 다 사이코패스라고 단정할 수는 없다. 그리고 사이코패스란 과연 어떤 사람이고 어떤 특성을 가지고 있으며 그러한 특성을 어떻게 평가하고 진단할 것인가의 문제도 남아 있기 때문에 연쇄살인범을 사이코패스로 단정 짓는 것은 어렵다.

## 욕망 위해 타인 짓밟는 '사회적 살인자' ― 직장 내 '사이코패스' 주의보

사이코패스는 범죄자나 살인마만의 이야기가 아니다. 직장에서 상사로, 사장으로 우리와 가깝게 존재하고 있을 수도 있다. 기업 환경이 급격하게 변하는 현대사회에서 사이코패스들은 그 어느 때보다 조직 내에서 쉽게 자기 정체를 숨기고 권력과 돈 등 원하는 것들을 손에 넣고 있다. 그리고 주어진 권력을 이용해 동료와 부하 직원을 지능적으로 괴롭히거나 때로는 횡령 등 불법행위를 서슴없이 저지르기도 한다.

"직급이 높을수록 해악도 커"

병적인 거짓말, 교묘한 조종, 자기중심주의, 비인간적 냉정함, 극적인 감정 표현, 집요함, 죄책감 결여, 자기 잘못을 남에게 뒤집어씌우는 뻔뻔함, 매끄러운 언변과 친화력. 이러한 사이코패스의 특징은 단지 희대의 살인마 강호순이나 김길태의 이야기만은 아니다. 매일 얼굴을 마주하는 직장 상사나 사장 중에서도 떠오르는 사람이 있을지 모른다. 사내에서 비상식적 행동을 일삼고 비인간적으로 행동하는 이들은 단순히 악질이나 밉상을 넘어 회사에 큰 해악을 가져올 수도 있다.

'리더십·능력 갖춘 인물로 비춰지기도'

그동안 사이코패스에 대한 연구가 범죄자들에게 초점이 맞췄던 데에 비해 이제는 범법 행위는 저지르지 않을 만큼 '적당히' 남들에게 피해를 주며 살아가는 직장에서의 사이코패스들에 대한 분석도 이뤄지고 있다.

'직장으로 간 사이코패스'의 저자 로버트 헤어 캐나다 브리티시 콜럼비아대 교수는 다음 네 가지를 꼽는다.

첫째, 사이코패스는 능숙한 사회적 조작, 즉 속이는 기술을 통해 경험 많고 노련한 면접관까지도 쉽게 현혹시킬 수 있다.

둘째, 나름대로 결정을 내리고 다른 사람들로 하여금 자기가 원하는 일을 하게 만드는 것이 전통적인 리더십 및 관리 개념이라면 사이코패스는 지배, 속임수 능력을 그럴듯하게 포장해 리더십의 요소처럼 비칠 수 있다.

셋째, 빠르게 변화하는 환경 속에서 기업이 뿌리부터 변화하지 않으면 안 된다는 절실한 필요성 때문에 사이코패스적인 특성, 즉 겉으로 보기에 자신감과 힘, 평정심이 넘치는 특성이야말로 기업이 현재 맞닥뜨리는 문제를 해결할 수 있는 핵심 요소로 여겨진다. 사이코패스의 자기중심주의나 피도 눈물도 없는 냉정함이 기업의 경쟁력을 강화할 수 있는 재능으로 인식되는 것이다.

넷째, 빠르게 변화하고 고위험·고수익의 기업 환경은 사이코패스들에게 매력적이다. 기업은 사이코패스의 실체를 확인하지 않음으로써 장차 두고두고 후회할 인사 결정을 내리는 것이다.

헤어 교수는 수천 명의 고용과 수백억 원의 운용을 책임지고 있는 CEO들도 사이코패스 행동 검사를 받는다면 기업 횡령·사기 사건을 일부 막을 수 있을 것이라고 말한다.

[이진원 기자]
출처: 한국경제매거진, 2010. 4. 5.

# 사이코패스Psychopath와 소시오패스Sociopath

최근 대중매체를 통해서 사이코패스나 소시오패스라는 단어를 흔히 들어봤을 것이다. 특히 잔혹한 범죄가 발생했을 때 언론매체에서는 피의자가 사이코패스인지 소시오패스인지에 대한 내용으로 뉴스 헤드라인을 장식하고는 한다.

## '소시오패스 vs 사이코패스' 토막살인 피의자 조성호, 어느 쪽?

경기 안산에서 잔혹한 수법으로 피해자를 살해하고 시신을 훼손한 혐의로 조성호씨가 구속되면서 반사회적 인격장애자 '소시오패스'에 대한 관심이 커지고 있다. 조씨의 범행수법이 잔인할 뿐더러 범행 후에도 자신의 일상 모습과 인생 계획을 소셜네트워크서비스SNS에 올린 것이 밝혀져 공감능력이 결여된 이른바 '소시오패스'가 아니냐는 의구심이 일고 있기 때문이다.

'사이코패스'는 앞서 유영철, 김수철, 조두순, 강호순, 정남규 등의 연쇄살인범·흉악범들이 수사받는 과정에서 잘 알려진 정신질환이다. 이들은 공감능력에 심각한 문제를 보이며 도덕심이 부족해 반사회적 행동을 일삼아도 죄책감을 느끼지 않는다. 더불어 뇌에 물리적 손상을 입고 있는 경우가 높은 비율로 나타나기도 한다.

'소시오패스'라는 표현은 20세기 초 '사이코패스'라는 용어의 대안으로 처음 제안됐다. 그러나 오늘날 정신의학계에서 소시오패스는 확정된 진단명으로 쓰이고 있진 않다. 영어권에서도 사이코패스와 소시오패스는 번갈아 쓰이는 경우가 많다. 다만 사이코패스 판정도구$^{PCL-R}$를 개발한 캐나다 심리학자 로버트 헤어는 사이코패스가 동점심과 도덕심을 결여한 사람이라면 소시오패스는 단지 보통 사람과 비교해 옳고 그름을 구분하는 정도에서만 차이를 보인다고 정의했다.

이번에 체포된 조씨는 지난 3월 말에서 4월 초 사이 인천 연수구 집에서 함께 살던 최모씨를 망치로 머리 부위를 수차례 내리쳐 살해한 뒤 식칼로 시신을 훼손한 혐의를 받고 있다. 조씨는 최씨 시신을 원룸 화장실에서 상·하반신으로 절단하는 등 10일 동안 훼손·방치한 것으로 알려졌다. 살인 후에도 SNS 활동을 일상적으로 해 도덕심과 죄책감이 결여된 인격장애를 가진 것 아니냐는 의견이 나오고 있다.

다만 조씨의 성격진단·심리검사 등이 이루어지기 전이라 인격장애·정신질환 여부는 앞으로 수사가 더 진행되어야 제대로 확인될 것으로 보인다.

[장영락 기자]

출처: moneys, 2016. 5. 9.

처음 안산 토막살인 사건이 발생했을 때, 당초 시신을 잔인하게 훼손한 점 등을 들어 피의자가 사이코패스나 소시오패스일 가능성이 제기됐지만, 경찰은 심리검사 결과 피의자 조성호에게서 이 같은 징후는 발견되지 않았다고 밝혔다.

이처럼 안산 토막살인 사건과 마찬가지로 강력사건이 발생하게 되면 대중들은 피의자가 사이코패스인가 아닌가에 초점을 두고 그 사건을 바라보게 된다. 그만큼 대중에게 있어서 사이코패스와 소시오패스는 공포스럽고, 자극적인 대상으로 받아들여지기 때문에 잔혹한 범죄일수록 이러한 사안은 화두거리가 될 수밖에 없다. 하지만 이러한 대중들의 관심에도 불구하고 현재 사이코패스와 소시오패스에 대한 개념 정의는 모호하며, 이를 혼용하여 사용하는 경우가 많다.

우선 사이코패스와 소시오패스 두 개념은 모두 일종의 심리학 용어이며, 의학용어로는 반사회적 인격장애<sup>antisocial personality disorder</sup>로 분류된다. 이러한 반사회적 인격장애는 미국정신의학회의 진단기준<sup>DSM-V 12</sup>을 따르며, 다음과 같다.

1) 다른 사람의 권리를 무시하고 침해하는 행태를 전반적이고 지속적으로 보이는 특징을 보이며, 이러한 특징은 15세 이후에 시작된다. 다음 세 가지 이상의 항목으로 나타난다.
- 반복적인 범법행위로 체포되는 등, 법률적 사회규범을 따르지 않는다.
- 거짓말을 반복하거나 가명을 사용하거나, 자신의 이익이나 쾌락을 위해 다른 사람을 속이는 사기성이 있다.
- 충동적이거나, 미리 계획을 세우지 않고 행동한다.
- 쉽게 흥분하고 공격적이어서 신체적인 싸움이나 타인을 공격하는 일이 반복된다.
- 자신이나 타인의 안전을 무모하게 무시한다.
- 시종일관 무책임하다. 예컨대 일정한 직업을 꾸준히 유지하지 못하거나 당연히 해야 할 재정적 책임을 다하지 못한다.
- 다른 사람에게 해를 입히거나 학대하는 것, 또는 다른 사람의 물건을 훔치는 것에 대해 아무렇지도 않게 느끼거나 합리화하는 등 양심의 가책을 느끼지 않는다.
2) 진단 당시 최소한 만 18세 이상이어야 한다.
3) 만 15세 이전에 미국정신의학회의 진단기준에 따른 행실장애(품행장애)가 있었다는 증거가 있어야 한다.
4) 반사회적 행동이 조현병(정신분열병)이나 조증 경과 중에 일어난 것이 아니어야 한다.

의학용어로서의 반사회적 인격장애의 특징을 앞서 살펴보았다면 본격적으로 심리학적 용어인 사이코패스와 소시오패스 두 개념에 대한 정의가 궁금해질 것이다. 사이코패스는 정신을 뜻하는 'psycho'와 병리상태를 의미하는 'path'를 합쳐 만든 합성어이며, 1920년대 독일의 커트 슈나이더

---

12 서울대학교병원 의학정보.

Kurt Schnedier가 처음 소개한 개념이다. 주요 원인으로 유전적인 요소가 크다고 알려져 있으나 이러한 인성 자체가 유전되는 것인지, 아니면 공격성이나 충동성 등의 기질이 유전되는 것인지는 명확하지 않다. 현재, 뇌 신경 전달물질인 세로토닌에 문제가 있을 것으로 추정되기도 하고, 감정중추인 변연계 – 전전두엽 회로 기능의 이상이라는 연구결과도 있다.

캐나다의 심리학자 로버트 헤어Robert D. Hare박사가 PCL – RPsychopathy Checklist-Revised이라고 부르는 사이코패스 진단방법을 개발하였는데, 이 진단법에 따르면 40점이 최고점이며 이에 근접할수록 사이코패스 성향이 높은 것으로 판단된다. 이 진단법에 따라 한국에서는 유영철이 34점을 기록하여 대표적인 사이코패스로 판정되었다.

⊕ Hare의 PCL-R(Psychopathy Checklist-Revised) ⊕

- 입심이 좋고 피상적, 가공적 매력
- 과거 반사회적 인격장애 진단
- 자기중심적 이기심/자기-가치(self-worth)를 높임
- 무료함에 취약/정신적 자극이 필요
- 거짓말과 속임수에 능함
- 정직함의 부재
- 양심의 가책이나 죄의식 부재
- 무감각/동정심의 결여
- 타인에게 기생적이거나 의존적
- 성질이 급함/행동통제 결여
- 문란한 성생활
- 영유아기 때 문제행동(만 12세 이하)
- 장기적 목표 부재/현실성 없음
- 충동성
- 의무를 다 하지 않거나 무책임성
- 핑계나 합리화가 잦음

- 빈번한 결혼관계
- 청소년 비행(만 13-17세)
- 가석방, 보호관찰 등의 처분여부(만 18세 이상)
- 살인, 성범죄 등의 범죄경력(성인기)

소시오패스는 사회를 뜻하는 'socio'와 병리상태를 뜻하는 'path'를 합한 합성어이다. 사이코패스와 마찬가지로 반사회적 인성장애에 속하고, 잔혹한 흉악범죄를 저지르고도 어떠한 죄책감도 갖지 않으며, 타인에 대한 동정심 역시 없다는 점에서 사이코패스와 비슷하다. 하지만 이 둘의 가장 큰 차이점은 대체로 사이코패스는 선천적으로 그러한 기질을 갖고 태어난다고 보고 있지만 소시오패스는 유년기 시절의 사회·환경적 요인에 의하여 작용하는 후천적인 기질이라고 보고 있다.

뿐만 아니라 사이코패스는 감정의 억제가 서투르기 때문에 흥분하여 극단적 행동을 하는 일이 잦으나 소시오패스는 감정을 조절하는 데에 뛰어나고 이러한 점을 활용해 타인을 이용하는 특징을 보인다. 또한 소시오패스는 다른 사람과 감정적 교류를 하지 못하는 사이코패스와는 달리 다른 사람과 감정적 교류 및 관계 형성이 가능하며, 범행을 인지한다는 점에서 특징적인 차이점을 보인다. 그러므로 잘못된 행동이라는 것을 알면서도 그러한 반사회적 행위를 하는 소시오패스는 그러한 개념 자체가 없는 사이코패스와 구분된다고 할 수 있다.

하지만 두 개념 모두 아직까지는 정식적으로 공인되지는 않았지만 잔혹한 범죄가 발생할수록 그 피의자가 사이코패스인지 소시오패스인지의 여부를 판단하는 것은 대중들에게 있어서 중요한 주제가 되고 있다. 그러므로 학술적으로 공인된 개념확립이 절실히 필요한 실정이다.

# 3

# 범죄원인
# 이야기

가난이
죄인가

## 가난이 범죄의 원인

일반적으로 사람들은 경기가 힘들 때, 범죄가 많이 발생하기 쉽다고 여기는 경향이 있다. 실제로 90년대 말 IMF 경제위기 시절 경제상황이 안좋아서 사회가 불안정해지고 범죄도 많이 일어났다. 특히 생계형범죄를 중심으로 하는 재산범죄가 급증하였다. 이렇듯 범죄는 사회의 경제상황과 관련성을 가진다고 볼 수 있다.

그 관련성의 이면에는 경제적 곤궁과 범죄의 증가라는 인과관계가 존재한다는 단순논리가 존재한다. 경제상황과 범죄와의 연관성을 살펴보면 경제가 어려워지면 가난한 사람들이 늘어나게 되고, 실업자도 늘어나기 때문에 합법적 경제활동의 수단과 기회가 부족해짐으로써 자신과 가족의 생계를 위하여 어쩔 수 없이 불법적인 수단과 기회에라도 의존해야 하는 생계형범죄자들이 늘어날 수 있다는 논리가 자리잡고 있다.

많은 연구결과에서 실제로 교정기관의 수형자를 비롯한 범죄 및 비행자 집단 중에서 빈곤계층이 차지하는 비율이 상당히 높고, 경제적으로 빈곤한 지역이 그 반대의 지역보다 범죄율이 훨씬 높다는 사실은 경제상황과 범죄와의 연관성에 대한 논리를 보강하고 있다. 하지만 가난하다고 항상 범죄를 저지르고, 가난한 사람 모두가 범죄자가 되는 것은 아니다.

단순히 가난하다고해서 범죄자가 된다는 지나친 일반화는 문제가 될 수 있다. 가난하지만 올바르고 성실하게 땀 흘리는 준법시민이 범죄자보다 더 많다. 가난과 빈곤이 범죄의 필연적 원인이라기보다는 그럼에도 불구하고 통계상 빈곤계층이 범죄율이 더 높고 가난한 사람들이 생계형범죄의 유혹을 더 많이 받는 등 빈곤이 범죄에 기여하는 바가 적지 않을 수 있다는 사실에만 주목할 필요가 있다.

## 빈곤과 범죄와의 관계

경제적 빈곤은 그들에게 교육기회의 부족과 그에 따른 기회와 수단의 부족으로 범죄의 유혹에 쉽게 빠져들게 한다. 범죄학에서는 이를 '긴장이론'이라고 표현하는데, 사람이 누구나 성공하고 싶어 하는 목표는 같으나 그 목표를 성취할 수 있는 수단과 기회가 차단되거나 제한될 때 그 목표를 성취하기 위하여 불법적 기회나 수단에 호소한다는 것이다.

경제상황에 대한 사람들의 잘못된 편견 중 하나는 다음과 같다.

옛날부터 가난한 사람들은 생활방식이 가난할 수밖에 없다는 **빈곤문화**가 존재하는데 그들의 문화나 가치관, 그리고 생활방식 등도 범죄의 원인이 될 수 있다고 보는 시각이다. 빈곤계층의 사람들은 게으르고 더 많은 쾌락의 추구 등 **범죄적 부문화**에 가까운 그들만의 독특한 빈곤의 문화가 범죄를 조장한다는 편견이 대표적이다. 그러한 편견에 의하면 빈곤계층은 장기적인 목표보다는 즉각적인 만족이나 단기 쾌락을 선호하는 부문화가 존재하기 때문에 일탈을 조장하거나 부추길 수 있다고 본다.

이러한 편견에 대해서는 문제가 존재한다. 빈곤계층에 대한 편견이 사실이라면 과거 우리나라가 지금보다 빈곤한 상황에서는 지금보다 더 많은 범죄가 발생해야 하는데 실제로 살펴보면 지금의 경제상황에서 범죄가 더 많이 발생하는 것을 알 수 있다. 이러한 현실을 비추어 볼 때, 빈곤과 범죄와의 관계에 대하여 의문이 발생하게 된다.

과거 절대적으로 가난할 때보다 현대에서 범죄가 더 많이 발생하는 것은 사회구성원들의 상실감 때문이라고 볼 수 있다. 물론 절대적 빈곤 그 자체도 물론 범죄와 관계가 있지만, 절대적 빈곤이 많이 해소된 현대사회에서는 심각한 빈부의 격차로 인하여 경제적 하위계층이 느끼는 상대적 빈곤감과 그로 인한 상대적 박탈감이 범죄에 대한 충동감을 더 자극할 수도 있기 때문이다.


## 실업과 범죄의 관련성

빈곤이 범죄와의 관련을 가지고 있지만 그중에서 실업이 가장 연관성이 크다고 볼 수 있다. 그렇지만 실업과 범죄가 어떤 관계가 있는지 그 결론은 매우 다양하다고 할 수 있다.

일부에서는 이들 두 변수의 관계는 무시해도 좋을 정도로 미미한 것이라고 주장하고 있고, 반면 또 다른 일부에서는 실업이 범죄를 유발하는 주요요인이라고 주장하기도 한다. 이와 같이 상이한 주장이 가능한 것은 실업과 범죄와의 관계가 연령, 성별, 사회적 여건 등에 따라 다르게 나타나기 때문이다. 그럼에도 불구하고 대다수의 연구결과에 의하면 실업이 범죄에 영향을 미치고 있음은 틀림없지만 그것은 오로지 다른 많은 요인 중의 하나에 불과하다고 보고 있다.

실업과 범죄와의 관계에서 연령별로 실업이 범죄에 가장 많은 영향을 미치는 집단은 중년층이고 청소년층의 경우는 아직은 직업전선에 뛰어들 나이가 아니기 때문에, 그리고 여성은 남성에 비해 사회활동의 비중이 낮기 때문에 직접적인 영향이 상대적으로 적은 것으로 보고 있다. 또한, 실업과 범죄의 관계는 사회적 여건에 따라서도 달라질 수도 있으나, 일반적으로 실업은 재산범죄에 더 큰 영향을 미치고, 실업을 많이 경험한 가정의

자녀가 범행할 확률이 더 많다는 것이 밝혀지기도 했다.

따라서 현재로서는 실업은 범죄에 기여하는 요인임에 틀림없으나 인과관계가 그리 간단하지 않다는 것이다. 실업이 범죄가 확산되는 사회조건을 결정하는 주요한 요인이지만 실업의 해결이 범죄의 해결을 의미한다고 할 수 없으므로 실업이 범죄의 유일한 원인이 아님은 분명하다.

## 유전무죄, 무전유죄

사람들은 같은 범죄를 저지르더라도 가난한 사람들이 저지른 범죄에 대해서 유독 더 엄중하게 처벌하여 '유전무죄, 무전유죄有錢無罪, 無錢有罪'라는 인식이 점차적으로 커지고 있다. 이러한 인식의 배경에는 범죄에 대한 사법처리에 차이가 존재한다고 보는 선입견이 있다. 지금까지의 가난한 사람들이 저지르는 범죄는 생계형범죄가 대부분이다. 이러한 범죄에 대한 대응은 여러 사정에도 불구하고 법질서의 확립의 일환으로 처벌을 받았다.

그러나 문제는 기업총수들이나 전문가들에 의해 일어나는 범죄 즉, 화이트칼라범죄나 기업범죄의 경우이다. 기업범죄나 화이트칼라범죄는 그 피해가 상당하지만 엄중한 처벌이 이루어지지 않는다는 것이 사실이다. 실제로 가난하다고해서 같은 범죄를 저지르고도 더 높은 처벌을 받는 것은 아니겠지만 가난하지 않은 사람은 그러한 생계형범죄에 연루되지 않을 뿐만 아니라 혹 그러한 문제가 생기더라도 벌금형이나 집행유예 등의 다른 방법으로 교정시설에 수용되는 비율이 낮은 것이 문제라고 볼 수 있다.

'유전무죄, 무전유죄'에 대한 인식이 더욱 커지게 되면 사회에 대한 신뢰가 무너질 수 있다. 그렇게 되면 법치주의 사회에서의 법질서는 사람들에게 불공정한 장치로 여겨질 것이다. 그렇기 때문에 생계형범죄에 대한 사법처리처럼 화이트칼라범죄나 기업범죄도 그 죄에 맞는 사법처리를 수행하는 것이 필요하다.

## 범죄는 경제적 하위계층의 전유물인가

신문이나 방송의 보도를 보면 범인의 대부분은 가정이 넉넉하지 못한 사람들인 경향이 많은데, 실제로 범죄가 경제적 하위계층에서 많이 일어나는지에 대하여 확인해볼 필요가 있다.

전통적으로, 범죄는 주로 하위계층의 현상으로 여겨져 온 것이 사실이다. 일반적으로 우리들은 범죄, 특히 경제적으로 어려운 사람들이 범죄의 유혹에 쉽게 현혹되고 범죄를 저지른다고 알고 있다. 실제로 같은 범죄를 저지르더라도 형사사법기관에 체포되고 구금되는 사람 중에 특히 하위계층에 속하는 사람들이 많다는 점에 주목할 필요가 있다. 경제적으로 하위계층에 속한 사람들과는 달리 상위계층이 저지르는 범죄는 형사사법절차에서 처벌을 받지 않거나 관대한 면이 존재한다. 그렇다보니 경제적 하위계층의 사람들이 범죄자로 일컬어지는 경우가 많이 있다.

하지만 교도소에 수감되어 있는 수형자 중에는 가난한 사람도 있지만 넉넉한 집안 살림에도 불구하고 범죄를 저지르고 교도소에 있는 경우도 있다. 이들은 왜 교도소에 수감되었을까.

경제적으로 상위계층이라고 해서 교도소에 가지 않는 것은 아니다. 경제 범죄의 일종으로 지능범죄 같은 범죄의 경우, 중상류층에 의해서 많이 범해지고 있고 사회적으로 크게 이슈가 되지 않는 경우가 많으면서도 범죄로 인하여 사회에 미치는 영향과 문제도 매우 심각하다는 범죄통계가 있다.

하지만 교도소에 수감되어 있는 소득별 계층차이를 살펴보면 상대적으로 경제적 하위계층의 범죄자가 많다. 이러한 이유를 알기 위해서는 경제적 하위계층이 우리 사회에서 범죄자가 되기 쉽다는 주장을 검토해볼 필요가 있다.

경제적 하위계층이 범죄자가 되기 쉽다는 주장은 크게 두 가지 관점에서 살펴볼 수 있는데, 첫째는 범죄성의 계층별 차이가 존재한다는 것이다.

하위계층이 형사사법기관의 처벌을 많이 받는다고 나타나는데 이는 형사사법기관의 편견과 차별의 소산으로 인하여 하위계층에 보다 많은 체포, 구금, 처벌이 보다 쉽고 많이 이루어지고 있기 때문이다.

둘째는 실제로 하위계층이 좋지 않은 경험, 기회의 부족 그리고 더 많은 범인성 요인을 가지고 있다고 본다. 이는 형사사법기관에서 통상적으로 하위계층의 범죄로 취급하는 경제범죄 즉, 강도와 절도 등이 하류층에 더 많이 나타난다. 왜냐하면 하위계층은 상위계층에 비하여 자신을 보호할 능력이나 사회적 영향력도 적기 때문에 처벌받을 가능성과 처벌의 강도가 높아지기 쉽다. 이러한 이유 때문에 교정시설에 수감된 인원을 비교했을 때, 통계적으로 차이를 보일 수밖에 없다고 한다.

이렇게 처벌되어 교도소에 수감되는 인원의 구성이 하위계층에만 집중될 경우, 경제논리에 따라 사회정의가 흔들린다는 선입관을 사회전반적으로 줄 수 있다. 우리나라의 유명한 탈옥수 지강헌이 말한 "유전무죄 무전유죄"의 상황이 발생할 수 있는 것이다.

하지만 하위계층의 사람들에게 범인성 요인이 많다는 주장은 우선 이들이 범행에 대한 유인요인을 많이 가지고 있다는 점을 간과하고 있다. 하위계층의 사람들은 합법적인 절차를 통해 원하는 것을 얻을 수 없게 되는 경우가 많다. 이는 경제적인 무능력과 사회적인 편견도 일정부분 작용을 한 것이다.

결국 이들은 불법적인 방법을 통해 그들이 목적하는 바를 성취하게 되는데 이렇게 발생하는 것이 범죄라는 것이다. 이와 같이 제도적인 차별과 문제에 의하여 벌어지는 범죄를 도구적 범죄Instrumental crimes라고 부른다. 또한, 하위계층 사람들은 가난하게 사는 사람들이기 때문에 때로는 이러한 자신의 분노와 좌절감을 표현하는 수단으로서 폭력이나 강간과 같은 폭력성의 범죄에 자주 노출되게 된다. 이 또한 하위계층의 범죄에 해당된다고 할 수 있는데, 이를 표출적 범죄Expressive crimes라고도 한다.

가난한 사람이 범죄를 저지르는 또 다른 요인으로는, 하위계층의 사람들의 퇴폐적이고 무질서한 생활습관과 이들의 높은 실업률, 열악한 생활환경, 높은 문맹률 등 문화적 약점이 범죄를 유발하는 요인으로 작용하고 있다고 보기도 한다. 그러나 사회계층과 범죄의 관계가 이처럼 간단한 것은 아니며 지금까지도 많은 논쟁의 대상이 되고 있는 것은 사실이다. 물론, 통계적으로는 하위계층의 범죄가 상대적으로 많이 기록되고 있지만, 그러한 통계에 편견이 개입될 수 있는 문제점이 지적되고 있어 공식통계에 기초한 결과의 한계가 있을 수도 있다. 결국 모든 범죄가 경제적으로 하위계층 사람들의 전유물은 아니라는 것이다.

부자들도 범죄행위를 안 하는 것은 아니다. 기업의 총수가 비자금조성이나 탈세, 또는 환경범죄 등의 혐의로 처벌받기도 하고 정치적, 경제적 상위계층의 범죄행위들, 이를테면 Elite 범죄나 화이트칼라범죄행위들이 좋은 예가 될 수 있다. 일설에 의하면, 하위계층의 전통적 노상범죄보다 상위계층의 범죄가 우리사회에 미치는 폐해가 더 심각하다는 주장도 제기되고 있다.

예를 들어 청소년비행연구에서는 중산층비행의 증가 측면에서 사회경제적 계층에 관계없이 누구나 청소년비행에 가담하고 있음을 보여주는 청소년들에 대한 자기보고식조사Self-Reported Survey 결과들을 살펴보면 알 수 있다.

우리나라의 경제사정이 나날이 나아졌고 최근에는 빈곤과 범죄의 관계를 아주 무시하거나 거부하기보다는 관계의 존재는 인정하지만 관계의 속성이 변하고 있음을 주장하고 있다. 과거와 같이 즉, 절대적 빈곤Absolute Poverty이 범죄의 원인이라기보다는 오히려 상대적 빈곤Relative Poverty과 그로 인한 상대적 박탈감Relative Deprivation이 더 심각한 범죄의 원인으로 지적되고 있다. 요즘 증가하고 있는 소위 '묻지마 범죄'나 '무동기범죄'가 다 상대적 박탈감의 산물이라는 주장이 이를 뒷받침해주고 있다.

## 경제적 선택이론[13]

개인은 부분적으로는 상대적 매력에 기초하여 합법적인 것과 불법적인 것에 대한 선택을 한다. 물론, 도덕적 가치가 사람의 행동에 영향을 미치지만 경제적 요인에 따라 변하는 것으로 알려지지는 않고 있다. 일반적인 경제이론과 마찬가지로, 변화나 차이에 대한 반응으로서, 합법적인 것이 보상이 적고 또는 불법적인 것이 보상이 크다면, 사람은 합법적인 것으로부터 멀어지고 반면에 범죄로 눈을 돌리게 된다는 것이다. 여기서 이러한 선택에 교육이 상당한 영향을 미치게 되는데, 즉 실업의 위험을 높이고 저임금과 만족스럽지 못한 직업을 가질 위험성을 증대시키는 저학력이 범죄가담확률을 높이는 것으로 알려지고 있다.

이러한 견지에서 보면, 범죄란 합법적인 수단에서 얻어진 소득을 대체하는 것이다. 따라서 경제적 선택이론은 대부분의 소득을 가져다주지 않는 폭력적 범죄를 설명하기에는 곤란하게 되는데, 그것은 대부분의 폭력범죄가 도구적instrumental이라기보다는 표출적expressive 범죄이기 때문이다. 그렇다고 경제적 선택이론이 폭력범죄와 전혀 무관하지는 않은데, 이는 취업이 직장의 상실과 소득의 상실을 통한 구금이라는 기회비용을 증대시키기 때문이다.

경제적 선택이론에 따르면, 사람은 합법적인 일과 불법적인 일에 동시에 개입할 수 있는 것으로 가정된다. 그것은 대부분의 범죄자가 부분적으로는 합법적인 일에도 관계를 유지하기 때문이다. 이는 합법적인 것과 범죄의 상대적 매력의 변화에 영향을 미치는 것은 이들 두 가지 형태, 합법적 또는 불법적 소득창출활동을 위한 시간의 활용이기 때문이다. 즉, 취업기회의 증대와 향상은 곧 사람들이 범죄활동에 보내는 시간을 감소시키기 때문이다. 또한, 만약 취업기회가 부족하다면 사람들은 합법적인 취업기회를 위해 필요한 교육 등 인간개발을 위한 시간에 대한 투자를 축소하고 그 결과 합법적인 소득의 취득을 감소시키고 범죄의 기회를 증대시키는 것으로 가정되고 있다.

13 M. Hughes and T. Cater, "A Declining economy and sociological theories of crime: Predictions and explications," pp. 5-25 in K. N. Wright(ed.), Crime and Criminal Justice in a Declining Economy, Cambridge: Olegeschlager, Gunn & Hain, 1982.

## 생계형범죄에 대한 관점

생계형범죄란 사람들이 먹고 살기 힘들어서 물건을 훔치거나 다른 사람을 속이거나 남의 돈을 뺏는 등의 범죄를 말한다. 생계형범죄는 생계를 위해, 즉 살기 위해 어쩔 수 없이 저지르는 범죄라고 할 수 있다. 옛 속담 중에 "사흘을 굶으면 남의 집 담을 넘지 않을 사람이 없다"라는 말이 있다. 이처럼 생계형범죄를 적절하게 표현하는 속담은 없다. 1990년대 우리나라 사회에 거세게 휘몰아쳤던 IMF 위기 때 급증하였던 범죄의 다수가 바로 경제적 곤궁으로 인한 생계형범죄라는 설명이 설득력을 가졌던 이유이다.

그러면 생계형범죄가 일반적인 범죄와 무엇이 다른가에 대하여 살펴보아야 한다. 일반 절도와 생계형범죄의 절도의 경우, 두 사람의 물건을 훔쳤다는 행위는 같으나 의도 또는 동기가 다른 것이다. 유죄를 확정하기 위해서는 물건을 훔쳤다는 행위와 같은 결과가 반드시 필요하지만, 그 사람의 의도도 매우 중요하다. 법률적 용어로는 그 사람의 의도를 '고의故意'라고 하는데, 고의냐 과실이냐에 따라서 형법은 처벌을 다르게 규정하고 있다.

형법에서는 위급한 상황이나 생명과 같이 인간 본연의 가치를 위하여 어쩔 수 없이 한 일이 법을 위반한 행위라면 그 행동은 범죄가 되지 않을 수 있다고 보았다. 그 대표적인 법제도 중에 하나가 우리나라뿐 아니라 세계의 거의 모든 나라에서 존재하는 '정당방위'라는 위법성조각사유를 들 수 있다. 당장 죽게 생겼다면, 내가 상대방의 법익을 침해 하지 않고는 생명의 유지에 위협을 느껴서 한 행동이라면 그건 범죄이기는 하나 처벌을 면할 수 있다는 것이다. 가족과 자신을 지키기 위해서 집에 들어온 강도범을 살상한 가장과 같은 경우가 좋은 예라고 할 수 있다.

정당방위는 자기 자신과 제3자의 위급한 상황에서 할 수밖에 없는 조치로 처벌받는 억울한 경우를 방지하기 위하여 규정되어 있다.

형법에서는 이러한 위법성조각사유를 죄의 요건 못지않게 중요하다고 보고 있으며, 자신의 생명의 위협뿐만 아니라 제3자의 생명을 지키기 위해서 한 행위의 책임까지 면제가 가능하다고 보고 있다. 우리가 사는 오늘날 우리의 법은 그렇게 무고한 사람들을 지키지 못하고 억울하게 만들 정도로 허술하지는 않다. 죄를 지은 자식을 숨겨주는 부모의 마음과 상황을 고려하여 그 부모를 비난할 수 없으니 책임을 면제해 줄 정도로 섬세하게 구성되어 있다. 이러한 입장에서 볼 때, 생계형범죄의 처벌가능성에 대한 의문이 들 수도 있다. 살아가기 위하여 어쩔 수 없이 저지른 범죄인데 생계형범죄도 처벌을 면제해야 되는 것이 아니냐는 주장이 제기되기도 한다.

## 생계형범죄의 의미와 처벌가능성

생계형범죄는 과연 살기위한 범죄일까.

생계형범죄의 의미에 따라 정당방위와 같은 취급을 받을 수도 있고 받지 못할 수도 있다. 만약 생계형범죄에서 생계형이라는 의미가 '살기위해서'라는 뜻처럼 당장 절대적 생존을 지속하겠다는 의미가 아닌 '다른 사람들처럼 살기위해서' 라고 가정해보면 정당방위와 같이 취급을 하는 것이 어려워진다. '다른 사람들처럼'이라고 정의하면 생계라는 단어와 범죄라는 단어가 함께 쓰이는 것에 대하여 이해할 수 있다. 다른 사람들처럼 먹고, 다른 사람들처럼 입고 살기 위해서라면 빈곤한 자들은 먹을 것과 입을 것을 훔칠 것이고, 자식이 있는 사람들은 자식을 위해서, 늙으신 부모를 모시는 자들은 부모를 위해서 무언가 훔치고 무언가 빼앗을 수도 있다. 생계형범죄는 절대적 생존을 위하여 범죄를 저지르는 것이 아닌 상대적 생존을 위한 범죄라고 이해하는 것이 맞다.

비록 상대적 생존을 위해서이기는 하지만 이들을 처벌하는 것이 옳은가에 대한 의문도 제기되고 있다. 아들의 수학여행경비를 마련하기 위해 도둑질을 한 아버지, 늙은 어머니의 치료비를 마련하기 위해 도둑질을 한

아들과 같이 저마다 안타까운 사연을 가진 이 사람들을 처벌해야하는가에 대해 바로 '처벌해야 한다'는 대답을 쉽게 도출하기는 어렵다.

그렇지만 조금만 깊게 생각해보면 답은 하나일 수밖에 없다. 아무리 안타까운 사연을 가지고 저지른 범죄라고 해도 범죄를 저지른 이상 처벌을 받아야 한다. 안타깝고 불쌍하다고 처벌을 하지 않는다면 국가는 국민에게 범죄를 저지를 기회를 용인하는 것과 다를 바 없다. 안타까운 사연을 가진 사람들은 수도 없이 많이 생겨날 테고 그때마다 그들의 사정을 생각해 봐준다면 누구나 범죄를 저지를 수 있다. 물론 흉악범과 생계형범죄자는 엄연히 다르지만, 생계형범죄는 조금 위법하고 흉악범은 많이 위법한 것이라고 말할 수 있는 것은 아니다. 생계형범죄든 흉악범죄든 법규를 위반했다는 측면에서는 동일하다. 도덕적 비난을 어느 정도 받을 것인지 죄에 따른 처벌을 얼마나 받을 것인지는 그다음의 문제이다. 그러니 생계형범죄도 위법한 범죄로서 처벌대상이 되는 것은 당연하다.

생계형범죄를 논할 때 누구나 하는 언급되는 말이 있다.

"그렇다고 그런 상황에 있는 모든 사람들이 그렇게 하지는 않는다."

위의 표현은 일반적으로 부도덕한 일을 저지른 사람을 상대로 이야기할 때 동일한 표현이기도 하다. 생계형범죄의 사정을 이해할 수 있으나 그렇다고 범죄 자체를 용인할 수는 없다고 보는 것이다.

생계형범죄란 단지 범죄의 동기가 자신이나 가족 등의 생계를 위한 어쩌면 어쩔 수 없는 행동이었다는 것이지 그렇다고 결코 범죄행위가 아니거나 책임이 없어지는 것은 아니다. 법규범을 알고 처벌당할 것을 알기에 아무리 배를 곯고 부족하게 살아도 남의 물건을 훔치지 않는 것이 보통 사람들의 생각이다. 그리고 그런 보통의 사람들이 앞으로도 그렇게 살아가기 위해서는 아무리 안타까운 생계형범죄자라 해도 정상을 참작하여 처벌이 경감될 수는 있을지는 모르지만 반드시 처벌을 해야 할 필요가 있다.

범죄학에서는 이런 원리를 '일반예방General deterrence'이라고 한다. 범죄자를 처벌해서 다시 범죄를 저지르지 못하게 하는 직접적인 예방이 아니라 범죄자를 처벌하여 일반사람들도 그것을 보고 범죄를 저지르지 않도록 경고하여 대중의 범죄동기를 억제하는 것이다.

생계형범죄를 그 예로 들자면 우리 사회엔 너무 많은 잠재적 생계형범죄자가 존재한다. 우리나라가 못살고 빈곤한 사람들을 위한 복지가 뛰어나게 잘 갖춰진 나라도 아니고, 날이 갈수록 커져만 가는 빈부격차가 많은 사람을 잠재적 생계형범죄자로 만들고 있다. 지하철에서 폐지를 모으는 사람도 점점 늘어나고 무료급식소에 찾아오는 노인과 노숙자도 점점 많아지고 있는 현실이다. 그런 사람들이 모두 "아! 나도 그냥 남의 것을 훔치고 봐달라고 해야겠다"라고 생각한다면 사회는 혼란에 빠지고 전쟁터와 다를 바가 없게 바뀔 것이다. 생계형범죄를 비난하고 도와주는 것은 그 다음 문제이다.

일반예방은 전반적인 사회의 안정을 위하여 중요하다. 법을 위반했다면 처벌을 받는 것이 마땅하다. 범죄의 처벌보다 예방이 더욱 중요하다는 것은 사법기관에서 일하는 사람이라면 누구나 동의하지만, 그 예방의 방법의 하나로 가장 확실한 것은 처벌이기도 하다. 그러한 의미에서 생계형범죄라는 의미 또한 무색하다. 생계형범죄가 아니라 그냥 범죄와 다를 바 없는 것이다.

사실 생계형범죄라는 용어자체는 학문의 편의를 위해서, 아니면 이해를 더 쉽게 시키기 위해서 언론에 의해 만들어진 신조어에 지나지 않는 것이다. 즉, 범죄행위의 분류 중에서 동기에 따른 분류로서 범행의 동기가 생계를 위한 것이었다는 점을 강조하기 위해 붙여진 이름이다. 당연히 모든 범죄는 단지 범죄일 뿐 처벌을 받는 것이 마땅하다.

## 경제성장에 가려진 생계형범죄 어떻게 하나

지난해 한국 경제가 6.1% 성장하면서 8년 만에 최고 성장률을 기록했다. 경제협력개발기구, OECD 국가 중 터키 다음으로 가장 높은 성장률을 기록한 것이다. 또한 주가지수 2000선 안착과 세계 7대 무역대국으로의 도약 등 그동안 우리 경제는 상당한 성과를 냈다.

그러나 경제성장의 다른 한편에는 우리 사회가 해결해야 할 난제들이 여전히 자리 잡고 있다. 가계부채와 청년실업, 높은 물가 등 서민들의 걱정거리가 한둘이 아니다. 특히 빈부격차 등 우리 사회의 양극화 현상은 좀처럼 좁혀지지 않고 있는 현실이다. 극심한 생활고를 겪고 있는 계층은 아무리 노력을 해도 빛이 보이지 않는다며 고개를 떨구고 있다.

생계형범죄도 이어지고 있어 소식을 접하는 사람들의 마음을 무겁게 한다.

윤모군은 또 영어를 공부하려고 책을 훔친 사실도 경찰조사에서 드러났다. 윤모 군의 형은 26일 'CBS 변상욱의 뉴스쇼'에 출연해 "경찰서에서 동생도 울었다"며 "동생이 반성을 많이 하고 있다"고 밝혔다.

지난 13일에는 한 지하철 역 출구 앞에서 60대 노인이 배포용 무가지 한 뭉치를 훔치다 적발됐다. 김 씨는 "2년째 간암 투병 중인데 돈이 없어 약값을 마련하려고 훔쳤다"고 경찰에서 진술했다.

극빈층이 생활필수품이나 건축자재를 훔치는 사례도 잇따르고 있다.

독거노인 박 모 씨는 지난 4일 서울 신림동 한 마트에서 라면과 참치캔 등을 훔치다 불구속 입건됐다. 또 김 모 씨는 광주 남구 주월동 옛 화니백화점 건물에서 20만원 상당의 동파이프 2개를 훔친 사실이 발각됐다.

한편 정부는 생계형범죄자 등에게 사회봉사활동을 하는 조건으로 처벌을 면제해 기소유예하는 제도를 추진하고 있다.

[최승진 기재
출처: 노컷뉴스, 2011. 1. 26.

가정주부 A씨(31·여)는 최근 장안구 모 마트에서 물건을 훔치다 발각돼 경찰에 입건됐다. 생활고에 허덕이던 A씨는 가방에 물건을 넣고 계산대를 그냥 통과하는 방법으로 반팔티셔츠, 고사리, 청국장, 애호박, 파프리카 등을 몰래 가지고 나왔다. 이 물건들을 모두 합해봐야 고작 4만원 상당. A씨는 경찰 조사에서 먹고 살기가 너무 힘들었다며 선처를 호소한 것으로 전해졌다.

역시 생활고 때문에 대학에 진학하지 못했던 B(22·여)씨는 최근 못 다 이룬 꿈을 이루기 위해 대학수학능력시험에 응시하려는 계획을 세웠다. 하지만 값비싼 학용품과 교재 값을 감당하지 못해 고민을 거듭하다 결국 얼마 전 영통구와 팔달구 소재 대형마트와 서점에서 만년필 한 자루와 수능특강 교재 6권(6만8000원 상당)을 훔치다 주인에게 발각돼 입건됐다.

지속되는 경제난 속에 수원 곳곳에서 생계형범죄가 벌어지고 있다. 특히 영업난에 민감해진 일부 피해자들이 강력 처벌을 원하는 경우가 많아 이를 바라보는 시민들은 씁쓸함을 감추지 못하고 있다. 생활고와 경제난에 허덕이다 순간의 유혹을 이기지 못하고 범죄를 저지르는 경우가 태반인데다 피해 액수도 적은 경우가 많지만, 전후 상황도 듣지 않고 처벌을 원하는 경우가 늘고 있다는 것이다.

팔달구 C마트 사장 한모(52)씨는 "경기가 어렵다 보니 담배 한 갑, 음료수 한 개 훔쳐가는 사람들도 봐주기 싫어지는 것이 당연한 것 아니냐"며 "우리가게에서 물건을 훔친다면 나라도 액수를 막론하고 경찰에 신고할 것"이라고 힘줘 말했다.

실제로 지난 9일 팔달구에서 2만원 상당의 학용품을 훔친 40대 남성이 주인의 신고로 입건되기도 했으며 지난 11일에는 팔달구 한 공사현장 창고에서 배고픔에 컵라면을 꺼내 먹은 10대 남학생이 붙잡히는 등 수원 각 경찰서에는 하루에도 2~3건의 생계형범죄가 접수되고 있는 상황이다.

경찰 관계자는 "피해자가 사정을 듣고 봐주는 사례까지 포함하면 하루에도 수십 건에 달하는 생계형범죄가 발생하는 것으로 파악 된다"며 "최근에는 적은 액수의 손해를 입은 피해자가 사정도 듣지 않고 강력하게 처벌해 달라고 요청하는 경우도 적지 않아, 안타까운 장면이 연출되기도 한다"고 전했다.

[차차웅 기자]
출처: 수원일보, 2010. 4. 16.

## 경제사범의 추세

### 경제사범 발생 정도

2001년도118,707명를 저점으로 2004년155,854명 전년대비 12.4% 증가까지 경제사범이 꾸준히 증가하였다가, 2005년도 감소141,101명 전년대비 -9.5%, 2006년도 증가156,250명 전년대비 10.7%한 후 2007년도 큰 폭으로 감소122,856명 전년대비 -21.4%하였다가 2008년도에 증가180,749명 전년대비 47.1%하였고 2009년도에는 소폭증가184,288명 전년대비 1.95%하였다가 2010년도에는 대폭 109,197명 전년대비 -40.7%감소하였고 2011년도에는 소폭110,525명 전년대비 1.2% 증가.

### 경제사범 처리 현황

구공판율구공판/전체처리계을 살펴보면, 1998년도 14.7%, 1999년도 12.2%, 2000년도 11.4%, 2001년도 12.9%, 2002년도 13.0%, 2003년도 12.2%, 2004년도 9.5%, 2005년도 8.6%, 2006년도 8.7%, 2007년도 9.7%, 2008년도 6.1%, 2009년도 5.9%, 2010년도 8.8%, 2011년도 8.2%, 2012년도 7.0%, 2013년도 7.4%임.

구약식율구약식/전체처리계을 살펴보면, 1998년도 27.9%, 1999년도 32.5%, 2000년도 39.0%, 2001년도 37.5%, 2002년도 41.0%, 2003년도 39.0%, 2004년도 38.4%, 2005년도 32.1%, 2006년도 30.7%, 2007년도 21.1%, 2008년도 15.2%,2009년도 14.0%, 2010년 19.9%, 2011년 17.4%, 2012년도 16.3%, 2013년도 16.1%임.

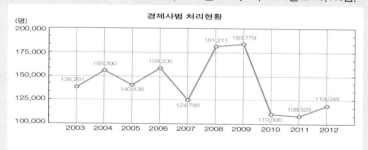

출처: 대검찰청(검찰통계시스템)14

---

14 http://www.index.go.kr/egams/stts/jsp/potal/stts/PO_STTS_IdxMain.jsp?idx_cd=1740.

# 범죄는
## 계층갈등의 산물인가

    법의 생성기원에서 언급된 갈등론은 범죄원인을 계급갈등의 소산이라고 주장하고 있다. 실제로 갈등론자들은 범죄가 발생하는 원인을 지배계층과 피지배계층의 갈등의 산물이라고 보고 있다.

    갈등론자들에 의하면, 사회는 서로 다른 가치관과 이익을 추구하는 집단들로 구성되며, 그러한 집단들의 갈등이 형성될 때 국가는 갈등관계에 있는 집단 간의 중재역할을 해야 하고 사회 전체의 이익과 가치를 보호하여야 한다고 보았다. 하지만, 국가는 국가의 운영을 통제할 수 있는 충분한 힘을 가진 집단에 의하여 국가의 본질적인 역할을 상실하고 국가운영을 통제하는 집단의 이익과 가치를 대변하는 역할로 변질되었다고 해석한다.

    따라서 그들에게 있어서 범죄란 피지배계층을 통제하기 위한 지배계층의 억압적 노력의 결과라고 본다. 이러한 면을 가장 잘 보여주는 근거로 제시하는 것이 바로 피지배계층을 쉽게 통제하기 위해 피지배 하위계층의 행위를 주로 범죄행위로 규정하는 형법의 형태라고 주장한다.

    결국, 갈등론자들 입장에서 법이란 지배계층의 가치와 신념의 표현이며 형사사법기관은 지배계층의 사회통제기제에 불과하며 범죄란 그 사회의 부와 권력의 불공정한 분배에 대한 반응이라고 해석한다.

## 지배계층에 의한 법의 지배

지배계층이 법의 잣대로 피지배계층을 범죄라는 이름으로 통제하려는 가장 큰 이유는 지배계층의 기득권을 보호하기 위해서라고 볼 수 있다.

법을 이용해 범죄를 통제하여 기득권을 지킬 수밖에 없는 두 가지 이유가 있다.

하나는 지배계층의 숫자는 전체 사회에서 보았을 때, 극히 일부에 지나지 않고 수적으로 소수에 불과하여 지배계층의 우월적인 지위를 유지하기가 어렵기 때문에 법의 이름으로 제도화할 필요가 있었다고 본다.

두 번째는 법을 통한 범죄의 제정으로 지배계층은 자신들의 행위에 대한 관심을 다른 곳으로 돌리고 피지배계층의 행위를 범죄로 부각시킴으로써 관심을 집중시킬 수 있기 때문이다.

우리나라에서 가장 대표적인 예가 과거 1991년의 대기업의 낙동강 페놀오염사건을 들 수 있다. 그 당시 중독성 물질이 낙동강에 유출되어 낙동강의 식수처리가 아예 불가능할 정도로 오염되었다. 이렇게 심각한 사건에도 불구하고 유출기업에 대한 처분은 영업정지 30일에 불과했고 그마저도 고의성이 없다는 이유로 20일만에 영업을 재개할 수 있었다.

오래전 낙동강 페놀오염사건과 같은 가진 자나 지배계층이 주로 행하기 쉬운 사회적 해악행위들은 그 피해의 정도, 범위와 규모가 훨씬 큼에도 불구하고 형벌로 처벌하기보다 행정벌로 다루고 있는 반면, 피지배계층이 주로 범하는 절도나 강도와 같은 전통적인 노상범죄행위에 대해서는 엄격히 형법으로 규정하고 형벌로 처벌하고 있다는 점이 갈등론자들의 주장을 지지하고 있다.

낙동강 페놀오염사건들과 같은 사례로 살펴볼 때, 법과 사법제도 모두가 지배계층의 기득권 보호를 위한 수단에 지나지 않는다는 그들의 주장도 상당부분 일리가 있다고 받아들여진다. 그런 점에서 Marx주의자와 같

낙동강 페놀오염사건

은 보다 극단적인 주창자들은 심지어 사회경제적 계층화와 계층 간의 괴리를 심화시킨다고 보는 자본주의사회가 존재하는 한 범죄는 없어질 수 없다고 표현하기도 한다.

지배계층이 자신들의 기득권을 보호하기 위하여 설치한 법이라는 그물망을 뚫지 않고는 피지배계층의 생존이 어렵고 따라서 그 그물망을 뚫고자 할 수밖에 없으며 그물망을 뚫는다는 것은 바로 법을 어기는 범죄행위가 되기 때문에 피지배계층의 범죄행위는 계속될 수밖에 없다고 본다. 이러한 현상은 마치 가정에서 부자 간 갈등이 생길 때 힘이 있는 아버지의 입장에서 갈등이 정리되는 것과 비슷하다.

갈등론적 범죄관을 요약하자면, 갈등론자들은 범죄는 부, 권력, 또는 지위에 의해서 영향을 받게 되는 것으로 인식하기 때문에 이들의 관점에서는 다분히 법률적으로 규정되기는 하지만 오히려 사회경제적인 그리고 정치적인 색채가 짙다고 주장한다. 그래서 갈등론자들은 범죄의 정의도 정치적으로 조직된 사회에서 지배계급에 의해 만들어지기 때문에 지배계급의 이익과 갈등을 초래하는 행위로 이루어진다고 본다.

결국, 이들은 법으로 제정된 범죄가 피지배집단을 대상으로 지배집단의 지위와 권한을 보호하기 위해 고안된 정치적 개념으로 파악하고 있다.

## 전통적 범죄에 대한 갈등론자들의 입장

범죄가 기득권층의 사회지배를 위한 장치라고 하더라도 모든 범죄를 지배계층의 기득권보호를 위한 규제로만 보기에는 어렵다는 주장이 존재한다. 예를 들어, 살인이나 강간과 같은 전통적 범죄는 계층갈등과 상관없이 오래전부터 범죄로 규정되어 있었기 때문이다.

즉, 살인이나 강간과 같은 범죄는 모든 종류의 집단과 계급에 의해서 수용되는 것이지 지배집단이나 계급의 이익을 보호하기 위한 것은 아니라는 점을 갈등론자들이 간과하고 있다고 주장하는 것이다. 그러나 갈등론자들은 살인과 강간도 엄격한 의미에서는 지배집단의 기득권이 보호되는 차원에서 다루어지고 있다 주장한다.

갈등론자들은 지배계층이 피지배계층의 위협으로부터 자신들의 신체와 생명을 보호하기 위하여 살인과 강간을 중요한 범죄로 규정하고 엄격하게 처벌한다고 주장한다. 즉, 갈등론자들의 시각에서는 살인과 강간을 중요범죄로 규정한 이유가 가진 자들의 목숨과 성性이 더 가치 있다고 보고 있기 때문이라고 말한다. 이러한 점을 잘 보여주는 비근한 예로 흔히들 미국에서는 백인이 흑인을 살해하거나 강간했을 때보다 흑인이 같은 범죄를 저질렀을 때 상대적으로 더 무거운 처벌을 받고 있다는 사실을 들기도 한다.

### 갈등이론의 평가

갈등이론은 이론적인 측면에서 '갈등'이라는 개념을 중시하고 있음에도 불구하고 개념 자체가 명확하게 정의되지 못하고 있다.

갈등이론이 사회의 법률·규칙·규범 등의 제정과 집행을 이해하려는 관점이라면 그에 따른 상당한 공헌이 인정되어야 하나 대부분의 법은 권력집단의 이익을 반영할 뿐이라는 주장에 대중들은 그 이견을 같이 하고 있다. 그리고 살인, 강도, 강간, 유괴 등과 같이 집행되는 많은 법들은 무시되거나 설명하기 곤란한 면을 가지고 있다.

한편, 갈등론자들은 계층갈등이 부의 불평등한 분배 때문에 야기되었으며, 바로 이것이 범죄문제의 근원이라고 주장하였으나 사실은 사회의 경제적 계층화로 인하여 사람들이 열심히 노력하고 부를 축적하는 등의 긍정적인 면과 동기를 자극하는 부분들이 많이 상실되었기 때문이다. 그럼에도 불구하고 일탈이나 범죄의 원인이 잉여 노동계급의 실업 때문이라고 본 시각들은 실제로 많은 연구결과 실업과 범죄는 그리 많은 상관관계를 갖지 않는 것으로 나타났다. 즉, 오히려 범죄는 실업기보다 풍요와 기회가 많이 제공되는 번성기에 더 많이 발생한다는 결과를 볼 때 이 주장은 약간 문제가 있다고 해야 할 것이다. 그리고 대부분의 갈등이론에서는 생산수단의 소유와 통제를 동일한 것으로 잘못 이해하고 있다. 즉, 생산수단의 소유는 사실 주식을 사는 등의 방법을 통하여 모든 사람들에게 공개되어 있고, 또한 생산수단의 소유자가 반드시 그 수단을 관리·통제하지도 않는다. 여기에 대한 대부분의 경우 생산수단의 통제와 관리는 관리자, 경영인 그리고 관료에 의해서 이루어지고 있다.

지금까지 제기된 여러 가지 비판적 지적들 중 가장 심하게 지적되는 것은 갈등이론이 갖는 적용범위의 한계일 것이다. 단적으로 말해, 갈등이론은 이념적 또는 정치적 대치에 관계된 개인과 집단의 행위를 분석하는 데 가장 적합한 이론으로 평가받고 있다. 즉, 정치적 범죄가 집단갈등에 의해서 야기된다고 가정한다면 지극히 당연한 주장이 되겠지만 비정치적 전통범죄까지도 집단갈등의 소산이라고 가정하기엔 여러 가지 한계가 있는 것이다. 물론 이러한 비판에 대해서 갈등론자들은 상당수의 전통범죄까지도 자신의 범죄를 정치적인 것으로 간주하고 있다고 주장한다. 또한 경미한 일탈행위의 설명에는 부적합하다는 비판에 대해서도 그 일탈 자체가 크게 심각한 것이 못 되기 때문에 정치적으로 집행하고 법을 제정할 필요가 없을 따름이라고 반박하고 있다. 그러나 대표적으로 경미한 일탈이라고 할 수 있는 도박의 경우 자본주의의 가치에 도전함으로써 권력집단의 이익을 위협하는 것임에는 틀림없다.[15] 또한 갈등이론의 주장대로 범죄가 권력집단의 이익을 보호하기 위한 법률의 위반이라면, 과연 강간이나 아동학대와 같은 범죄도 가진 자를 위하여 못 가진 사람을 희생양으로 삼은 범죄일 수 있는가? 이것은 물론 이들 범죄와 관련된 법률의 집행과 운용에 있어서 어느 정도 차별이 있을 수 있으나 법 그 자체는 사회의 모든 구성원의 이익과 합의를 반영하는 것임에 틀림없기 때문에 단순히 계층질서만을 유지하기 위한 목적에서 행해진 범죄라고 보기

---

15 Ronald Akers, Deviant Behavior: A social Learning Approach, Belmont, CA: Wadsworth, 1977, p. 28; John Hepburn, "Social Control and The Legal Oreder: Legitimated Repression in a Capitalist Society," Contemporary Crisis 1(1977), p. 84.

에는 어렵다. 더구나 이 점에 있어서는 폭력범죄의 피해자가 중상류층보다 하류층에 더 많다는 사실을 감안할 때 더욱 문제시될 수 있다. 따라서 갈등론자들의 주장처럼 형벌이 계층질서를 유지하기 위해서만 적용된다는 것에는 어폐가 있다고 보여 진다. 나아가 대부분의 범죄가 하위계층에 의해서 이루어지며 그 이유는 자본주의사회에서 자신의 생존을 위하여 불가피하게 가진 자에게서 훔칠 수밖에 없었다는 갈등론자들의 주장은 대부분의 절도가 생존을 위한 곤궁범죄라기보다 향락과 유흥을 위한 경우가 허다하다는 현실을 고려해 볼 때 더욱 문제시되지 않을 수 없는 것이다. 또한 자기보고식 조사결과 알 수 있는 범죄성의 계층별 차이가 없다는 사실과 범죄통계상 점증하고 있는 중상류층 범죄와 비행 등을 고려할 때 갈등이론의 적용범위는 상당히 제한될 수밖에 없는 것이다.[16]

---

16 Jackson Toby, "The New Criminology is the old Sentimentality," Criminology 16(1979), pp. 513-526.

## 범죄도<br>학습의 결과인가

## 범죄도 유유상종?

경찰서나 지구대에 자녀들 문제로 불려온 부모들은 대부분 자기 자녀를 두둔하면서 친구 잘못 만나서 나빠졌다고 친구를 탓하는 말을 많이 한다. 이러한 부모들의 말은 새삼스러운 것이 아니다. 과거부터 주변 환경의 중요성을 언급한 말들은 많이 있어왔다.

중국의 춘추전국시대에 묵자[17]는 주변환경의 중요성에 대하여 강조하면서 말하길, '근주자적 근묵자흑近朱者赤 近墨者黑'이라고 표현했다. 의미를 살펴보면 붉은 인주를 가까이 하는 자는 붉게 변하고 먹을 가까이 하는 자는 검게 변한다는 뜻이다. 의미에서 알 수 있듯이 주변환경에 따라 사람이 변화할 수 있다고 강조하며, 주변환경의 중요성을 표현하고 있다.

우리 속담에서도 비슷한 말이 있는데 "친구따라 강남간다"는 말이다. 친구가 가는 곳이면 어디나 같이 간다는 말이다. 그 만큼 친구의 영향성이 크게 미친다는 것이다.

---

17 중국 춘추전국시대에 묵가사상을 주창한 사상가 중 하나로 타인을 서로 사랑하고 타인의 이익을 서로 높이는 '비공(非攻)'과 '겸애(兼愛)'를 주장했다. 네이버 지식백과, 묵자(墨子)(임석진 외, 「철학사전」, 중원문화, 2009).

예부터 언급해온 주변 환경의 중요성은 사회화와 관련이 있다. 인간이 태어나면서 진행되는 사회화는 성장하면서 접촉하게 되는 여러 사람들의 영향을 받으며 이루어지게 마련인데, 특히 청소년기에는 또래의 영향력이 가장 크기 마련이다. 그래서 성장기에 교제하는 친구집단에 따라 보고, 듣고, 배우는 것이 달라지기 마련이고 그래서 비행소년과 같은 나쁜 친구를 접하게 되면 나쁜 것들을 보고, 듣고, 배우게 되기 쉽다.

이러한 주장이 바로 그 유명한 범죄학의 아버지라고 하는 서덜랜드Sutherland 교수의 '차별적 접촉Differential Association' 이론이다. 접촉하는 집단의 차이에 따라 그 사람의 행동이 정해지며 비행집단과 접촉하여 범죄를 학습하기 때문에 범죄자가 된다는 설명이다.

물론 성장기에는 친구뿐 아니라 부모나 교사의 영향력도 크다. 흔히 가정은 '일차적 사회화 기관Primary Socialization Agency'이라고 하며, 학교를 '이차적 사회화 기관Secondary Socialization Agency'이라고 하고 있다. 가정과 학교가 청소년들에게 있어서 가장 중요한 타인Significant Others이기 때문에 당연히 부모나 교사도 사회화에 의미 있는 인물들이다. 그러나 비교적 어린 시절에는 이들의 영향력이 크지만, 사춘기가 시작되면 누군가로부터 간섭받는 것을 싫어하게 되고, 부모나 교사를 자신의 행동을 통제하거나 감시하는 사람으로 여기게 되면서 이들로부터 멀어지려고 하게 된다. 동시에 평등한 관계에 있고, 비슷한 생각과 고민을 가지고 있는 또래에게 많이 의지하게 되고, 또래들과 함께 집단적으로 행동을 하게 마련이다.[18]

일반적으로 비행을 저지르는 아이들이 비행을 저지르지 않는 아이들보다 또래에게 느끼는 애착 정도가 더 강하다. 많은 학자들의 연구에 따르면, 비행성향이 강한 아이들이 그렇지 않은 아이들보다 또래집단과 보다 많은 시간을 가지는 것으로 나타났고, 애착도 더 강해지기 마련이라고 말

---

18 Giddens, Anthony, Sociology, Blackwell Publishing, 2001, 김미숙 외(역), 『현대사회학』, 을유문화사, 2007, pp. 96-98.

한다. 부모의 감독이나 통제가 덜한 아이들일수록 행동이 보다 자유로울 가능성이 클 것이고, 또래들과 더 많은 시간을 보낼 가능성이 높다. 아이들에 대한 감독이나 통제에 관심이 없는 부모 또한 자녀가 어떠한 친구들과 어울려 다니는지, 혹은 무엇을 함께 하는지 등에 별다른 관심을 가지지 않거나, 간섭을 크게 하지 않게 되며, 그런 부모의 자녀들은 비행또래들과 접촉할 가능성이 보다 높아진다.

## 청소년기 아이들의 비행

청소년 범죄의 특징 중 하나가 바로 집단성이다. 청소년기에 나타나는 비행행위는 개별적이기 보다는 집단적으로 이루어지는 것이다.

'질풍노도의 시기'라고 했던 홀Hall의 말처럼, 청소년기에는 가치관이나 정체성이 확고하게 자리 잡지 못해 주변의 유혹에 쉽게 흔들리기도 하고, 충동적이고 즉흥적으로 행동하기 쉬운 시기이다. 따라서 감독자나 통제자의 영역에서 벗어난 곳에서 여러 가지 유혹에 쉽게 빠져들게 마련이다.

현대사회처럼 아이들이 유해한 환경에 너무 많이 그리고 쉽게 노출되고 있는 경우는 없었다. 즉, 위험스러운 상황이나 기회에 노출된 청소년들은 개별적으로는 엄두를 내지 못하지만 집단 속에 속해 있을 때에는 더욱 큰 용기를 가지게 되는 것이다.

청소년 혼자의 단독 비행은 거의 일어나지 않으나 집단적으로 일어나기 쉽다. 왜냐하면 청소년기에는 부모나 교사로부터 인정을 받는 것도 중요하지만, 또래집단으로부터 인정받는 것도 중요하게 여기기 때문이다. 그렇게 해서 또래집단에서 소속되고 인정받기를 원한다. 더구나 혼자서 나쁜 짓을 저지르면 크게 죄의식을 가지게 되지만, 또래들과 함께 저지르게 되면 죄의식도 희박해져 비행행위를 범하기 쉬워진다. 그래서 청소년들이 저지르는 비행은 집단적으로 발생한다는 특징이 있다.

그래서 청소년기의 아이들은 친구들로부터 인정을 받기 위하여 무모한 용기를 내기도 하며 과장된 행동도 서슴없이 하는 경향이 있다.

이러한 청소년기의 비행에는 특정 경로를 바탕으로 비행을 저지르게 된다. 많은 학자들의 연구에 따르면, 청소년들이 비행을 저지르게 만드는 요인들 중 학자들 간에 이견異見이 거의 없는 인자가 바로 비행또래 접촉이다. 비행을 저지르는 아이들의 상당수가 그렇지 않은 아이들보다 비행또래 접촉이 큰 것으로 나타나고 있다. 물론 비행또래 접촉이 많은 아이들 모두가 비행소년이 되는 것은 아니지만, 그럴 가능성이 높다고 예측할 수 있다. 문제는 비행또래와 접촉이 잦은 아이들의 경우 보다 위험수준이 높은 상황, 즉 비행이나 문제 행동을 유인하거나 유발시킬 가능성이 높은 기회에 더 많이 노출될 가능성이 크다.[19]


## Mass Media와 모방범죄

최근 우리나라에서 청소년들의 성범죄가 급증하고 있어 사회적으로 큰 문제가 되고 있다. 일각에서는 청소년 성범죄의 증가가 영화나 TV 등과 같은 매스미디어의 부작용이라는 견해가 있다. 청소년들이 영화나 TV 속의 범죄를 보고 배워서 모방한다는 주장이 대표적이다. 따라서 실제로 영화나 TV 등 매스미디어가 모방범죄를 유발하는 데 영향을 미치는지 알아볼 필요가 있다.

요즘 영화나 TV는 물론이고 인터넷에서 폭력적이고 자극적인 영상물이 범람하고 있다. 폭력적이고 자극적인 매스미디어의 홍수 속에서 살고 있는 현대사회에서 모방범죄Copycat Crimes의 발생은 어쩌면 당연한 것이라고도 할 수 있다. 몇 해 전 우리나라에서 끔찍한 살인 사건이, 수업 중인 교

19 D. L. Haynie, & D. W. Osgood, "Reconsidering Peers and Delinquency: How do peers matter?," Social Forces 84(2), 2005, pp. 1110-1111.

실에서 발생을 하여 사회적으로 큰 충격을 주었던 적이 있었는데 이 사건에서 가해 학생은 특정영화를 보면서 범행충동을 느꼈다고 말했다. 이런 사건을 계기로 사회에서 모방범죄에 대한 관심이 더욱 높아졌다.

수사반장(MBC, 1971)

모래시계(SBS, 1995)

이러한 매스미디어의 모방범죄의 영향은 오늘날만의 일은 아니었다. 과거에도 이러한 영향은 존재했다. 예를 들어 지금 50~60대가 청소년기였던 시절 많은 인기를 얻었던 ≪수사반장≫이라는 방송 드라마가 청소년들의 모방범죄에 많은 영향을 미친 것으로 알려지고 있다. 당시 다수의 비행소년들이 경찰이나 사법기관의 조사과정에서 자신의 범행수법을 텔레비전에 나오는 ≪수사반장≫을 보고 배웠다고 진술했기 때문이다. 더 보편적인 예를 들자면, 오래전 한 방송국의 드라마였던 ≪모래시계≫가 한창 인기리에 방영되던 시절에는 초등학생들의 장래희망이 '깡패'였던 적도 있다.

이런 상황은 비교적 최근까지도 계속되고 있는데, 영화 ≪친구≫와 같은 경우, 800만 명 이상의 관객을 끌어 모았을 정도로 엄청난 인기를 얻었다. 문제는 이러한 인기영화를 본뜬 모방범죄가 많이 발생했다는 것이다. 지나친 폭력성 묘사로 청소년들이 폭력범죄를 모방하고 있다는 보도가 많이 나왔던 영화 중에 하나였다.

친구(곽경택, 2001년 作)

실제로 앞에서의 범행 직후 그 학생은 영화 ≪친구≫를 평소에 여러 번 보았다고 경찰에 진술해 매스미디어와 모방범죄의 관계에 대해서 많은 사회적 관심을 불러 일으켰다.

이 사건 뿐만 아니라 영화 ≪그놈 목소리≫를 모방한 초등학생 유괴사 건도 발생했었다. 이런 사건들에 비추 어볼 때 결국 영화나 TV 등 매스미디 어가 모방범죄의 일차적 원인이 된다고 주장하는 이들도 있다. 하지만 매스미 디어가 범죄율에 있어서 상당히 중요한 요소임에는 틀림이 없지만 그 영향의 정도와 특성은 결정적이라고 보기는 어 렵다. 모든 사람들이 범죄 영화나 드라 마를 본다고 모두가 범죄를 저지르는 것은 아니듯이 범죄를 저지를 의도가 전혀 없는 사람이 영화나 TV를 보고 갑

그놈 목소리(박진표, 2007년 作)

자기 범죄를 저지르는 것은 아니기 때문이다. 범죄의 의도가 전혀 없는 사 람에게는 매스미디어의 역할이 크지 않지만, 범죄의 의도가 있는 사람에게 는 범죄를 촉진시키는 촉진제 역할을 할 수 있다는 것은 확실하다.

범죄예방을 명분으로 제작된 영상물들도 내용 속의 범죄 수법으로 인하여 사람들이 이를 모방해서 범죄를 저지르는 경우가 존재한다. 보통의 일반적인 사람들은 범죄예방 프로그램을 보고 범죄를 예방하는 방법을 배우게 되는데, 범죄의 동기가 있는 사람들은 그것을 역이용해서 범행을 저지르는 것이다.

대중매체와 모방범죄의 상관성을 연구한 버코비츠Berkowitz, 1984는 대중매 체의 묘사가 유사한 행위를 활성화시킬 수 있는 기제가 될 수 있다고 주 장했다. 이를 기폭제 효과Priming effects라고 하는데, 이는 대중매체가 특정한 행위를 묘사함으로써 시청자가 반드시 동일하지는 않지만 유사하게 행동 할 가능성을 증대시키는 시청자의 유관 개념과 생각 등을 다소간 활성화

시킬 수 있다는 것이다. 그런데 이 기폭제 효과는 대중매체의 내용, 시청자의 해석, 시청자의 특성, 그리고 시청여건 등을 포함하는 다양한 요인들이 상호 복합적으로 작용하여 하나의 결과를 만들어 낸다고 보았다.

정리하자면 매스미디어와 범죄는 완벽한 인과관계가 있는 것이 아니라 범죄를 촉진시킬 수 있는 기폭제 역할을 한다고 볼 수 있는 것이다. 이러한 현상으로 인하여 혹자들은 모방범죄를 뿌리뽑기 위해서는 범죄 관련 영화나 드라마 등 범죄에 관련된 모든 프로그램의 제작을 금지해야 한다고 주장하기도 한다.

하지만 그런 조치는 교통사고가 많이 발생한다고 자동차를 모두 없애자는 말과 같다. 하지만 현실적으로 교통사고 때문에 자동차를 없애지는 못한다. 이처럼 모방범죄를 우려해 영화도, 드라마도 만들지 않는다는 것은 현실적인 대안이 될 수 없다. 교통사고가 나지 않도록 여러 가지 제도적인 장치를 마련하듯이 매스미디어가 모방범죄를 촉진시키는 것을 방지하기 위해서는 다각적인 노력을 경주傾注하는 것이 필요하다.


## 모방범죄를 예방하기 위한 노력

그러면 이러한 모방범죄를 효과적으로 예방하기 위해서는 어떠한 노력을 하는 것이 좋을까.

지금처럼 각종 미디어들이 마치 경쟁이나 하듯 선정적이고 폭력적인 프로그램을 내놓고 있는데 모방범죄를 미연에 방지하기 위해서 무엇인가 대책을 강구해야 한다. 각종 매스미디어들의 무분별한 시청률 경쟁으로 폭력성과 선정성이 난무하는 환경 속에서 생활하는 현대인들로 하여금 모방범죄를 미연에 방지하기 위해서는 우리 모두의 노력이 필요하다.

우선 모방범죄를 억제하고 미디어의 영향을 감소시키기 위하여 미디어의 폭력성 및 범죄 수준에 대한 적절한 통제를 해야 한다. 범죄에 악용될 수 있는 내용들을 최대한 걸러낼 수 있도록 통제기관의 공정하고 타당한 활동이 이루어져야 한다. 미디어의 통제기관은 국민의 알권리와 영화 및 드라마, 언론기관에서의 표현의 자유 등 헌법상 기본권과 상충되는 역할을 해야 하기 때문에 치밀한 전략을 수립하고 다각적으로 접근해야 한다.

또한 미디어를 소비하는 시민들 역시 올바른 판단력을 배양할 수 있도록 적절한 시청교육이 요청된다. 모방범죄라는 것이 미디어의 일방적인 영향력에 의해 발생하는 것이 아니기 때문에 미디어를 소비하는 수용자가 어떻게 받아들이는가에 따라 미디어의 영향력도 달라질 수밖에 없다. 따라서 미디어의 건전하고, 바람직한 활용을 위한 체계적인 교육을 실시하여야 한다. 결국 시청자, 특히 아동과 청소년들에게 적절한 시청지도가 필요하다고 볼 수 있다.

이를 서양에서는 미디어에 대한 시청각 교육으로 'Media Literacy Skill'을 실시하고 있다. 이 교육은 우리말로 해석하면 '언론 교양술'이라고 할 수 있는데 이런 교양술을 가르침으로써 적정한 프로그램을 선별하여 시청하고, 시청한 후에도 제대로 이해하여 긍정적으로 활용할 수 있도록 지도하자는 입장에서 교육을 실시하고 있다.

현대사회는 범죄가 점점 흉포해지고, 잔인해져 가고 있다. 매스미디어는 그러한 범죄양상에 적지 않은 영향을 발휘하고 있다. 현 시점에서 우리는 범죄를 예방할 수 있는 모두의 노력들이 필요하다. 자극적이거나 폭력적인 프로그램을 만들기보다는 더 재미있고 유익한 미디어 콘텐츠의 개발을 장려하는 제도적인 접근이 근본적으로 필요하다. 건전한 미디어의 활용으로 청소년의 전인적全人的 성장을 위해 사회 전반적으로 동심동력同心同力하여야 한다.

## 범죄행위도 학습의 결과인가

청소년들의 비행은 갑작스레 나타나지 않는다. 실제로 비행을 전혀 저지르지 않는 학생들은 비행이나 범죄행위를 또래집단이나 대중매체 혹은 주변 환경을 통하여 저지를 수 있게 된다. 그러한 과정을 바로 '학습'이라고 말한다. 서덜랜드와 같은 학자는 인간의 모든 행위는 학습의 결과라고 보며, 범죄와 일탈행위 또한 학습되는 것이라고 주장했다. 결론적으로 비행을 저지르는 청소년기 아이들은 학습과정을 통해 비행에 필요한 기술 등을 배우게 된다고 보았다.

특히 비행청소년들은 그렇지 않은 아이들보다 비행친구들과 더 많은 접촉을 하기 마련이다. 그런데 성실한 아이들보다 비행청소년들은 또래들과 더 많은 시간을 함께 하는 경향이 있고, 함께 보내는 기간이 길수록 애착 정도가 강해진다. 따라서 또래들 간에 유사한 가치관과 행위유형을 학습하게 된다. 즉, 범죄나 비행이라는 것에 대해 우호적으로 바라보는 시각을 공유하고, 범죄를 저지르는 데 필요한 기술 등을 습득하여 비행을 저지르게 된다. 이러한 형태를 서덜랜드는 바로 '차별적 접촉Differential Association'이라고 지칭한다.

간단하게 표현하자면 청소년들의 범죄나 비행의 행위들도 배움이라는 과정, 즉 학습을 통하여 이루어진다는 것이다. 학습이란 개인이 사회에 적응하기 위해 지식, 가치관, 관습 등을 발전시켜가는 과정을 말한다. 학자들의 주장에 따르면 인간은 다른 사람의 행동이나 생각 등을 관찰함으로써 그들의 행동을 배우거나 모방하기도 하고, 이러한 과정에서 보상이 따르는 행위들은 재강화Reinforcement하게 되고, 이득을 얻지 못하고 처벌이 따르는 행위들은 피하게 된다고 보고 있다.[20]

---

20 Vold, G. B. et al., Theoretical Criminology(5ed.), Oxford: Oxford University Press, 2002, p. 157. Skinner는 조작적 조건형성(operant conditioning)이란 개념을 내세웠는데, 그에 따르면 인간의 특정한 행위는 보상과 처벌을 통해 재강화될 수 있고, 나아가서 Bandura는 인간은 관찰을 통해 타인의 행위를 배우고 따라 하기도 하는 것을 학습과정

청소년에게는 많은 학습의 대상이 존재하는데 그 중 하나가 바로 방송이나 인터넷과 같은 대중매체이다. 아이들이 대중매체에서 보여주는 폭력 장면이나 위험한 장면들을 따라하거나, 범죄자들이 영화나 드라마에서 보여주는 범죄 수법 등을 모방해서 유사한 형태의 범죄를 저지르는 것들도 모두 학습의 원리에서 비롯된다고 볼 수 있다.

대중매체와 또래집단의 영향을 많이 받는 청소년기에 비행또래들과의 접촉이 많은 아이들의 경우, 비행을 영웅적인 행동이나 긍정적인 행위로 정의내리는 비행또래들의 가치관을 공감하고 공유하게 되며, 일탈행위를 저지르는 데 필요한 기술이나 행위양식을 배우게 된다. 또한 일탈행위를 저지르고 난 뒤 또래집단으로부터 인정받고 영웅으로 대접받을 때 범죄나 비행과 같은 행위양식을 강화시키게 되어서 비행을 반복해서 저지르게 된다. 더구나 그렇게 함으로써 또래집단으로부터 소속감을 느끼게 되고 이들로부터 비난을 받거나 외면받을 행동들은 피하게 되기 쉽다.

이러한 이유 때문에 부모들은 자녀교육에서 친구의 중요성을 강조한다. 특히 어떤 친구와 교우관계를 맺는지에 대하여 부모들은 민감하게 여기고 있다. 물론 친구를 가려서 사귀는 것이 긍정적이라고 보지는 않지만, 친구를 사귀는 데 있어서 사람을 제대로 보는 통찰력을 기르는 것은 중요하다고 본다. 특히 부모들은 자녀들이 예민하고 다른 사람의 말이나 행동에 영향을 많이 받는 사춘기에 긍정적인 자아상을 형성하는 데 도움을 줄 수 있는 좋은 친구들을 많이 사귀어 두어야 한다고 여긴다.

사람의 인생에서 청소년기는 비교적 짧은 시기이지만, 그 시기를 어떻게 보냈는가, 어떠한 경험을 했는가가 남은 인생에 중요한 영향을 미친다.

하지만 청소년기에 다양한 사고를 해보고 여러 부류의 친구들을 사귀어 보는 것도 좋은 경험이 된다. 청소년기에 한두 번 일탈행동이나 생각을

이라고 일컬었고, 이러한 과정에서 특정 행위를 강화하거나 혹은 수정하기도 한다고 주장하였다.

해보는 것도 전혀 해보지 않는 것보다 남은 인생에 경험적으로 도움이 된다. 청소년기의 여러 경험들은 통찰력이나 대응력을 기르는 데 도움이 되기 때문에 인생을 살아가면서 예측하지 못한 상황이나 위험한 문제에 봉착했을 때 보다 적절한 대응과 판단을 할 수 있게 하는 바탕이 될 수 있다.

청소년기는 쉽게 충동적으로 위험한 상황에 빠지기도 하고 그러한 상황을 즐기기도 하지만, 부모나 주변 사람들이 보여주는 관심이 간섭이 아니라 애정이라는 것을 인지시켜주면 금방 제자리를 찾기도 한다. 청소년기는 아직 범인성이나 비행성향이 고착된 시기가 아니기 때문에 잘못을 붙잡을 수 있는 좋은 기회가 된다. 그래서 청소년기가 인생에서 가장 순수한 시기라고 한다.

### O. J. Simpson 사건

1994년 6월 백인 여배우 니콜 브라운 심슨과 애인인 골드먼이 로스앤젤레스의 고급주택지 브렌트우드 저택에서 피투성이 시체로 발견되고, 이어 경찰의 수사를 통해 미국프로풋볼선수 출신의 흑인 배우 OJ 심슨[OJ Simpson]이 유력한 용의자로 지목됐던 사건이다.

이른바 '드림 팀'이라고 불린 유력 변호사들을 대거 고용한 심슨은 인종차별을 끌어들여 372일 동안의 형사재판에서는 무죄로 풀려났으나 니콜의 유가족들이 제기한 민사소송에서는 패해 배상금 850만 달러와 함께 징벌적 배상금으로 2500만 달러를 유가족에게 지급하라는 명령을 받았다.[21]

O.J. 심슨 사건에서는 공판정에서 가장 쟁점이 되었던 것 중의 하나는 경찰증언의 신뢰성 문제였다. 심슨의 혈액을 운반한 형사, 장갑을 발견한 형사가 법정에 증인으로 진술했을 때, 심슨의 변호인들은 그들이 '거짓말쟁이'라고 '인종차별주의자'라는 점을 보여 주는 증거를 제시하면서 그들의 증언을 탄핵했던 것이다. 검찰 쪽은 이 점을 일부나마 시인할 수밖에 없었고, 다만 압도적인 증거의 우위에 비추어 "증언할 경찰이 거짓말쟁이이고 인종차별주의자라고 하여 검찰 측이 합리적 의문을 넘어 입증하지 않았다는 것이 되지는 않는다"고 반박했다. 나중에 심슨재판이 무죄평결로 종결되었을 때, 경찰증언의 신뢰성 여부가 상당한 영향을 미쳤을 것이라는 점이 논란거리로 남게 된

21 Naver 지식백과(http://terms.naver.com/item.nhn?dirId=704&docId=7285).

것이다.[22]

이에 일부 학자들은 O.J. 심슨 사건의 무죄평결도 흑인에 대한 미국사회의 뿌리 깊은 인종차별 문제에 대해 배심원들이 법적용을 거부한 것이라고 평가하기도 한다.[23]

## 고교생 수업 중 급우 살해…폭행 − 따돌림에 앙갚음

고교생이 수업 중 교실에서 교사와 급우들이 지켜보는 가운데 급우를 식칼로 찔러 살해한 사건이 발생했다. 특히 살인을 저지른 학생은 조직폭력배를 다룬 영화 '친구'를 무려 40여 차례나 보며 평소 자신을 괴롭혀온 이 급우에 대한 범행충동을 느껴온 것으로 밝혀져 충격을 주고 있다.

### 사건발생

13일 오전 10시 10분경 부산 남구 용호동 D정보고 1학년 2반 화공과 교실에서 김모군(16)이 식칼로 급우 박모군(16)의 왼쪽 등을 찔러 숨지게 한 뒤 달아났다.

급우들에 따르면 지난달 29일부터 결석한 김군은 이날도 학교에 나오지 않았다가 2교시 수업시간 중 식칼을 신문지에 싸서 숨긴 채 뒷문으로 들어와 뒷문 바로 옆 맨 뒷좌석에 앉아있던 박군의 왼쪽 등을 1차례 찔렀다는 것.

사건 당시 교실에서는 학생 29명이 출석한 가운데 사회과목 수업이 진행되고 있었고 교사 신모씨(41)가 공책 검사를 하고 있었으나 김군이 갑자기 들이닥쳐 범행을 저지르는 바람에 교사와 급우들이 이를 제지하지 못했다.

칼에 찔린 박군은 심장을 관통당해 쓰러졌으며 급히 인근 병원으로 옮겨지는 도중 숨졌다. 김군은 사건직후 집으로 도망쳐 옷가지를 챙겨 나오다 신고를 받고 출동한 경찰에 붙잡혔다.

### 범행동기

김군은 경찰에서 "입학 직후인 3월부터 박군이 너무 괴롭혀왔고 일방적으로 폭행당한 게 억울해 이 같은 범행을 저질렀다"고 말했다.

박군에 대해 앙심을 품고 있던 김군은 영화 ≪친구≫를 컴퓨터를 통해 40여 차

---

22 한상훈, "국민참여 형사재판에서 배심원선정절차의 검토", 『형사정책』 19(1), 2007, p. 143.
23 이재협, "미국배심제에 대한 법인류학적 고찰: 과학주의의 관점에서 본 미국배심제의 논리", 『서울대학교 법학』 50(3), 2009, p. 369.

레나 보고 보복심리를 느껴 범행을 저질렀다고 진술했다.

경찰은 김군이 이 영화의 대사를 전부 다 외울 정도로 심취해 있었다고 밝혔다.

김군은 박군보다 덩치가 더 컸으나 반에서 속칭 '짱'으로 통하는 박군에게 상당한 괴롭힘을 받아 왔다고 급우들이 전했다.

특히 지난달 28일 점심시간에는 노래방에 가는 문제를 놓고 여러 친구들이 지켜보는 가운데 김군이 박군에게 10여분간 심하게 구타당했으며 김군은 그 이후 지금까지 학교에 나오지 않았던 것으로 밝혀졌다.

### 문제점과 전문가 진단

이번 사건은 폭력적이거나 폭력을 미화하는 영상물이 감수성 예민한 청소년들에게 얼마나 나쁜 영향을 미칠 수 있는지를 현실로 입증한 셈이 됐다.

학교측과 교사들에 따르면 김군과 박군은 모두 결손가정에서 자랐으나 김군은 내성적인 성격으로 친구가 많지 않은 반면 박군은 성격이 활달해 1학기 때는 반장을 맡는 등 친구들 사이에서 인기가 좋았다는 것. 그러나 둘 다 교내 폭력서클 등과는 무관한 것으로 알려졌다.

한편 김군은 박군에게 폭행당한 이후 10여일동안 학교에도 나오지 않고 복수를 결심해 왔는데 그동안 김군의 입장을 들어줄 사람은 학교에도 집에도 아무도 없었던 것으로 알려졌다.

폭행사건 이후 학교에서는 김군과 박군을 불러 화해를 시킨 뒤 되돌려 보내기는 했으나 이후 김군의 결석에 대해 어머니에게 학교에 보내라는 전화를 하는 것 외에 별다른 관심을 기울이지 않았다. 결국 주위의 무관심이 이 사건을 낳은 또 하나의 요인이 됐던 셈이다.

동아대 손승길(孫勝吉·56·윤리학) 교수는 "최근 ≪친구≫나 ≪조폭마누라≫, ≪신라의 달밤≫ 등 폭력을 미화한 영화나 컴퓨터게임 등이 유행병처럼 번지고 있는 것은 사회적 문제"라며 "폭력문화나 학교폭력 등을 근절시키기 위해서는 사회적 규제 장치를 강화하거나 범죄행위에 대해 죄의식을 느낄 수 있도록 학교 윤리교육을 강화하는 등 다각도의 방안이 마련돼야 한다"고 말했다.

[조용휘·석동빈 기재]
출처: 동아일보, 2001. 10. 13.

# 범죄다발지역Hot Spot은 따로 있는가

범죄다발지역이란 특정종류의 범죄가 많이 발생하는 지역을 말한다. 범죄는 지역에 따라 자주 발생하는 지역도 있고, 거의 일어나지 않는 지역도 있다. 범죄가 일어나는 지역은 그 지역의 특성에 따라서 발생하는 범죄의 종류와 빈도가 다르다. 일반적으로 범죄는 노후된 건물이 많고, 가로등이 파손되거나 설치되지 않아 어두운 곳이 범죄의 실행과 은폐가 용이하기 때문에 범죄가 일어날 가능성이 높다.

지하철의 경우를 살펴보면 서울 지하철 2호선이 성추행 발생률이 가장 높고 그 중 신도림역이 지하철 성범죄가 많이 발생한다고 한다. 신도림역이 성범죄가 가장 많이 발생하는 이유로는 여러 가지가 있겠지만, 대표적으로 신도림역의 성격을 들 수가 있다. 신도림역이 환승역이기 때문에 유동인구가 많고, 그러다 보니 범죄자들 입장에서는 범행대상을 다양하게 물색할 수 있다.

이러한 상황은 범죄자들의 입장에서는 범행의 기회가 많고, 반대로 인파로 인하여 감시는 어렵고, 도망가기도 좋기 때문에 성추행범죄가 가장 많이 발생할 가능성을 유추할 수 있다. 성추행뿐만 아니라 많은 유형의 범죄가 그 유형의 특성에 따라 발생지역에 차이가 있다. 또한, 발생지역에 따라 범죄율과 범죄의 종류에 차이가 있을 수 있다.

실제로 2013년도에 경찰에 접수되어 처리된 범죄 통계 중 서울시내에서 발생한 5대 강력범죄, 즉 살인, 강도, 강간, 절도, 폭력의 발생건수를 살펴보면 지역마다 상이한 특징이 나타난다. 5대 범죄의 발생건수만 보면 중구는 1,878.9건으로 다른 어떤 지역보다도 발생하는 범죄가 많다. 반면, 양천구나 노원구는 발생건수가 각각 430.4건과 426.5건으로 중구와 비교하였을 때, 4분의 1 밖에 되지 않을 정도로 매우 적다.

하지만 범죄발생건수가 많다고 해서 그 지역이 유난히 위험함을 의미하는 것은 아니다. 종합적인 시각에서 범죄발생건수와 범죄율을 살펴보아야 한다. 범죄발생건수와 범죄율은 그 사회의 범죄현상을 반영하는 주요한 지표이다. 엄밀히 말해서 범죄발생건수와 범죄율은 차이가 존재한다.

둘 모두 범죄발생현상을 보여주는 좋은 지표가 되지만, 범죄발생건수는 말 그대로 일정기간 내에 발생한 범죄의 전체 건수만을 의미한다면, 범죄율은 인구 또는 가구를 기준으로 인구 10만 명당 범죄발생건수, 또는 몇 가구당 범죄발생건수를 의미하기 때문에 범죄율이 어떤 의미에서는 더 중요한 수치가 되기도 한다. 하지만, 범죄의 현상을 파악하기 위해서는 양자를 모두 살펴보는 것이 좋다. 해당 지역마다 가지는 특성도 다르기 때문에 필요성 측면에서 범죄건수와 범죄율을 복합적으로 고려하는 것이 필요하다.

해당 지역의 특성을 함께 고려한다는 것은 모든 범죄가 그 성격에 따라 지역적 상황에 따라 약간의 차이가 있을 수 있다는 점을 의미한다. 예를 들면, 지하철 성추행의 경우 2호선 가운데 신도림역이나 사당역, 서울대입구역, 교대역, 동대문역사문화공원역 등이 가장 심각한 지역으로 꼽히고 있는데, 이들 지하철역은 대부분 환승역이고, 유동인구가 많은 곳이라는 점, 여성 이용객이 다른 호선에 비하여 2호선에 집중된다는 점 등의 공통점을 갖고 있다. 성추행의 대상이 되는 여성들이 많고, 사람들이 많아서 은밀하게 성추행하기도 좋을뿐더러, 환승역이라는 점에서 발각이 되더라도 도망가기 쉽다는 점에서 유독 성추행범이 활개를 치는 것이라고 볼 수 있다.

지하철 성희롱과 같은 범죄가 주요 환승역에 많이 일어나는 것은 범죄자들에게 범행을 일으키는 데 매력적이기 때문이다. 절도의 경우를 살펴보면, 서울의 많은 자치구들보다 광진구에서 더 많이 일어났다. 그 이유로는 광진구의 지역적 특성 때문이다. 광진구의 경우 고층 아파트보다는 단독주택이나 연립주택, 저층 빌라나 주택단지가 많다. 이러한 환경은 절도범으로 하여금 많은 범죄의 유혹을 느끼게 할 수 있다.

이와 같이 범죄를 저지르기로 마음먹은 동기화된 범죄자가 범죄를 저지할 수 있는 감시가 부족한 상황에서 적절한 범행대상을 만나게 되었을 때, 범죄는 필연적으로 발생할 수밖에 없다고 보고 있다. 외국의 범죄학자 펠슨 Marcus Felson과 클라크Ronald V. Clarke는 위와 같은 3가지 조건을 범죄발생 3요소라 칭하고 위의 요소들이 조화가 될 때, 범죄가 일어날 수밖에 없다고 주장한 이론을 '기회이론Opportunity theory'이라고 설명하고 있다.

〈2013년 서울특별시 범죄발생 건수 및 치안 현황〉

| 구 분 | | 5대 범죄 | 성폭행 | 5대 범죄 검거율 | 1㎢당 CCTV 설치대수 | 112 평균 출동시간 |
|---|---|---|---|---|---|---|
| 발생 건수 | 전체 평균 | 691.5건 | 36.5건 | 59% | 23.7대 | 3분 18초 |
| | 상위 3개구 | 중구(1878.9)<br>종로구(1494.9)<br>영등포구(870.9) | 중구(153)<br>종로구(85)<br>강남구(52) | 강북구(71.3)<br>금천구(67.8)<br>은평구(66.0) | 양천구(79.4)<br>동대문구(68.4)<br>서대문구(38.0) | 종로구(2m 4s)<br>노원구(2m 32s)<br>중구(2m 45s) |
| | 하위 3개구 | 도봉구(438.8)<br>양천구(430.4)<br>노원구(426.5) | 노원구(17)<br>성북구(16)<br>도봉구(15) | 마초구(52.8)<br>관악구(52.3)<br>송파구(48.6) | 도봉구(7.3)<br>관악구(6.9)<br>노원구(6.0) | 강동구(4m 15s)<br>관악구(4m 17s)<br>마포구(4m 27s) |

* 주: 범죄통계는 2013년 1월 1일부터 6월 30일까지의 통계임. 5대 범죄는 살인, 강도, 강간 및 강제추행, 절도, 폭력을 의미함. 발생건수는 자치구별 10만 명당 발생건수를 나타냄.

범죄다발지역을 확인하는 것은 단순한 범죄정보의 수집을 위해서가 아니다. 범죄다발지역에 관한 정보를 잘 이용할 수 있다면, 제한된 자원인 치안력을 보다 효율적으로 활용할 수 있게 도와주어 높은 치안 성과를 확보할 수 있다.

우리나라 경찰은 이러한 범죄다발지역에 관한 정보를 이용하여 범죄예
방 및 단속에 적극적으로 나서고 있다. 이와 관련된 활동으로 경찰은 범죄
다발지역에 관련된 지리정보를 수집하여 지리적 프로파일링 시스템, 지오프
로스GeoPros를 적극적으로 활용하고 있다. 지리적 프로파일링 시스템이란
지리정보시스템의 공간 분석 기능을 이용하여 각종 범죄 발생 현황 및 특
정 범죄가 다발하는 지역을 분석하여 범죄의 예방에 적극적으로 활용하는
기법을 말한다.

2012년 영등포 경찰서는 지오프로스를 적극적으로 활용하여 전국 치안
성과 1위를 달성하기도 했다. 영등포 경찰서는 전국 살인사건 발생률 1위
인 곳이다. 이러한 우범지역을 관할에 가지고 있는 영등포 경찰서는 범죄
발생지역 정보를 토대로 범죄취약지역을 확인할 수 있는 시스템을 도입하
여 적극적으로 활용했다. 범죄취약지역에 보다 많은 경찰인력을 투입하고
순찰을 한 결과 영등포 경찰서의 관할 내에서의 5대 범죄 발생률은 전년
과 대비하여 감소하였다.

또한 범죄다발지역은 다른 의미로는 범죄취약지역을 의미하기 때문에
그러한 구역을 감시할 수 있게 CCTV 설치를 확충하고 경찰의 순찰을 늘
리는 등의 조치를 할 수 있다면 발생 가능한 많은 범죄를 사전에 예방할
수 있을 것이다.

하지만 범죄다발지역을 확인하는 것은 신중해야 한다. 왜냐하면 범죄발
생의 지역적 차이가 나타나는 것은 범죄발생의 기회구조가 다르기 때문이
다. 범죄발생의 지역적 차이는 각 지역이 갖고 있는 인구사회학적 특성,
경제적 특성, 지리적 특성, 문화적 특성 등 모든 것에서 나타나는 미묘한
차이를 반영하는 것이라는 점이 핵심이다. 즉, 다양한 지역적 특성으로 범
죄발생의 3대 요소인 범죄의 표적, 동기가 부여된 범죄자의 수, 그리고 감
시의 정도 등에 따른 범행의 기회구조에 차이가 있기 때문에 지역에 따라

범죄발생의 정도와 유형에 차이가 있게 된다.

가장 대표적인 비교가 도시와 농촌의 차이라고 할 수 있는데, 도시가 농촌보다 범죄가 훨씬 많은 이유는 바로 도시에 사람과 재화 등 범행의 표적과 대상이 많아서 범행의 기회는 많으면서도 도시의 익명성과 지역사회의 해체로 인한 비공식적 사회통제력의 약화로 농촌에 비해 감시와 통제가 약하고, 다수 인구가 밀집된 도시에는 경제적 곤궁이나 상대적 박탈감 등 범행의 동기가 있는 잠재적 범죄자도 훨씬 많기 때문에 도시와 농촌의 범죄발생에 차이가 나는 것이다.

# 범죄다발시간Hot Time은 따로 있는가

시간과 공간, 그리고 인간은 우주를 구성하는 주요한 요소라고 아인슈타인Albert Einstein은 말했다. 아인슈타인의 언급에서 볼 수 있듯이 인간은 공간뿐만 아니라 시간과도 밀접한 관계가 있다고 볼 수 있다. 이러한 관점에서 살펴보면 "과연 범죄도 시간에 따라 그 발생정도나 유형에 차이가 존재하지 않을까?"라는 질문을 하지 않을 수 없다. 상식적으로 보아도 아무리 직업형 범죄자라 하더라도 하루 종일 범행을 하는 것은 아니며, 모든 범죄가 하루 중 아무 때나 발생하는 것도 아니다. 계절이나 요일 혹은 시간에 따라 발생하는 범죄의 유형이나 횟수가 달라질 수 있다고 가정할 수 있다. 범죄와 시간과의 관계가 있다는 가정이 맞다면 어떻게 영향을 미치는지 알아보고자 한다.

## 시간과 범죄와의 관계

범죄와 시간과의 연관성은 단순히 철학적이고 추상적인 관계가 아닌 구체적이고 현실적인 면에서 관련이 있다. 인간은 사회적 동물이기 때문에 본질적으로 집단을 형성하고 사회를 만들어 살아간다. 그러한 사회에서 살아가기 위해서는 사회의 질서를 유지하기 위하여 그 구성원들은 합의한 규칙을 만들고 그 규칙에 순응하며 살아간다.

그러한 규칙 중 시간과 관련된 것이 바로 달력이다. 지역이나 문화 혹은 종교에 따라 차이가 있을 수는 있지만 공통된 지역에 거주하는 사람은 동일한 년, 월, 일, 시에 따라 그들의 시기에 맞는 생활을 영위해 나간다. 범죄도 사람이 행하는 하나의 생활 형태인 만큼 인간이 살아가는 하나의 삶의 방식으로 이해한다면, 범죄의 발생이 시간의 구성에 따라 일정한 패턴을 갖게 될 수 있다는 가정을 할 수 있다.

시간에 따른 사람의 형태를 보여주는 사례는 경제학 분야에서 볼 수 있다. 자본주의 경제의 총아라고 볼 수 있는 증권시장에서는 이례적 현상 anomalies을 설명하기 위해 제시된 개념으로 계절적 이례현상Seasonal anomalies이 존재한다. 그 중 하나가 바로 요일효과Day of the week effects이다.

증권시장의 이례현상으로서 요일효과란 한 주일 중에서 다른 요일의 수익률에 비하여 주초인 월요일에는 평균수익률이 낮게 나타나지만, 주말에는 높은 수익률이 나타나는 현상을 말한다. 그래서 일부에서는 월요일의 침체 현상에 대하여 '검은 월요일Black Monday'이라고도 부른다. 요일효과와 비슷한 것으로 휴일을 기준으로 휴일 전 거래일에 높은 수익률이 나타나는 현상인 **휴일효과**Holiday effect와 달月이 넘어가는 시점을 전후해서 비정상적인 수익률이 나타나는 현상인 **월중효과**Intra-month effect가 존재한다.

이런 사례들은 주말 또는 휴일이 사람들의 심리에 영향을 미치게 되어 주식매매 같은 경제활동은 물론 생활전반에 큰 영향을 미칠 수 있음을 보여주고 있다.

사람들이 일상적으로 받아들이고 그리 중요하게 염두하지 않았던 요일 조차도 자본주의 경제에 큰 영향을 미친다는 사실은 주의깊게 살펴볼 필요가 있다. 이러한 영향은 개인적 차원이나 지역적 차원을 넘어서 동일한 시간대에 속한 국가들 또한 동일한 패턴을 보인다. 이렇듯 경제활동조차 요일이라는 시간적 요소의 영향을 받는 것을 보면 범죄발생 또한 영향을 받을 수 있다는 것을 추측할 수 있다.

범죄발생의 경우, 경제활동보다 영향을 미치는 시간적 요소가 다양하다. 단순하게 요일 뿐 아니라 일반적인 날짜나 학교의 휴일, 졸업식날, 다양한 공휴일, 월급지급일, 대규모 스포츠 행사 등과 같은 중요한 사건이 있는 날도 범죄발생에 서로 다른 영향을 미치기도 한다. 이렇게 중요한 사건이 일어나는 날이나 특정일이 범죄발생에 미치는 효과를 '캘린더 효과 Calendar Effects'라고 부른다.

요일효과나 캘린더 효과처럼 범죄발생에 시간이 영향을 미친다는 이론의 바탕에는 범죄학의 **일상활동이론**Routine Activity Theory과 맥을 함께 한다고 볼 수 있다. 일상활동이론이란 개인의 일상적인 활동유형에 따라 범죄의 위험성에 노출되는 정도가 다르고, 범죄 위험성의 노출정도에 따라 범죄피해자가 될 확률에 영향을 미친다는 범죄피해자학의 주요이론이다.

다만, 일상활동이론이 요일 등을 포함한 제반 환경이 범죄의 기회에 미치는 영향에 관심을 갖는 것이라면, 요일효과나 캘린더 효과는 요일이나 휴일 그 자체가 인간행동에 미치는 영향에 관심을 갖는다는 점에서 약간의 차이가 있다.

그러면 실제로 요일에 따라 범죄발생에 어떠한 차이가 있을까.

미국에서 조사된 연구결과에 따르면, 성범죄는 평일보다는 금요일부터 시작되는 주말에 더 많이 발생한다고 한다. 이러한 현상에 대한 분석으로는, 성범죄가 일어나기 필요한 시간적 여유가 많고, 잠재적인 성범죄 피해자들이 야외활동을 하기 쉬운 주말에 성범죄가 많이 발생한다는 것이다.

대표적인 재산범죄인 빈집털이의 경우, 주말이나 공휴일보다는 평일에 더 많이 발생한다고 한다. 빈집털이 범죄는 범행대상이 빈집이다. 하지만 주말이나 공휴일에는 빈집이 거의 없다는 점에서 범행이 불가능하지만, 주중에는 얼마든지 시도하기 좋기 때문이다.

정부가 관심을 가지고 있는 가정폭력의 경우는 빈집털이 범죄와는 다르게 주말이나 휴일에 발생할 가능성이 높다고 한다. 가정폭력은 가정 내에서 발생하는 범죄이다. 그렇게 때문에 피해자와 가해자가 가정이라는 한 공간 안에서 함께 있는 시간이 많은 휴일이 가정폭력의 발생가능성을 높인다고 할 수 있다.

〈2012년 5대범죄 발생요일〉

| 구분 | 월요일 | 화요일 | 수요일 | 목요일 | 금요일 | 토요일 | 일요일 | 계 | 평 균 |
|------|--------|--------|--------|--------|--------|--------|--------|------|--------|
| 살 인 | 139 | 158 | 141 | 144 | 138 | 134 | 141 | 995 | 142 |
| 강 간 | 2,515 | 2,711 | 2,774 | 2,613 | 2,842 | 3,240 | 2,975 | 19,670 | 2,810 |
| 폭 행 | 16,075 | 18,124 | 17,933 | 17,857 | 18,946 | 21,614 | 19,997 | 130,546 | 18,649 |
| 절 도 | 39,237 | 39,930 | 40,306 | 40,576 | 44,051 | 46,192 | 40,168 | 290,460 | 41,494 |
| 강 도 | 358 | 357 | 363 | 399 | 359 | 390 | 361 | 2,587 | 369 |
| 합 계 | 58,324 | 61,280 | 61,517 | 61,589 | 66,336 | 71,560 | 63,642 | 444,258 | 63,464 |

출처: 경찰청, 2012 경찰범죄통계, p. 259의 내용을 재구성.

요일별 범죄발생이 우리나라에서는 어떻게 작용하는지 살펴보기 위해서는 요일별 범죄통계를 살펴볼 필요가 있다.

2012년 우리나라의 요일별 5대 강력범죄 발생현황을 보면, 살인의 경우, 평균적으로 142건으로 요일별 특별한 차이점을 발견할 수 없지만, 강간은 주중월~목보다 금요일부터 일요일까지 주말에 200건 이상의 발생빈도가 더 높게 나타났고, 폭행은 토요일 및 일요일, 절도는 금요일 및 토요일, 강도는 목요일과 토요일에 상대적으로 더 많이 발생하는 것으로 나타나고 있다.

우리나라에서 이렇게 영향을 미치는 원인을 살펴보면, 이는 범죄의 성격을 반영한 결과라고 볼 수 있다.

폭행의 경우를 살펴보면 폭행은 우리나라의 음주 문화와 밀접한 관련을 가지고 있다. 한국의 여가문화는 음주가무飮酒歌舞가 차지하는 비중이 큰데, 우리나라 사람들이 주말에 유흥을 즐기다 다른 일행들과 시비가 붙거나 일행끼리 시비가 발생하여 폭행사건이 많이 일어난다고 볼 수 있다.

절도의 경우는 폭행과는 다르게 일요일과 월요일에 발생빈도가 가장 낮은데, 견물생심見物生心이라는 말처럼 누군가 감시하는 사람이 없을 때 절도가 발생하기 쉬운데, 통상 주말과 월요일은 대부분의 사람들이 집에 있기 때문에 쉽게 절도를 시도하지 못한다고 볼 수 있다.

요일과 범죄발생과의 관계에 있어서 이를 쉽게 일반화하기는 어렵다. 요일이 일상생활의 행동패턴에 지대한 영향을 미치기는 하지만, 일상적인 주중과 주말 외에도 법정공휴일과 같은 휴일들도 무시할 수 없기 때문이다.

실제로 요일별로 범죄발생에 영향이 있다면 하루 중에 범죄가 발생하는 시간에 따라 영향이 있을 수 있다. 발생시간도 범죄의 종류에 따라 차이를 보인다. 주거침입절도의 경우는 범죄인이 상대적으로 범죄를 일으키기 쉬운 시간대인 집이 빈 낮 시간에 발생하기 쉽다. 폭력범죄의 경우는 사람과의 접촉이 필요한 범행이기 때문에 사람들이 접촉이 많은 낮 시간이나 밤 시간에 많이 발생한다. 성범죄의 경우도 폭행과 마찬가지로 술의 영향을 많이 받고 사람과 접촉이 많은 시간대에 발생하기 쉽다. 특히 밤 시간대에 발생가능성이 크다는 것을 예측할 수 있다.

이와 같이 범죄의 발생에는 범죄 발생에 영향을 미치는 범죄인의 개인적 특성과 사회환경적 요소 외에도 시간과 같이 눈에 보이지 않는 여러 가지 환경이 많은 영향을 미친다.

# 범죄에 영향을 미치는가 날씨도

날씨는 사람이 살아가는 데 가장 직접적인 영향을 미치는 환경요인이다. 따라서 날씨에 따라 그 사회의 구성원인 사람들은 성격이나 활동에 영향을 받는다. 너무 더우면 사람들의 활동이 제약되기 쉬우며, 너무 추우면 사람들의 활동이 실내활동을 중심으로 일어나기 쉽다.

범죄 또한 마찬가지로 사람들의 활동인 이상 날씨와 기후의 영향을 받기 쉽다고 볼 수 있다. 즉, 날씨가 덥고 춥거나 혹은 맑거나 흐린 정도에 따라 범죄의 발생 정도가 달라질 수도 있다는 것이다. 범죄도 곧 인간의 행동 가운데 하나라는 점에서 날씨weather나 계절season, 기후climate는 각각의 범죄현상 뿐 아니라 인간의 생활을 이해하는 데 중요한 변수가 된다.

특히, 범죄심리학적 관점에서 날씨와 범죄의 관계를 다루는 이론 가운데 '열대야가설Heat of the night assumption'은 기온과 습도의 결합으로 불쾌지수가 높아져서 불쾌한 감정을 일으키고, 이것이 다시 공격성으로 이어질 수 있다는 점에서 날씨가 범죄의 원인으로 이해되어야 한다고 주장한다. 실제로 기온과 습도의 조합으로 산출되는 '불쾌지수'가 높을수록 폭력, 살인, 강도, 강간과 같은 강력범죄가 증가하는 것으로 범죄통계를 통해 보고되고 있다.

상식적으로 열대야나 불쾌지수가 높은 날에는 사람들이 더 짜증내고 서로 다투는 일도 많다. 우리나라의 열대야에서도 날씨로 인한 다툼이 자주 있는데 열대기후 지역이나 고온다습한 지역의 사람들은 다른 지역 사람들보다 더 폭력적이지 않을까 하는 의문이 발생하기 쉽다.

이러한 의문에 대해서 범죄학에서는 초기부터 날씨가 개인을 포함한 문화의 형성에 중요한 영향을 미치고 범죄도 그러한 영향을 받는다고 보고 있다. 온대기후에 사는 사람들은 온화한 성격을 갖지만 열대기후에 사는 사람들은 다소 공격적인 성향을 갖고 있다는 식으로 생각한 것이다. 즉, 보다 뜨거운 날, 뜨거운 계절, 또는 뜨거운 기후는 개인에게 직접적으로 영향을 미치고 그에 따라 개인은 억제력을 상실하고 더욱 자극을 추구하여 때로는 공격적인 행동을 하게 된다고 이해한 것이다.

19세기 현대 사회학이 태동하던 당시 프랑스의 제도학파 범죄학자였던 꿰틀레Adolphe Quetelet는 비행의 온도법칙Thermic law of delinquency을 발표했는데, 이 법칙에 따르면 보통 뜨거운 기후와 계절에 대인범죄가 많고, 시원한 기후와 계절에는 재산범죄가 일반적이라고 보았다. 이 법칙은 20세기 내내 수많은 범죄학자들의 지지를 받았지만 이러한 주장은 위험한 측면도 가지고 있다. 일종의 '기후 결정론Climatic Determinism'으로 해석될 소지가 있기 때문이다.

초기 범죄학에서 주장한 기후결정론은 과도하게 더운 날씨로 인하여 열이 감정을 자극하고 격한 심리적 상태를 유발하여 결국 개인의 충동을 억제하지 못하게 하여 범죄로 연결된다고 보는 것이다. 이러한 주장은 매우 설득력이 있었다. 특히 미국 남부는 뜨거운 날씨로 인하여 다른 지역보다 더 높은 살인율이 나타났는데 이것 또한 날씨의 영향으로 인하여 발생한다고 주장했다. 이러한 논리로 아프리카의 뜨거운 지역에서 건너온 흑인들이 공격적이고 충동억제력이 낮은 조상의 기질을 물려받아 아프리카계 미국인 사이의 높은 살인율이 나타난다고 보기도 했다.

즉, 기후결정론은 범죄의 원인으로 날씨나 기후조건의 영향에 따라 범죄성이나 범죄의 정도가 결정된다고 보는 것을 의미한다.

하지만 과거에는 기후결정론이 유효하다고 했으나 과학적 분석기법이

불쾌지수

마련되지 않아서 사례를 분석한 연구도 많지 않았다. 현대에 들어서서는 다양한 연구가 시도되고 있다.

예를 들어 심리학에서는 날씨가 인간의 의사결정에 중요한 영향요인의 하나로 기분氣分을 고려한다고 보고 있다. 기분이 좋은 상태에서는 긍정적인 방향으로 평가하는 경향이 강하고 이것은 의사결정에 직접적인 영향을 미치게 된다는 것이다. 날씨가 기분에 영향을 미치는 중요한 요인으로 본 것이다. 일반적으로 우리는 비가 오거나 흐린 날에 우울해지기 쉽다.

즉, 날씨 때문에 기분이 나빠져서 폭력적이거나 공격적인 행동이 나올수 있는 것이지, 날씨가 직접적으로 사람에게 주먹질을 하도록 하지는 않는다. 날씨와 범죄 사이에 '나쁜 기분'이 매개된다고 보는 것이다.

그래도 날씨와 범죄의 관계를 이렇게 단순하게만은 볼 수 없다. 날씨는 범죄를 포함한 인간행동의 많은 영역에 영향을 미치는 것이 사실이다. 하지만 사람들의 경제적 능력에 따라 날씨의 영향에 따른 차이가 존재한다. 경제적 능력이 있는 사람은 무더운 날씨에 집안에 에어컨을 들여놓고 시원하고 쾌적한 환경을 만들 수 있지만, 가난한 사람들은 무더위를 온몸으로 견뎌야 하는 차이가 있을 수 있다.

## 범죄와 날씨에 대한 사람들의 선입관

대부분의 범죄영화에서 범죄가 발생하는 상황에는 항상 비가 오거나 어둡고 습한 장면이 많이 보인다. 하지만 실제 상황은 영화와 많이 다르다. 영화에서는 극적 긴장감을 극대화시키기 위한 목적으로 날씨를 극적인 상황으로 연출하는 경향이 크다. 하지만 현실에 있어서는 폭우가 쏟아지거나, 폭설이 내리거나, 아니면 폭염이나 혹한기가 되면 사람들은 집밖으로 잘 나오질 않는다.

범죄라고 하면 사람과 사람 사이의 접촉이 전제가 되는 대인범죄를 주로 생각하기 쉽지만, 빈집털이 같은 절도범<sub>재산범죄</sub>은 피해자와 마주치지 않는 상황을 좋아한다. 그래서 범죄유형에 따라 일정부분 발생에 차이가 있다. 예를 들면, 사람들이 야외활동하기 좋은 날씨에는 가정 내에서의 폭력은 적지만, 침입절도는 많아지기 쉽다. 반면, 집안에 머물러야 할 만큼 일기가 좋지 않은 상황에서는 상대적으로 가정폭력이 발생할 가능성이 높아지는데, 이때는 주로 여성, 노인, 아동 등 신체적 보호능력이 약한 사람들이 피해자가 되기 쉽다.

범죄와 날씨의 관계는 단순히 일일 일기에만 영향을 받지 않는다. 우리나라처럼 사계절로 나누어져 있는 나라의 경우 계절에 따라 범죄양상이 변화하기도 한다.

통계를 살펴보면, 절도는 겨울보다 봄에, 강간은 여름에, 살인은 봄과 여름에, 폭행도 겨울보다는 여름에 더 많이 발생하고 있는 것으로 나타난다. 활동하기가 좋은 봄이나 가을에는 야외활동하기 좋은 만큼 범죄자도 활동하기 좋고, 잠재적 피해자도 활동을 많이 하기 때문에 범행대상도 많아져서 접촉을 전제로 하는 범죄의 경우 당연히 발생빈도가 높아질 수 있다.

〈날씨와 강력범죄〉 (단위: 건수, 1일 평균)

|  | 맑은 날 | 비온 날 | 30mm 이상 |
|---|---|---|---|
| 절 도 | 96.14 | 82.48<br>(14.2%↓) | 71<br>(26.1%↓) |
| 강 간 | 7.77 | 7.4<br>(4.8%↓) | 9.1<br>(17.1%↑) |
| 5대 강력 범죄 전체 | 276.27 | 256.08<br>(7.3%↓) | 252.56<br>(8.6%↓) |

* 주: (   )은 맑은 날 대비                    출처: 기상청, 경찰청

날씨도 이와 유사한 경우로 맑은 날씨에 가해자, 피해자 모두 활동이 활발하기 때문에 대부분의 대인범죄나 주거침입절도 등 주요범죄의 발생률이 더 높아지는 것으로 보고되고 있다. 이런 사례들을 설명하기 위해서 피해자학의 측면에

살인사건 '여름경계령'
5년간 월별 살인사건 발생 현황

서는 이를 '일상활동Routine Activity' 또는 '생활유형Life Style'이라는 관점에서 이론화하고 있다.

즉, 사람들의 일상적인 활동과 생활형태에 따라 범죄의 위험성에 노출되는 정도가 달라지고 그래서 사람에 따라 피해자가 될 확률이 달라진다는 주장인데, 잠재적 피해자가 많아진다는 것은 범행의 표적이 많아진다는 것이고 이는 곧 범죄도 그 만큼 더 발생하게 된다는 계산이다. 결과적으로 기후나 날씨에 따라 사람들의 일상활동과 생활형태가 달라지기 때문에 범죄발생 정도도 달라질 수 있다는 것이다.

# 4

## 범죄 피해자 이야기

# 피해자에게도 범죄책임이 있는가

불교에서는 전생의 잘잘못을 현생에서 고스란히 받는다 하여 '업보業報'라는 말이 있다. 그렇다면 범죄에도 피해자나 가해자에게 있어 업보나 인과응보가 적용될 가능성에 대하여 의문이 존재한다. 실제 몇몇 범죄를 연구하는 학자들은 범죄의 당사자인 피해자와 가해자를 놓고 인과응보적 현상이 적용될 수 있다고 주장하기도 한다.

여기서 범죄의 인과응보에 대한 이야기는 범죄의 당사자인 범인에 대한 죗값 뿐 아니라 피해자에게도 범죄피해의 책임이 존재한다고 보는 입장을 말한다. 즉, 피해자가 자신의 범죄피해를 스스로 자초한 결과라는 대논리를 전제로 범죄에 있어서 피해자에게 발생한 범죄는 피해자의 역할이 있었기에 가능했다고 주장한다.

그러나 이러한 주장은 가해자를 처벌하듯이 피해자에게 책임을 묻자는 의미는 아니다. 다만 피해자가 범죄의 피해자가 될 만한 상당한 이유가 있었다는 의견을 피력하고 있다. 실제로 이러한 주장은 교통사고가 났을 때 쌍방과실이라는 경우를 통해서 많이 나타나기도 한다. 아이들이 싸우고 왔을 때에도 부모님들이 가끔 "맞을 짓을 했구만"이라는 말을 하는 것도 피해자의 책임이나 최소한의 역할을 지적하고 있는 것이다.

피해자의 유책성에 대한 주장의 근거를 간단히 설명하기는 어렵다. 범죄의 유형에 따라 나뉘고 또한 학자에 따라 피해자의 유책성을 몇 단계로 구분하기 때문이다.

유책한 피해자의 예를 들어보면, 미국의 범죄학자인 볼프강<sup>Wolfgang</sup>은 살 인범죄에 대해 설명하면서 '촉발적<sup>Provocative</sup>인 피해자'라는 개념을 사용했 다. 볼프강의 시도는 피해자의 유책성을 설명하기 위한 첫 번째였다. 촉발 적인 피해자에 대해 구체적인 사례로는 다음과 같다.

> 한 여성이 남성에게 구타를 당하고 있다. 그 남성은 급기야 주머니에 있던 칼을 꺼 내 여성을 위협도 한다. 그 이유는 여러 가지가 될 수 있겠지만 강도라고 가정해보자. 여성은 어떻게든 도망쳐야겠다는 생각에 남성을 힘껏 떠밀었다. 떠밀린 남성은 벽에 튀어나왔던 날카로운 물체에 찔리며 치명상을 입고 목숨을 잃었다.

이런 상황에서 살인에 대한 피해자는 남성이다. 하지만 그 피해의 책임 또한 남성에게 있음을 부정할 수 있는가. 물론 법의 테두리에서 이런 경우 는 '정당방위'라는 이름으로 보호되고 있다. 제시된 예가 극단적이기는 하 나 실제 일어날 수 있는 일임에는 틀림없다. 위의 사례에서 볼 수 있듯이 피해자에게 책임을 묻는다는 것은 충분히 가능하다. 이런 경우에 피해자 의 유책성에 대해서는 인정된다고 본다.

하지만 이와 관련해서 강간, 절도 등 모든 범죄가 피해자 유책과 관련이 있다고 주장하기도 한다. 강간의 경우, 어떤 학자들은 노출이 심한 옷을 입 고 밤늦은 시간에 외출을 하는 여성이 강간범죄의 피해자가 된다면 그 여 성에게도 어느 정도의 책임은 있다고 한다. 여성이 옷차림을 유의하고 밤 늦은 시간에 외출하지 않았다면 강간 또한 일어나지 않았다는 논리이다.

문제는 위와 같은 논리에 있다. 물론 여성이 외출을 하지 않았다면 강 간은 일어나지 않았을 것이다. 하지만 사람의 일이라는 것은 쉽게 예측될 수 있는 것이 아니다. 위와 같은 논리로 따지면 모든 범죄가 다 외출을 한 피해자에게 책임이 있다는 것으로 책임소재가 변질될 수 있다.

물론 모든 범죄에서 피해자 유책성이 있다고 주장할 수 있는 부분도 틀린 것은 아니다. 값어치가 나가는 물건을 가지고 있지 않았다면 절도범죄도 없고, 운전을 하지 않는다면 교통사고도 없을 것이라는 주장은 얼마든지 가능하다. 하지만 그러한 주장은 억지나 다름없다.

하지만 피해자의 유책성을 주장할 수 있는 범죄유형도 존재한다. 대표적인 것이 가정폭력이다. 가정폭력은 고질적으로 해결되지 않는 범죄 중 가장 대표적인 범죄라고 할 수 있다.

예를 들어 남편에게 상습적으로 폭력과 학대를 당하는 아내가 있다. 모든 가정폭력이 그러하듯 하루, 이틀의 문제는 아니다. 아내는 몇 년, 몇 십 년 동안 지속적으로 학대와 폭력을 당해 왔을 것이다. 어느 날 밤 중년의 아내가 잠자고 있는 남편의 목을 졸라 남편을 살해하였다. 다른 사례로는 아내가 남편의 밥에 독극물을 타서 살해한 경우도 있다.

이 사례에서 피해자는 누구이며 피해자 유책을 어떻게 말해야 할지는 논란이 있을 수 있다. 가해자는 아내들이 맞으나 피해자인 남편들에게 과연 책임이 없다고 확신하기 어려운 상황이다. 대부분의 사람들이 위 사례를 들으면 여성인 아내에게 일방적으로 죄를 물을 수 없다고 말할 것이다. 많은 사람들은 아내들이 얼마나 안타까운 상황에 처해있으면 극단적인 선택을 할 수밖에 없었는지 공감할 수 있다.

하지만 법적 처리는 간단하지 않다. 정당방위라는 법률행위는 그 요건이 명확하고 엄격하게 적용되기 때문이다. 우리나라에서는 이러한 고질적인 가정폭력으로 인한 아내의 남편 살해범죄는 만들어낸 이야기가 아니다. 실제로 남편 혹은 애인을 살인한 죄로 수감되어 있는 여성들 중 82.9%는 상대남성으로부터 학대받은 경험이 있는 여성인 것으로 나타나고 있다.

현실적인 법적 처리 문제는 그리 쉬운 문제가 아니다. 많은 사람들이 죄가 없다고 여기는 것과는 다르게 우리나라의 법정에서는 이러한 여성들에게 정당방위를 인정하지 않고 살인죄의 책임을 묻고 있다. 책임이 면제되려면 정당방위의 요건이 충족되어야 하는데, 이러한 여성들에게는 정당방위의 요건 중 없어서는 안 될 '현재'라는 조건이 부재되어 있다는 이유때문에 처벌의 대상이 되고 있다.[24] 여기서 말하는 '현재'란 지금 당장의위험에 처해있음을 말하는 것이다. 하지만 보통 매 맞는 아내들은 남편이자고 있을 경우, 남편이 모르게 이런 일을 저지르는 경우가 많다. 만약 매맞는 아내들이 지금 당장의 위험을 피할 힘이 있다면 오랜 시간의 폭력을견디지도 않았을 것인데 법에서는 그러한 정황을 고려하지 않는 경향이있다. 또한 오랜 시간 학대를 당한 아내들은 자신의 존재에 대해 무기력함을 느끼고 있기에 남편이 아닌 누구에게도 자신 없는 모습을 보이는 특징이 있어서 수사를 받을 때 자신을 변호할 능력이 충분하다고 볼 수 없다.

현재 가정폭력에 학대당한 아내들이 저지른 살인에 대한 처벌에 대하여 가혹하다는 여론이 점점 더 거세지고 있다. 사회 일각에서는 진정한 피해자인 그들에게 올바른 사법 정의의 실현을 위하여 사법부에 정당방위요건에 대한 해석의 확대를 요구하는 움직임도 있다.

가정폭력으로 학대받은 여성들의 특수한 상황을 배려해야 한다는 움직임은 외국에서 먼저 있었다. 1970년대 '르노어 워커Walker'라는 여성 심리학자가 '매 맞는 아내 증후군Battered Women's Syndrome'이라는 명칭으로 이러한 여성들의 무기력함을 이론으로 정립했다. 그리고 캐나다와 미국의 경우 재판의 판결에서도 이 이론을 근거로 가정폭력으로 인한 침해상태가 계속 지속된다는 이유로 정당방위를 인정하고 있다. 1990년대에 이르러 가정폭력에학대 당한 여성이 저지른 범죄에 대하여 무죄의 판결을 내린 사례도 생겨났다.

---

24 형법 제21조(정당방위) ① 자기 또는 타인의 법익에 대한 현재의 부당한 침해를 방위하기 위한 행위는 상당한 이유가 있는 때에는 벌하지 아니한다.
② 방위행위가 그 정도를 초과한 때에는 정황에 의하여 그 형을 감경 또는 면제할 수 있다.
③ 전항의 경우에 그 행위가 야간 기타 불안스러운 상태 하에서 공포, 경악, 흥분 또는 당황으로 인한 때에는 벌하지 아니한다.

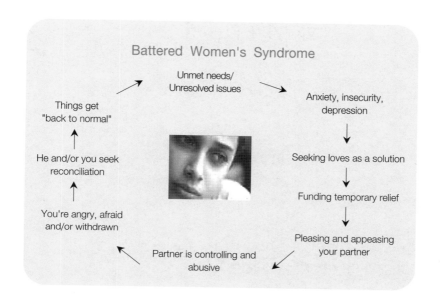

Battered Women's Syndrome

Unmet needs/
Unresolved issues

Things get
"back to normal"

Anxiety, insecurity,
depression

He and/or you seek
reconciliation

Seeking loves as a solution

You're angry, afraid
and/or withdrawn

Funding temporary relief

Partner is controlling and
abusive

Pleasing and appeasing
your partner

하지만 우리나라에서는 아직 정당방위가 인정된 판결은 없다. 다만 최근 들어 이런 사건이 발생하면 지속적인 가정폭력에 시달렸음을 근거로 여성에게 감형을 하는 추세에 접어들었을 뿐이다.

# 피해자가 없는 범죄Victimless Crimes도 피해자가 있는가

## 피해자 없는 범죄는 존재하는가

범죄학에서는 '피해자 없는 범죄'라는 용어가 존재한다. 하지만 범죄현상에 정말 피해자가 없는 범죄가 존재할 수 있는가 의문이 되고 있다.

엄격하게 보자면 피해자가 없는 범죄는 있을 수 없지만 적어도 학문적으로는 '피해자 없는 범죄'라는 용어가 쓰이고 있다. 우리가 일상에서 많이 접하게 되는 강도나 강간, 살인 등의 범죄는 보통 전통적 범죄라고 칭한다. 전통적 범죄에서는 통상 가해자와 피해자가 분명한 상대방으로서 존재하게 된다. 이를테면 전통적 노상범죄는 특정한 가해자가 특정한 피해자에게 범행을 가하는 것을 말한다.

이에 반해 소위 '피해자 없는 범죄'라고 불리는 범죄유형들은 이들 전통적인 노상범죄와는 달리 피해자와 가해자의 관계가 분명치 않다는 점에서 피해자가 없는 것으로 간주한다. 가해자와 피해자의 관계라는 측면에서 전통적 범죄와 다른 형태를 보이기 때문에 이를 통칭하여 '피해자 없는 범죄Victimless Crimes'라고 칭하고 있다.

하지만 피해자 없는 범죄를 이해하기 위해서 우리가 알던 범죄에 대한 일반적 상식을 적용하기는 힘들다. 상식적으로 아무런 피해가 발생하지 않았다면 범죄 자체가 발생하였다고 보기 어렵다. 또 실제로 피해가 없었다면 피해자가 존재할 수 없다. 즉, 엄격한 의미에서는 어떠한 종류의 범죄일지라도 피해자가 없는 범죄는 있을 수 없다는 것이다. 범죄행위란 어떠한 경우일지라도 범행의 실행주체로서의 가해자가 있다면 그 범행의 대상인 피해자가 존재하는 것은 당연하다. 이런 견지에서 봤을 때 피해자 없는 범죄란 원칙적으로 있을 수 없으며, 단지 그 피해자가 전통적 범죄의 피해자와는 다른 성격을 가지고, 그 차이를 구별하기 위해서 붙여진 상징적 명칭이라고 이해해야 한다.

결국, 가해자와 피해자의 관계에 따라 '피해자 있는 범죄'와 '피해자 없는 범죄'로 학문적으로 구별한다고 보면 된다. 그러나 다 같은 피해자 없는 범죄라도 가해자와 피해자의 관계의 특성이 같지는 않다. 따라서 가해자와 피해자의 관계에 따라 학문적으로 피해자 있는 범죄와 피해자 없는 범죄로 구별하는 것을 알아둘 필요가 있다.

## 피해자 없는 범죄의 특성

피해자 없는 범죄는 바로 가해자와 피해자의 관계에 따라 구분할 수 있다. 가해자와 피해자의 관계에서 볼 때 동일범죄의 가해자가 동시에 피해자가 되어 전통적 가해자와 피해자의 상대적 관계가 형성되지 않는 경우이거나 범죄의 피해자가 특정인이 아닌 불특정 다수인이어서 가해자와의 관계가 분명치 않은 경우로 나누어진다고 보면 된다. 다시 말해 가해자와 피해자가 각각 따로 있지 않는 동일한 사람이어서 가해자가 자신에게 피해를 가하는 경우와 가해자는 상대적으로 분명하지만 그 피해자가 불특정한 다수, 즉 누구나 될 수 있어서 피해자를 특정하기 곤란한 경우로 크게 두 가지로 나눌 수 있다.

우선 자신이 가해자인 동시에 피해자인, 그래서 가해자와 피해자가 동일인인 피해자 없는 범죄로 분류될 수 있는 범죄행위는 매우 광범위하다. 가장 빈번하게 거론되는 범죄로 매춘, 낙태, 약물남용, 도박을 들 수 있고, 뇌물, 자살 등은 비교적 낮게 거론되는 피해자 없는 범죄라고 할 수 있다.[25]

먼저 피해자와 가해자가 동일인인 범죄 즉, 개인범죄에 관하여 살펴보도록 하자.

이러한 범죄의 가장 대표적인 것이 매춘賣春이라고 할 수 있다. 매춘은 사

매춘(영화 '노는 계집 창')

회문제와 건강문제를 야기하는 것으로 매춘을 통해 다른 범죄를 일으키고 성병을 확산시키며, 자기 파괴적이며 해악적이고 부도덕한 활동이라고 본다. 매춘이 피해자 없는 범죄로 분류되는 이유는 매춘 여성이든 매춘을 한 남성이든 매춘을 한 가해자이면서 동시에 매춘의 피해자가 되기 때문이다.

약물범죄는 대체로 불법약물의 사용이나 제조와 판매, 그리고 약물의 불법사용이나 제조, 판매행위로 볼 수 있다. 그런데, 피해자 없는 범죄의 한

마약에 중독된 사람들

전형으로서 약물남용을 들고는 있지만, 엄격히 말하자면 불법적 약물과 관련된 모든 범죄, 즉 불법약물의 제조, 공급, 판매 등도 피해자 없는 범죄Victimless Crime의 유형으로 볼 수 있다.

도박 중독 방지 포스터

도박賭博도 약물남용과 같은 심각한 중독성을 가지고 있는 형태로서 도박의 당사자가 가해자이면서 피해자이므로 결과적으로 개인이나 사회 모두에게 많은 손상을 초래할 수 있는 피해자 없는 범죄이다. 병리적 도박은 종종 약물남용, 우울증과 같은 다른 감정적 문제와 함께 발생하고, 도박으로 인한 경제적 손실과

---

25 J. D. Fletcher, "Victims of victimless crimes," in Sgarzi and Mcdevitt(eds.), op cit., pp. 309-330.

빚은 범죄활동, 가정의 파괴, 자살로도 이어질 수 있는 문제점으로 작용한다.

피해자와 가해자가 동일한 유형의 피해자 없는 범죄는 범죄행위로 인한 사회, 경제적 피해도 크지만 가장 직접적이고 가장 큰 피해의 당사자는 바로 가해자 자신이라는 점에서 피해자 없는 범죄로 분류하고 있다. 매춘은 자신을 멍들게 하고, 도박도 가정경제를 파탄나게 하며, 약물 또한 자기 몸을 망치게 하기 때문이다.

두 번째 유형인 피해자가 불특정 다수인 피해자 없는 범죄를 살펴보도록 하자.

피해자 없는 범죄의 두 번째 유형은 피해자가 불특정 다수인인 관계로 피해자의 규명이 명확치 않은 범죄라고 할 수 있다. 이러한 범죄로는 가격담합이나 독과점과 같은 불공정 거래행위의 반신용범죄Anti-trust crime,

환경범죄

환경오염과 같은 환경범죄Environmental crimes, 불안전하고 위험하거나 불완전한 제품의 생산과 판매, 부당, 허위, 또는 과장광고 등 주로 기업에

독과점 사례

의한 범죄Corporate Crimes를 들 수 있다. 이 경우 전통적 노상범죄와 구분되는 이유는 피해자가 특정되지 않았기 때문이다.

〈정치권의 특가법 개정안과 배임죄 해외 사례〉

| 형법 제355조(배임) | 타인의 사무를 처리하는 자가 그 임무에 위배하는 행위로써 재산상의 이익을 취득하거나 제삼자로 하여금 이를 취득하게 하여 본인에게 손해를 가한 때에는 5년 이하의 징역 또는 1천500만원 이하의 벌금에 처한다. |
|---|---|
| 특정경제가중처벌법 (특가법) 현행안 | 횡령이나 배임 규모가 50억원 이상인 피의자의 경우 무기 또는 5년 이상의 징역, 5억원 이상 50억원 미만일 때 3년 이상의 징역(집행유예 가능) |

| 정치권 특가법 개정안 | 횡령이나 배임 규모가 300억원 이상인 피의자의 경우 무기 또는 15년 이상의 징역, 50억원 이상은 10년 이상의 징역, 5억원에서 50억원 미만일 때에는 7년 이상의 징역(집행유예 불가) |
|---|---|
| 배임죄 해외사례 | 독일: 법률 또는 관청의 위임, 법률행위나 신임관계 등 법적 관계가 성립한 주체가 타인의 재산상 이익을 침해할 경우 적용가능<br>일본: 배임으로 생긴 손해에 대한 명확한 의도나 목적이 있어야 적용가능<br>미국 등 기타 국가 배임죄 조항 없음 |

## 피해자 없는 범죄에 대한 대응

이러한 피해자 없는 범죄는 실질적으로 피해가 없는 것은 아니나 특정한 피해자가 존재하는 것도 아니기 때문에 이러한 범죄에 대한 대응에 어려움을 겪고 있다. 기본적으로 피해자 없는 범죄라 하더라도 처리에 대한 별도의 법이나 규정이 없는 이상 지금까지의 전통적 범죄와 다름없이 대체로 유사한 방식으로 대응을 해왔는데, 그러한 대응이 바로 피해자 없는 범죄의 해결에 있어 큰 문제점이자 어려움이 되기도 한다.

우선, 가해자가 동시에 피해자인 경우는 대부분 일종의 명예와 관련된 범죄행위이고 또 피해자 자신이 가해자이기 때문에 처벌의 우려가 있어서 신고되지 않는 경향이 강하다. 설사 신고되거나 사법기관에 인지되더라도 사실 약물이나 매춘, 도박은 단순히 형사정책적 대응인 처벌로만 대응을 하기보다는 오히려 질병으로 인식하여 치료와 올바른 사회구성원으로 다시 회복할 수 있게 사회복지정책의 대응이 요구된다는 주장도 존재한다. 이런 특징 때문에 일부에서는 이들 범죄를 비범죄화 또는 합법화하자는 주장도 나오고 있다.

피해자 없는 범죄의 두 번째 유형인 피해자가 불특정 다수인인 경우도 특정한 개인이 피해자가 아니어서 실제로 범죄로 인하여 발생한 피해사실조차 인지하지 못하는 경우가 많고, 그것이 범죄행위에 해당되는지 조차잘 알지 못하는 경향이 있다. 또한 이러한 유형의 피해자 없는 범죄는 대부분의 범죄가 형법에 의한 형벌보다 행정법이나 회사법에 의한 행정벌로 책임을 묻게 되어 있어 그 피해에 상응한 강력한 처벌이 잘 이루어지지 않는 경향이 있다. 따라서 형벌을 통한 범죄억제가 잘 이루어지지 않고 있다. 이러한 문제점으로 인하여 대응의 개선점으로 일부에서는 행정벌이 아닌 형벌로서 책임조항을 규정하여 강력한 대응의 필요성을 강조하고, 법인뿐 아니라 법인 대표자나 책임자에 대해서도 처벌을 할 수 있는 '양벌규정兩罰規定'26을 요구하기도 한다.

---

26 양벌규정이란 위법행위에 대하여 행위자를 처벌하는 외에 그 업무의 주체인 법인 또는 개인도 함께 처벌하는 규정으로 쌍벌규정이라 칭하기도 한다.

# 범죄 피해아동의 법정 증언은 믿어야 하는가

　최근 들어 사회에서 가장 보호받아야 할 어린이들을 상대로 한 범죄가 급증하고 있다. 그런데 아동들을 상대로 한 범죄는 목격자가 있는 경우가 드물어서 결정적인 증거가 없는 사례가 많다고 한다. 특히 더 큰 문제는 영·유아들을 상대로 한 범죄는 피해아동들이 가해자나 피해상황에 대한 정확한 진술능력이 없기 때문에 범죄수사나 재판에 어려움이 많다고 한다. 그러면 아동들을 상대로 한 범죄에 대한 수사나 재판은 어떻게 이루어지는가.

　아동에 대한 범죄는 성인에 대한 그 어떤 범죄보다 피해가 크다. 해당 범죄로 인한 직접적인 피해뿐만 아니라 이후 진행되는 형사절차와 관련해서 받는 또 다른 2차 피해도 매우 심각하다. 과거 수사기관에서 여러 차례 피해 아동들을 소환해 조사를 하였음에도 다시 법정 증인으로 불러 피고인 앞에서 증언케 하여 2차, 3차 피해가 반복되는 경우가 허다했다고 한다.

　그렇다보니 실질적으로 아동 대상 범죄가 발생했을 때 수사기관이나 재판기관에서는 아동을 제대로 보호해 주지 못하고 있다고 볼 수 있다. 요즘같이 아동을 상대로 한 성폭력 범죄가 늘고 있는 현상에서 매우 심각한 문제로 대두되고 있다. 조두순 사건, 김길태 사건 같이 극악무도한 성폭력 사건이 많은데 수사기관에서는 피해자나 피해아동들을 제대로 보호해 주지 못하고 있다는 시각이 크다.

하지만 현재의 제도에 대한 사람들의 인식은 잘못되었다. 과거 비록 피해아동에 대한 수사 중 피해아동에 대한 인권침해가 문제되었지만 요즘은 제도적으로 많이 보완되어서 과거와 같은 심각한 2차 피해는 거의 없다. 성폭력특별법에서는 검사 또는 사법경찰관이 성폭력 범죄 피해아동의 연령, 심리상태 등을 고려해서 조사과정에서 피해자의 인격이나 사적인 비밀이 침해되지 않도록 강제하고 있다. 그리고 법무부에서도 인권보호수사준칙을 만들어서 피해아동이 연소자인 경우 친족 등을 보조인으로 선정할 수 있도록 하고 있다. 대검찰청에서는 13세 미만 아동의 성폭력 피해 사건 조사를 전담할 검사를 지정하고, 성폭력상담전문가나 아동심리전문가를 수사단계부터 참여시킬 수 있도록 하고 있다.

수사단계에서의 범죄 피해아동들의 참여도 중요하지만 범죄를 입증하기 위해서는 법정에서의 실제 증언이 중요하다. 조두순 사건이나 김길태 사건 같은 경우, 피해자의 증언이 범죄 입증에 결정적인 역할을 하기 때문에 법정에서의 피해아동들의 증언은 필수적일 수밖에 없다.

법원에서는 한 판례에서 사고 당시 10세 남짓한 초등학교 5학년생의 경우에 증언이나 진술 전후 사정을 보아 의사판단능력이 있다고 보았고, 사고 당시 만 3년 3월 남짓인 아동의 경우에도 증인으로 불러서 증언하게 했었던 적이 있다. 법원에서는 그런 아동들의 진술능력을 인정하여 유죄 판결을 내렸다.

문제는 어린 아동들을 법정으로 불러 판사나 검사뿐만 아니라 가해자인 피고인이 보는 앞에서 증언을 할 때 발생하는 2차 피해이다. 우리나라에서는 재판을 공개하는 것을 원칙으로 하고 있는데 방청객들이 보고 있는 가운데 아동 피해자들이 제대로 증언하기가 어려울 수가 있다.

실제로 재판정에서 아동들이 피고인 면전에서 증언을 한다는 것은 그 자체가 아이러니라고 할 수 있다. 불과 얼마 전까지만 해도 피해를 가했던 피고인이 변호인과 함께 아동 피해자를 직접 신문하곤 했었는데, 이것은 법제도적으로나 국민의 법감정이 허용할 수 없는 부분이었다. 이와 관련해서 미국에서는 이미 수십 년에 걸쳐 과연 아동피해자를 증인으로 법정에 직접 불러 신문할 수 있느냐, 특히 피고인이 반대신문까지 할 수 있느냐에 대해 법정공방이 있어 왔다.

1990년 미국 연방대법원은 'Maryland v. Craig 사건'에서 이 문제를 상세히 다룬 바 있다. 이 판결에서는 "아동 학대 피해자의 신체적·심리적 복지에 대한 공공의 이익은 적어도 일부 사건에서는 피고인의 증인반대신문권을 능가할 수 있다. 반대신문권이 제한되기 전에 법관은 피고인의 존재가 단순한 신경성nervousness이나 흥분이나 증언을 꺼리는 정도를 넘어 정서적 고통Emotional distress을 주는지 여부를 판단해야 한다. 나아가 아동의 스트레스는 피고인에 의한 것이며, 법정이나 방청객 그 밖의 다른 요인에 의한 것이어서는 아니 된다"고 결정하였다. 즉, 아동 피해자의 정서적 고통을 피하기 위해서라면 피고인의 증인반대신문권도 제한할 수 있다고 결정한 것이다.

우리나라의 경우는 미국처럼 피고인이 아동 피해자를 증인으로 신문할 수 없도록 되어 있지는 않지만 미국과 유사하게 아동 피해자들을 보호하는 방향으로 제도가 바뀌어 가고 있다. 특히 2004년 10월부터는 아동 성폭력 피해자의 경우 법정밖에 설치된 증언실에서 법정과 연결된 카메라와 모니터를 통해 증언할 수 있도록 법이 개정되었다. 아동은 별도의 증언실에서 모니터를 통해 법정내부를 볼 수 있고, 판사, 검사 및 피고인 역시 법정 내부에 설치된 모니터를 통해서만 아동 증인을 볼 수 있도록 되어 있다.

이 제도에서도 문제가 없는 것은 아니다. 법정

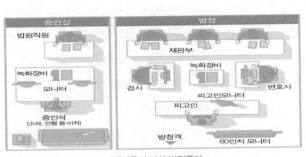
피해아동의 영상 법정증언

증언시 아동이 모니터를 통해 피고인을 볼 수 있기 때문에 정신적인 피해가 커서 제대로 증언하기 어렵다는 점이 존재하는 것이다. 그래서 그에 대한 보완점으로 아동 증인이 이와 같은 중계장치를 통해 피고인을 대면하는 것이 아동 보호를 위해 상당하지 않다고 판단되는 경우 아동 증인이 보는 영상장치의 작동을 중지할 수 있게 하였다.

우리나라에서도 아동증인을 보호하기 위하여 많은 노력을 기울이고 있으나 아직 충분치 않다. 그래서 아직 제도화되어 있지는 않지만 피고인이 아동 증인을 상대로 반대신문을 할 때에는 판사의 입을 통해서만 신문할 수 있도록 하는 방식으로 진행하는 제도를 진지하게 고려해야 한다.

피해아동들이 법정증언으로 인하여 정신적 피해가 크게 우려되는 경우에는 아동이 법정 근처의 별도 증언실에서도 증언하지 않도록 할 수 있다. 특히 만 13세 미만의 아동의 경우나 아동심리전문가가 동석한 상태에서 법원이 아닌 외부 장소에서의 조사과정을 영상물 녹화장치에 촬영·보존해 둔 것이 있다면 이를 증거로 제출하여 증언에 갈음하도록 할 수 있다. 이 경우에는 아동과 동석한 부모나 아동심리전문가가 법정에 출석하여 해당 영상물이 진실되게 녹화된 것임을 증언함으로써 증거자료로 채택될 수 있다.

현재 우리나라도 과거에 비해 피해 아동들의 법정증언으로 2차 피해가 발생하는 것을 막고자 많이 노력하고 있다. 조두순 사건처럼 진술녹화를 몇 차례 반복함으로써 어린 피해아동을 재차 고통스럽게 했던 전철을 다시는 밟지 않도록 노력해야 한다. 앞으로도 더 신경써야 할 부분이 많지만, 무엇보다도 제일 중요한 것은 아동을 상대로 한 범죄가 근절될 수 있는 제도적 뒷받침이나 사회적인 분위기 조성이 더욱 중요하다.

# 범죄에 대한 두려움Fear of Crime은 사실인가, 허구인가

보통 세상에서 가장 무서운 존재는 귀신이나 미지의 존재가 아닌 바로 사람이라고 한다. 사람이 가장 무서운 이유는 사람들이 다른 사람과 싸울 수 있고, 때릴 수 있고, 상처를 줄 수 있으며, 심지어 죽일 수도 있기 때문이다. 이 세상에서 아마도 사람만이 원초적 생존을 위해서가 아닌 이유로 같은 종족인 사람을 죽일 수 있는 존재일 것이다. 아마도 그렇기 때문에 사람에게 가장 무서운 존재가 사람이라고 보는 것이 아닐까 유추해본다.

사람이 사람을 무서워하는 대표적인 이유로는 바로 범죄에 대한 두려움과 공포 때문이다. 언제, 어디서, 누가, 어떻게 나를 해칠지 모른다는 불안, 걱정, 우려 등이 우리로 하여금 다른 사람들이 일으킬 범죄를 두려워하고 공포를 갖게 하는 것이다.

범죄에 대한 두려움과 공포란 학문적으로는 개인이 밤길을 혼자 걸을 때 어느 정도 안전하게 또는 무섭게 느끼는가를 물어서 범죄에 대한 두려움과 공포를 측정하는 것이 대표적이다. 이러한 측정을 범죄에 대한 일반적 두려움General fear of crime이라고 하며, 개인이 특정한 범죄의 피해자가 될 가능성, 확률이 어느 정도나 된다고 생각하는지를 물어서 측정하는 것을 범죄에 대한 특정한 두려움과 공포Concrete 또는 Specific fear of crime라고 한다.

그러한 척도로서 측정된 범죄에 대한 두려움의 수준은 상당하다. 세계적으로도 범죄문제는 가장 심각한 사회문제의 하나로 알려지고 있다. 과거 냉전시대에는 전쟁과 기아가 가장 심각한 사회문제로 지적되었으나 지금은 범죄문제가 그 자리를 대신하고 있을 정도로 사회의 범죄문제는 아주 심각한 상황이다. 그래서 사람들이 느끼는 범죄에 대한 두려움도 상당한 수준에 이르고 있다. 실제로 조사 자료에 의하면 세계 어느 나라에서나 조사대상자의 70~80%는 야간에 동네 주위를 혼자 걷기가 두렵고 무섭다고 한다.

사람들이 범죄에 대한 두려움을 크게 가지는 것에 비해 실질적으로 범죄를 경험하는 이들은 상대적으로 적다. 실제로 범죄피해를 경험했다는 사람은 사회 전체적으로 보았을 때 소수인 것이다. 결국 범죄피해를 경험하는 것이 두려움에 비하여 쉽지 않다는 것이고, 범죄피해를 경험하지 않는데도 불구하고 사람들은 필요 이상으로 범죄를 두려워하고 있다는 결론을 내릴 수 있다.

범죄에 대한 두려움에 비하여 실제로 겪게 되는 범죄경험은 소수이기 때문에 범죄의 두려움은 허구이거나 혹은 과장되었다고 주장하는 이들도 있다. 이러한 주장 때문에 범죄의 두려움에 대한 논란은 지속되고 있다.

그와 같은 괴리는 어떻게 발생하는 것일까. 왜 우리 사회의 범죄현실과 시민이 느끼는 범죄에 대한 두려움의 차이가 생기는 것일까. 이러한 괴리가 "통계치안과 체감치안의 차이인가"라는 질문을 하지 않을 수 없다.

범죄에 대한 두려움과 실질적인 범죄경험과의 차이에 대한 설명으로는 여러 가지가 있을 수 있다. 우선 시민들이 범죄에 대해서 공포와 두려움을 느끼는 이유에서 그 해답의 일부나마 찾을 수 있다.

학자들에 의하면, 범죄에 대한 두려움은 상당 부분 심리적 작용에 영향을 받는다고 한다. 사람들이 실제발생하는 범죄현실 이상으로 범죄를 두려워하는 가장 큰 이유는 누가, 언제, 어디서, 어떤 범죄를 당할지 알 수 없는 불확실성 때문이라고 한다. 누가, 왜, 언제, 어디서, 무슨 범죄를 당하게 될 지 알 수 있다면 그에 대비할 수 있지만 그렇지 못하기 때문에 더 두려워진다는 것이다.

더군다나 학자들에 따르면 시민들 중에서도 신체적으로, 사회경제적으로, 심리적으로 취약한 사람일수록 두려움을 더 많이 느끼게 된다고 본다. 그 이유는 범죄로부터 자신을 보호할 능력이 없거나 부족하다고 생각하기 때문에 필요 이상으로 두려워하게 된다는 것이다.

또 다른 원인론적 관점에서의 설명은 언론의 영향을 들고 있다. 언론의 범죄보도가 우리 사회의 범죄현상을 과장해서 보도하여 범죄의 실상을 왜곡하기 때문에 일반사람들이 범죄문제를 사실보다 훨씬 심각하게 인식하게 되어 발생한 결과라는 주장도 존재한다. 이러한 주장은 언론의 범죄보도를 많이 접한 사람일수록 범죄에 대한 두려움도 더 많다는 다수의 연구결과로도 입증되고 있다. 이는 언론에서 대부분 잔혹하고 폭력적인 형태의 범죄들을 집중적으로 보도하기 때문에 더욱 심화되고 있다고 말한다.

이러한 현상들을 살펴볼 때, 시민들이 가지는 범죄에 대한 두려움이나 공포가 우리 사회의 실제 범죄현상을 직접적으로 반영한 결과가 아니라는 것을 알 수 있다.

예를 들어 서울의 치안상태에 대하여 이야기 해보자. 서울은 세계에서 치안유지가 잘 이루어지는 대도시Mega city 중 하나이다. 서울을 방문한 외국의 범죄학자들조차도 서울은 매우 안전하게 느껴진다고 말할 정도이다. 실제로 우리나라의 범죄 발생률이나 기타 치안지표들을 보면 외국에 비해 매우 안전한 나라임에도 불구하고 국민들이 느끼는 범죄에 대한 두려움은 외국에 비해 더 높은 편이다.

이러한 사실들을 비추어 볼 때, 범죄현실과 범죄에 대한 두려움은 반드시 정비례하는 것은 아니며, 그런 면에서 우리나라에서의 상대적으로 높은 범죄에 대한 공포수준은 우리 사회의 범죄현실보다 상당히 과장되었다는 것을 알 수 있다.

## 계층에 따라 다른 범죄에 대한 두려움

범죄에 대한 두려움은 신체적, 사회경제적, 심리적으로 취약한 사람이 그렇지 않은 사람들보다 더 높은 수준의 범죄에 대한 두려움을 가진다고 나타난다. 이러한 점을 유추해보아도 범죄에 대한 두려움이 실제 범죄현실보다 과장될 수 있다는 것을 보여준다.

사회에서 신체적으로나, 사회경제적으로나, 심리적으로 취약한 사람들은 노인이나 어린이, 여성, 빈곤계층과 같은 사회적 약자들이다. 그들은 범죄로부터 보호를 받기 어렵다는 인식 때문에 범죄에 대한 두려움을 가장 많이 느끼는 부류의 사람들인데 실제로 사회적 약자들이 범죄피해를 당할 가능성은 상대적으로 낮은 편이다. 범죄 피해자가 될 가능성은 낮은데도 더 높은 두려움을 느끼기 때문에 범죄에 대한 공포가 과장되었다고 본다.

노인, 여성, 어린이들은 취약하지만 동시에 외부 활동이 많지 않아 범죄의 위험성에 노출될 가능성이 낮아져 범죄의 피해를 경험할 확률 또한 그만큼 낮아질 수 있다. 하지만 이러한 사회적 약자들이 범죄피해 확률이 가장 낮으면서도 범죄에 대한 두려움은 가장 높다는 점에서 범죄에 대한 두려움이 과장될 수 있음을 보여주고 있다.


## 범죄피해를 경험한 사람과 경험하지 않은 사람 사이에 생기는 범죄에 대한 두려움의 차이

범죄피해를 경험한 사람과 경험하지 않은 사람 사이에 발생하는 범죄에 대한 두려움이 사실에 기초한 것인지 아니면 과장된 우려나 염려 때문인지 확인할 수 있다면 사람들이 가지는 범죄에 대한 두려움을 설명할 수 있다.

왜 사람들이 범죄에 대한 두려움을 가지는가에 대한 설명을 위하여 다수의 학자들은 배경으로 직접적인 범죄피해 경험을 들고 있다. 즉, 사람들자신이 직접 범죄피해를 경험하였기 때문에 또 다시 범죄피해의 고통을 경험하게 될까 두려워하게 된다는 것이다. 이러한 주장에 대해서는 상반된 연구결과가 나오고 있다.

일부에서는 실제로 범죄피해를 경험하여 범죄를 더 두려워하게 된다고 주장하는 반면에 다른 일부에서는 범죄피해를 직접 경험하기 전에는 막연한 두려움 때문에 범죄를 무서워하였는데 막상 경험하고서는 충분히 감내할 수 있는 정도로 인식하게 되어 오히려 범죄에 대한 두려움을 적게 느끼게 된다고 주장한다. 이들의 주장은 꼭 어린 시절 예방주사를 맞기 전에는 무척 겁을 먹지만 막상 맞아보고는 그 다음부터 그리 겁을 먹지 않게 되는 것과 같다. 이러한 설명을 보더라도 시민들의 범죄에 대한 두려움은 일정 부분 가공되거나 과장된 것일 수 있다고 본다.

전반적으로 살펴보면 범죄에 대한 두려움은 과장된 측면이 크다는 결론을 내리기 쉽다. 그렇더라도 범죄에 대한 두려움이 사람들에게 미치는 파급력을 무시할 수는 없다. 사람들은 범죄에 대한 두려움 때문에 가고 싶은 곳에 가고 싶을 때 가지 못하고, 하고 싶은 것을 하지 못하고 스스로를 새장 속에 가두는 불행한 일이 발생할 수 있다. 그래서 범죄에 대한 두려움에 대하여 인간의 삶의 질과 같은 맥락에서 접근할 필요가 있다는 주장도 나오고 있다. 하루 빨리 사람들이 범죄에 대한 두려움을 느낄 수 없는 양질의 삶을 누릴 수 있는 사회를 구성하는 것이 시급하다.

# 5

## 범죄 대응의
## 철학

# 범죄와의 전쟁은 이길 수 있는가

우리나라의 1980년대 후반 1990년대 초반 노태우 정부에서는 사회 안정화 정책의 일환으로 '범죄와의 전쟁'이라는 형사정책을 강력하게 추진했었다. 미국에서는 우리의 범죄와의 전쟁과 유사한 정책으로 '마약과의 전쟁War on Drugs'을 오랜 기간 동안 수행해오고 있다. 가장 최근인 2014년 2월 검찰에서는 다시 범죄와의 전쟁을 선포하기도 했다.

과연 '범죄와의 전쟁'이란 무엇일까?

사실 범죄와의 전쟁은 제대로 된 표현이라고 볼 수 없다. 일반적으로 전쟁이라고 하면 밖으로부터 침입해오는 적을 물리치고, 국가와 민족을 지키기 위한 싸움 정도로 알고 있다. 그러나 범죄와의 전쟁은 전쟁의 대상이 외세나 외국이 아니라 바로 자국민이란 점이 일반적 전쟁에 대한 상식과 다른 점이다.

과연 정부나 국가가 자기국민을 대상으로 전쟁을 선포할 수 있는가부터 문제가 된다. 물론, 예외적으로 국가를 전복하려는 내전內戰과 같은 경우는 대부분 자기국민들이 전쟁의 대상이 되겠지만 범죄와의 전쟁에서는 그 대상인 범죄나 범죄자가 국가전복의 위협이나 위험까지 내포할 정도는 아닌 것으로 여겨지고 있는 상황이다. 이런 면에서 일부에서는 범죄와의 전쟁이 그 용어부터 문제가 있다는 지적을 하고 있다.

하지만 그럼에도 불구하고 국가기관들은 범죄와의 전쟁과 같이 국가가 자국민을 대상으로 하는 전쟁을 벌여 나간다. 국가가 이렇게까지 하는 이유는 간단하다. 국가와 정부의 입장에서는 사회의 범죄문제가 나라의 안전을 해칠 만큼 위험한 상황이고 따라서 반드시 시급히 제압되어야 한다고 판단했기 때문이다. 이는 곧 범죄와의 전쟁을 할 정도로 정부의 의지가 강력하다는 일종의 선전포고와 같은 것이기도 하다. 뿐만 아니라, '범죄자의 교화개선을 통한 사회복귀'와 같이 실패했던 다양한 형사사법정책의 결과로 인한 사회 공공의 안전의 위기를 타개하기 위하여 다른 조치를 취해야 하는 물러설 수 없는 현실적 절박함도 함축되어 있다.

## 범죄와의 전쟁에서 사용되는 전략과 전술

범죄와의 전쟁에서 핵심 전략은 바로 범죄에 대한 강력한 대응, 즉 '강경대응정책Get-tough Policy'이라고 할 수 있다. 그에 따른 구체적인 전술로는 나라에 따라 다소의 차이는 있지만 다양하다.

대표적인 예시가 바로 처벌의 강화이다. 모든 범죄자에게 범죄를 저지를 경우, 신속하고, 확실하며, 엄중하게 처벌을 받는다는 인식을 심어주자는 것이다. 범죄자들에게는 형벌의 고통을 경험하게 함으로써 다시는 재범을 하지 않도록 범행동기를 억제시키고, 일반 시민들에게는 누구나 범행을 하면 반드시 엄중한 처벌을 받게 된다는 일종의 경고를 가함으로써 잠재적인 범행동기를 억제시키자는 것이다.

이러한 주장을 학계에서는 전자를 특별억제 또는 특별예방Special deterrence or prevention, 그리고 후자를 일반억제 또는 일반예방General deterrence or prevention이라고 칭하고 있다. 범죄와의 전쟁 당시 유행하던 '필벌', '엄벌' 등과 같은 사법용어를 살펴볼 때, 범죄자에 대한 강력한 처벌이 당시 범죄와의 전쟁을 위한 대표적인 전술이었음을 잘 보여주고 있다.

처벌의 강화 전술 말고도 다양한 전술들이 존재한다. 그 중 대표적인 것이 '무능력화'이다. 여기서 무능력화란 범죄자를 교정시설에 수용함으로써 수용기간 동안 더 이상 범행을 못하도록 범죄자의 범행 능력을 무력화시키자는 것이다. 어느 나라에서나 대부분의 범죄자에게 있어서 가장 엄중한 처벌이며 따라서 가장 큰 억제효과를 기대할 수 있는 처벌이 바로 자유형, 즉 범죄자를 교도소와 같은 교정시설에 수용하여 자유를 박탈하는 자유형이기 때문에 범죄자가 사회에서 더 이상 범죄를 저지를 수 없게 수용을 통해 무능력화Incapacitation하는 것도 범죄와의 전쟁에서 효과적인 전술 중 하나이다.

삼진아웃3 Strikes-Out제도 또한 범죄와의 전쟁을 대표할 수 있는 전술이라고 할 수 있다. 삼진아웃은 동일한 범죄자가 3번째 중범을 범하면 가석방 없이 영구히 교정시설에 수용함으로써 그의 범행능력을 원천적으로 박탈하여 사회로부터 격리시켜 범행능력을 무력화시키는 것을 말한다. 이는 마치 전쟁에서 발생한 전쟁포로를 잡아서 적의 전력에서 배제시키는 것과 비슷한 맥락을 가진다.

그렇다고 범죄자에 대한 강력한 처벌이 능사는 아니다. 강력한 처벌에도 부작용은 있기 마련이다. 우선 지나친 엄벌주의는 죄형법정주의와 형벌의 비례성Proportionality이라는 원칙과 충돌할 우려가 있다. 형벌은 반드시 법으로 정해진 것이어야 하는데도 불구하고 법정형을 초과하는 문제, 동일한 범죄에 대해서 상이한 처벌을 하는 형평성의 문제발생 위험성이 존재한다. 법치주의사상에서 형벌은 법으로 정해진 것만 가능하며, 죄에 상응한 처벌만이 가능하다. 하지만 범죄와의 전쟁에서 나오는 전술들은 죄와 벌이 비례해야 하는 원칙에 어긋날 수 있다.

미래의 재범가능성이나 위험성을 이유로 죄에 상응한 형기 그 이상의 부가적인 형벌은 죄형법정주의에도 어긋날 뿐 아니라 이중처벌의 논란도 초래될 수 있다. 이 문제는 다시 사법정의에 대한 근본적인 의문을 야기할 수 있게 되고, 나아가 법과 사법제도 전반에 대한 불신과 반감을 초래하게 되는 문제를 야기할 수 있다.

## 범죄와의 전쟁의 효과는

범죄와의 전쟁의 단기적인 효과는 있다고 본다. 그러나 이러한 단기적인 효과는 소위 '공표효과Announcement Effects'에 지나지 않는다고 할 수 있다. 즉, 연말연시에 음주운전에 대해서 강력하게 단속하겠다거나 성매매를 특별히 단속하겠다는 등의 선전과 같은 발표가 나가게 되면 일시적으로는 주춤하게 되어 단기적인 감소를 기대할 수 있지만 시간이 흐르면서 사람들의 뇌리에서 잊혀져가게 되어 경각심이 둔화되면서 그 효과는 크게 낮아진다.

하지만 장기적인 효과에 대해서는 의구심이 존재한다. 가장 먼저 지적할 수 있는 문제가 지나친 엄벌주의로 인한 전과자라는 낙인의 양산과 수용된 후에 수용시설에서 범죄의 재교육으로 인한 범죄의 학습이 야기될 위험성이 크다. 특히 사형과 종신형을 제외하고는 범죄자를 우리 사회로부터 영원히 격리할 수 없고, 따라서 언젠가는 사회로 돌아온다는 점을 고려한다면 교정시설에서의 범죄의 학습과 전과자라는 낙인은 그들의 사회복귀를 더 어렵게 하여 재범률Recidivism Rate을 높이게 되고, 결국 재범의 위험성이 더 높은 '범죄예비군'만 양산하게 되어 강력범죄의 증가라는 나쁜 결과를 초래할 우려도 있다.

더군다나 사법제도와 법에 대한 불신과 반감은 사회에 대한 증오로 이어지게 하여 소위 말하는 '묻지마 범죄'와 같은 무차별 범죄인 증오범죄Hate Crimes를 유발시킬 동기로 제공될 수도 있다. 이와 같이 범죄와의 전쟁이 기대만큼 효과를 가져다주지 못하면서 부수적인 부정적 영향을 많이 초래할 수 있다.

그뿐만 아니라 범죄와의 전쟁은 범죄자 대체Criminal Displacement의 문제를 발생시킬 위험성이 크다. 범죄자 대체란 쉽게 표현하면 범죄자의 교체 또는 보충이라고 할 수 있는 것으로, 범죄와의 전쟁의 결과로 발생한 중누범 범죄자를 시설에 수용함으로써 그들의 범죄능력을 무력화시킬 수 있을지 모르지만 그들은 언제나 다른 범죄자로 대체될 수 있기 때문에 범죄와의 전쟁에서 권장하는 무능력화를 통한 범죄억제가 사실은 그 효과를 기대하기 어렵다는 것이다. 그것은 강력범죄자를 교정시설에 수용하면 그들의 범행능력이 무력화되고 그들에 의해 범죄가 예방된 만큼 우리 사회의 범죄도 예방될 것이라고 기대하지만 사실은 잠재적 범죄자들이 그들의 빈자리를 대체하게 되어 사회의 전반적인 범죄수준은 변하지 않을 수 있다.

이는 꼭 '호랑이 없는 골짜기엔 토끼가 선생谷無虎先生兎'이라는 말과 유사하며, 한편으로는 운동경기에서 주전선수가 부상을 당해서 경기력이 무력화되면 그 자리를 후보선수들이 얼마든지 채우게 되는 것과 같다.

또한 범죄와의 전쟁에서 필요한 제반시설의 부족으로 긍정적인 효과보다는 부정적인 역효과가 제기되기 쉽다. 특히 무능력화를 위해서는 충분한 수용시설의 확보가 필수적인데 제한된 예산과 재화로는 한계가 있다. 그 결과 무능력화를 위한 수용은 과다수용과 과밀수용Overcrowding을 초래하게 되어 교정경비의 증대와 교정환경의 악화를 가져오게 되는 문제가 발생하기 쉽다.

물론 이 문제를 해결하고자 미국에서는 Greenwood의 제안으로 선별적 무능력화Selective Incapacitation를 도입하기도 하였다. 선별적 무능력화는 사회의 강력범죄의 다수는 일부 중누범자들에 의한 것이기 때문에 모든 범죄자를 다 무조건 시설에 수용할 것이 아니라 이들 일부 재범위험성이 높은 중누범 범죄자만 선별하여 수용해도, 과다 및 과밀수용 없이 상당한 강력범죄를 예방할 수 있다고 본다.

범죄와의 전쟁은 의도의 거창함과는 달리 생각보다 좋은 효과가 많지 않다. 하지만 범죄문제에 대한 만족스런 해법을 사법당국이나 정부에서 찾지 못하고 있다. 그리고 범죄자에 대한 가능한 많은 시도를 했음에도 상황은 달라지지 않고 오히려 범죄문제는 더 악화되는 경우가 많다. 이러한 상

황에서 사법당국이 사회와 공공의 안녕과 보호 및 질서의 유지라는 공공의
이익을 우선하여 일부 범죄자에 대하여 사회로부터의 격리를 통한 범행능
력의 무력화라는 편리한 선택을 한 결과 범죄와의 전쟁은 지속되고 있다.

## 檢, 24년만에 범죄와 전쟁

### 3세대 기업형 조폭 대대적 척결

1990년 '범죄와의 전쟁'으로 조직폭력배를 대대적으로 단속한 검찰이 24년 만
에 집중적인 조폭 단속에 나선다. 특히 합법적인 사업가로 위장해 활동하는 이른
바 '3세대 조폭'들을 척결하기 위해 수사력을 집중한다.

대검찰청 강력부(부장 윤갑근 검사장)는 21일 오후 1시부터 서울 서초구 대검 15층
대회의실에서 '전국 조폭전담 부장검사·검사·수사관 전체회의'를 개최했다.

이날 회의에는 일선 검찰청 조폭 전담 부장검사뿐 아니라 처음으로 조폭전담
검사와 조폭정보 담당 수사관까지 한자리에 모여 대책 마련을 위한 논의를 진행했
다. 일선 검사와 수사관들까지 한자리에 모인 것은 검찰 66년 역사상 처음이다.
이날 회의 참석자들은 제3세대 조폭들이 형성하고 있는 대규모 지하경제 영역에
대한 대대적 총력 단속으로 조폭 기반을 와해해야 한다는 데 뜻을 모았다. 이들은
최대 120조원대로 추정되는 인터넷 도박, 사금융 시장 등에서 활동하면서 '불법
지하경제'를 주도한 것으로 알려져 있다.

검찰은 단속을 통해 박근혜 대통령이 강조한 '지하경제 양성화'에 기여하겠다는
의지도 드러냈다. 조폭은 유흥업소 갈취와 주류 도매상 운영 위주였던 1세대 '갈취
형', 부동산과 재개발·재건축 등 각종 이권에 개입해 영역을 넓혀 나간 2세대 '혼
합형'을 거쳐 요즘은 3세대 '합법 위장 기업형'으로 진화했다고 검찰은 설명했다.

검찰 관계자는 "1990년대 '범죄와의 전쟁' 후 조폭들 활동이나 조직 운영 방식
이 어떻게 변화했는지에 대한 면밀한 분석이 없었다"며 "과거와 같은 조폭 간 대
치, 칼부림 등 폭력 사태에 대한 단속만으로는 실효성 있는 대처가 어렵다고 판단
해 새로운 수사 패러다임을 논의하기 위한 회의를 개최했다"고 설명했다.

[이동인 기재
출처: MK뉴스, 2014. 2. 22.

# 범죄통제와 적법절차, 무엇이 더 중요한가

경찰관이 범죄피의자나 용의자를 체포할 때 용의자에게 주어지는 권리를 고지해야 합법적인 체포로 인정받을 수 있다. 이 때 용의자에게 고지되는 권리를 '미란다경고Miranda Warning'라고 한다. 미란다경고는 범죄피의자라 할지라도 각종 권리를 보장받을 수 있다는 사실을 알려주는 것이다.

범죄피의자에게 알려주는 것을 미란다경고라고 칭하는 이유는 두 가지가 있다. 첫째는 경찰관에게 피의자의 권리가 무엇인지 반드시 알려줘야 한다는 경찰관에게 하는 경고의 의미이고, 두번째는 피의자에게 이런 저런 권리가 있는데 자신의 권리를 행사하지 않으면 손해라는 피의자에게 하는 경고의 뜻이 포함된다.

미란다경고의 내용에 속해 있는 범죄피의자가 가지는 구체적인 권리는 크게 네 가지로 구성되어 있다. 먼저 범죄피의자는 묵비권, 즉 침묵을 유지하고 아무런 말을 하지 않을 권리가 있으며, 두 번째로 범죄피의자가 하는 말이나 행동이 나중에 재판장에서 자신에게 불리하게 이용될 수 있고, 세 번째로 변호사의 조력을 받을 권리가 있으며, 네 번째로 변호사를 선임할 수 없으면 국선변호사가 선임될 것이라는 내용으로 되어 있다. 미란다 원칙에서는 위의 네 가지 권리고지를 모두 마친 후 마지막으로 위 권리의 내용을 이해하는가를 묻는 것으로 끝난다.

이렇듯 긴박한 범인체포 현장에서 범죄용의자에게 반드시 자신의 권리를 주지시키도록 강제하는 이유는 적법한 절차에 의하지 않은 증거는 증거로서의 효력을 가질 수 없기 때문이다. 미국의 O. J. Simpson 사건이 적법 절차를 어긴 상태에서 수집한 증거가 증거능력이 부정되어 무죄가 된 대표적인 사례이다. 일반 시민들의 상식으로는 Simpson이 자신의 옛 부인을 살해한 것으로 판단하고 있었고, 사실 이어진 민사소송에서는 어마어마한 금액을 전 부인의 가족에게 배상하라는 판결을 받았다. 이러한 재판결과로 볼 때, 그가 전 부인을 살해했음을 인정하는 것임에도 불구하고 아무런 형사처벌을 받지 않았다. 이유는 단 한 가지 그를 담당하였던 형사가 인종차별주의자라는 것이었다. 사건담당자인 인종차별주의자 형사가 흑인인 Simpson에게 주어져야할 적법한 절차를 제공하지 않았다는 변호인 측의 주장이 재판부에 인정이 되어 재판부는 그가 수집한 증거의 증거능력을 부정했다. 그렇게 적법절차에 의하지 않았기 때문에 무죄라는 것이 당시 배심원들의 판단이었다.

정황상 유죄가 확실하고 인정되지는 않았지만, 증거에 의하면 Simpson이 살인범임이 확실하나 적법절차에 의하지 않았기 때문에 법에 의한 처벌에서 배제된 것이다. 이러한 현상에 대하여 사람들은 반감을 가질 수 있으나 미국의 형사사법제도가 무엇을 높이 평가하는가를 잘 보여주는 사례라고 할 수 있다.

형사사법제도가 추구하는 우선적 가치는 두 가지가 있다. 하지만 이 두 개의 가치는 추구하는 목표가 서로 상충된다. 그 두 가지 가치는 바로 적법절차Due Process와 범죄통제Crime Control이다.

범죄통제Crime Control는 수단과 절차보다는 결과를 형사사법제도의 우선적 가치로 여기는 것으로, 사법제도의 생산성과 효율성을 강조한다. 범죄통제는 과거 포드Ford자동차 회사에서 대량생산을 목표로 처음 도입하였던 컨베이어시스템Conveyor system과 같다고 보면 된다. 범죄가 발생하면 단계에 적법성을 따지지 않고 가장 효율적으로 발생한 범죄를 처리하는 것을 목표로 한다.

반면에 적법절차는 결과보다는 절차와 과정의 적법성을 더 강조하는 것으로 일명 형사사법제도의 장애물경주obstacle course라고 칭하기도 한다. 적법절차는 여러 가지 장애물을 무사히 통과해서 골인지점에 도착하는 육상경주와 마찬가지로 모든 절차와 과정에서의 장애물을 적법하게 넘겨야만 된다는 것이다.

이 두 개의 가치를 법률담론으로 비유한다면, 적법절차는 9명의 범죄자를 놓치더라도 단 한 명의 무고한 시민이라도 다쳐서는 안 된다는 것이며, 범죄통제는 9명의 시민이 불편을 당하더라도 단 한 명의 범죄자도 놓쳐서는 안 된다는 것이다.

미국의 Simpson 사건에서는 범죄통제보다 적법절차가 더 중시된 경우이다.

적법절차를 강조하는 학자들의 주장에 따르면 위법으로 수집한 증거를 독이 든 나무와 비교하여 "독이 든 나무에서 열리는 과실에도 독이 있게 마련이어서 독이 든 나무에서 열리는 과실을 먹어서는 안 된다毒樹毒果"고 본다. Simpson을 수사했던 경찰관이 인종차별주의자였고 그래서 인종차별적인 관계로 적법절차가 지켜지지 않았던 행위가 독이 든 나무에 해당되기 때문에 그 결과 얻어진 증거도 독이 든 과실이 되기에 증거로서 인정할 수 없다는 논리였다.

Simpson 사건과 같이 사법제도의 절차와 과정에서 적법절차모형이 요구된다면, 범죄의 사건수사와 법적처리에 많은 장애물이 도사리게 되어 경찰을 비롯한 사법기관이 그 장애물들을 적법하게 통과해야만 하는 힘든 상황으로 내몰리기 쉽다.

그러나 경찰을 비롯한 사법기관이 적법하게 사건을 처리해야 하는 상황에 내몰려 전보다 업무처리가 복잡하고 어려워지기는 했으나 이러한 상황이 나쁘기만 한 것은 아니라는 주장이 더 많다. 범죄자, 범죄피의자, 범죄용의자에 대한 권리의 신장과 사법절차와 과정에서의 적법성의 강조로 인하여 처음에는 경찰에서도 "도둑의 손과 발은 다 풀어주고 경찰관의 발과 손에는 수갑을 채운다면 어떻게 도둑을 잡을 수 있느냐"는 항의가 빗발쳤던 것도 사실이다. 한편에서는 심지어 "범죄자의 인권만 있고 경찰의 공권력은 어디 갔느냐"는 불만도 적지 않았다.

그러나 이러한 사회적 추세에 적응하기 위해서 경찰이 할 수 있었던 것은 과거의 관행에서 탈피하여 새로운 시도를 하는 것 뿐이었다. 그래서 경찰이 선택한 방법이 바로 경찰의 전문화, 과학화였다. 경찰의 수사수법과 관행을 전문화하고 과학화함으로써 많은 장애물을 적법하게 돌파하고자 한 것이다. 그래서 현재와 같은 과학수사가 가능해졌고 경찰발전에도 크게 기여할 수 있었던 계기가 되었다. 실제로 미국 Chicago시 경찰이 자체 조사한 설문결과에서도 미란다경고나 높아진 적법절차의 기준 등과 같이 경찰행동을 하는 데 족쇄라고 여겼던 새로운 관행으로 인하여 자신들이 더욱 전문화되고 발전할 수 있었다는 긍정적인 평가를 하였다고 한다.

이로 인하여 과거 경찰이 때로는 피의자를 고문하여 자백을 받아내기도 하였다면 이제는 더 이상 고문과 같은 쉬운 방법으로 자백을 받아내고 증거를 확보할 수 없으니 과학수사와 같은 적법한 절차와 방법으로 자백을 받고 증거를 확보해야 하면서 경찰발전에 큰 기여를 할 수 있게 된 것이다.

특히 증거 분석을 위한 과학수사의 경우는 발전에 발전을 거듭하고 있다. 증거확보를 위하여 유전자분석부터 다양한 과학수사기법이 개발되어 쓰이고 있으며, 강압이나 강요에 의한 자백이 아니라 이제는 고도로 훈련되고 경험을 쌓은 프로파일러Profiler와 같은 심리전문가까지 동원하여 자백을 얻어내기도 한다.

결국 사법제도도 지나치게 생산성과 효율성만을 강조할 것이 아니라 적법한 절차와 과정을 거친 생산성과 효율성이 강조되어야 한다.

법치주의를 표방한 민주주의사회에서는 유죄가 확정되기 전에는 무죄로 추정되어야 하며, 법이 보장하는 권리가 보장되어야 한다. 현대사회에서 우리에게 인권보다 더 중요한 가치는 없기 때문이다.

영화 '홀리데이'(양윤호, 2005)

몇 년 전에 상영되었던 ≪홀리데이Holiday≫라는 한국영화를 보면 주인공의 명대사 중에 "유전무죄, 무전유죄"라는 것이 있다. 대사에서 전달하고자 하는 의미는 명확했다. "돈이 있으면 무죄이고, 돈이 없으면 유죄이다"라는 뜻인데 사법정의실현에 대한 도전과 같은 의미심장한 대사였다.

영화는 1980년대 초에 실제로 있었던 교도소 탈주사건을 소재로 한 것으로 당시 탈옥수 '지강헌'이 인질을 가운데 두고 경찰과 대치하면서 전국에 생중계되었던 TV카메라에 내뱉은 말이었다. 자신만 죄가 있는 것이 아니라 모두가

지강헌 탈옥 사건

죄가 있지만 남들은 돈이 있어 교도소에 가지 않았고 자신은 돈이 없어 교도소에 가게 되었다는 우리 사회의 법집행 및 형사사법의 부정의, 불공정, 차별 등의 문제를 꼬집었던 것이다. 물론 이런 주장들은 비단 우리나라만의 현

상이나 문제는 아니고 대부분의 국가나 사회에서도 공통적으로 제기되고 있는 일종의 뜨거운 감자 같은 사안이다.

이러한 주장은 다른 나라에서도 제기되고 있는데 대표적인 것은 앞에서도 언급된 미국의 O. J. Simpson 사건이다. 유명한 미식축구선수 출신의 영화배우였던 O. J. Simpson은 자신의 전 부인과 그 애인을 살해한 혐의로 피소되었으나 담당 수사관이 인종차별주의자여서 증거 수집시 적법절차를 지키지 않았다고 하여, 적법한 절차에 의하지 않은 증거는 증거능력이 없다는 논리에 의해 배심원들로부터 무죄판결을 받았던 사건이다. 문제는 배심으로부터 형사처벌은 면했지만 그 다음에 있었던 민사소송에서는 패소하여 어마어마한 액수의 손해배상을 하게 되었다. 이는 결국 O. J. Simpson이 전처와 그 애인을 살해했음을 인정한 것이나 다름이 없다. 그런데 그가 형사처벌을 면할 수 있었던 것은 바로 그가 거의 전 재산을 들여 소위 'Dream Team'이라는 초호화 변호인단을 구성할 수 있었기 때문이라고 한다. 만약 그가 재산이 없는 평범한 시민이었다면 있을 수 없는 일이다.

실제로 '유전무죄, 무전유죄'가 존재하는가. 많은 범죄학적 논쟁 중에서 아직도 끝나지 않은 것이 있다면 사회경제적 계층과 범죄의 관계일 것이다. 일부에서는 공식범죄통계를 보고 범죄는 하위계층의 전유물처럼 치부하고 있다. 실제로 공식범죄통계에도 범죄자는 하위계층이 다수를 차지하고 있고, 교정시설에 수용된 수형자 또한 절대적으로 하위계층이 많은 것도 사실이다. 이런 통계적 사실을 두고 혹자는 하위계층의 범죄성이 높기 때문이라고 하고, 다른 일부에서는 가난하기 때문에 받게 되는 여러 가지 기회의 불균형이나 차단이 그들 범죄의 원인이라고 생각하고, 또 다른 일부에서는 가난할수록 범행수법도 서툴고, 자신을 보호하고 방어권을 확보할 변호능력이 없어서 사실 이상으로 통계에 많이 잡힐 수밖에 없다고 반박하기도 한다. 특히 가난할수록 방어권을 확보할 능력이 없어서 '유전무죄, 무전유죄'의 상황에 처할 수 있다.

## 사회경제적 계층과 범죄와의 관계

일반적으로 범죄의 원인적 입장에서 살펴보면, 하위계층의 사람들은 가난하기 때문에 제대로 교육받지 못하고, 사회적 보호도 받지 못하여 관습적·합법적 기회와 수단이 차단되거나 제한되어 범죄의 동기나 유인이 더 많아질 수밖에 없다고 한다. 이는 곧 가난을 범죄의 주요 원인으로 보는 것과 같다. 미국의 Johnson 대통령이 청소년범죄를 해결하기 위하여 '빈곤과의 전쟁War on poverty'을 선포했던 것은 청소년들에게 기회와 수단을 제공하고 그래서 그들이 경제력을 가지게 된다면 굳이 남의 돈을 뺏거나 훔칠 이유가 없을 것이라는 정책적 판단에서 이루어졌다.

가난 때문에 범죄의 동기요인이나 유인이 더 많아지기 때문에 하위계층이 더 많은 범죄를 저지른다. 그래서 가난을 문제라고 보는 시각이 강하다. 결국 "무전無錢이기 때문에 죄를 저지를 수밖에 없다"고 본 것이다.

그러나 범죄는 가난한 사람들만 저지르는 것은 아니다. 그런데 '유전무죄, 무전유죄'라는 주장의 이면에는 범죄의 원인보다는 오히려 유사한 범죄행위를 한 가진 자와 가지지 못한 자에게 법집행이 같지 않다는 인식이 강하다. 즉, 범죄는 가지고 못가지고와 관계없이 누구나 동등하게 적용되어야 하는데도 불구하고 주로 가지지 못한 사람들만 처벌받게 된다는 일종의 차별, 불공정, 부정, 불평등 등을 지적하고자 나온 말인 것이다.

하지만 범죄유형에 따른 처벌정도가 다른 것 때문에 '유전무죄, 무전유죄'가 나타나기도 한다. 대부분의 나라에서 하위계층이 주로 범하게 되는 강도나 절도 등과 같은 노상범죄Street crimes에는 엄격한 법의 잣대로 엄중하게 처벌하도록 규정하는 반면에 주로 가진 사람, 상위계층에서 행해지는 기업범죄Corporate crimes나 화이트칼라범죄들은 형법보다는 민사나 행정벌로 다루고 있으며, 형벌을 하더라도 상대적으로 경미하게 다루고 있는 것이 현실이다.

기업범죄와 화이트칼라범죄가 노상범죄보다 오히려 그 피해가 광범위하고 장기적이고 심각함에도 그 처벌은 더 가볍다는 점에서 문제는 더 심각하다. 여기서도 무전과 유전의 차이가 나타난다.

현실적으로도 일단 형사사법절차가 시작되면 '유전'과 '무전'의 차별이나 형평성 등의 문제가 없어지는 것은 아니다. 오히려 '유전무죄, 무전유죄'는 실질적으로 형사사법절차가 진행된 다음에 더 심해질 수 있다. 사법부의 재량적 판단 가능성 때문에 유전무죄의 위험성이 야기될 수 있다. 경제력을 바탕으로 지금은 없어졌으리라 믿는 과거의 관행이었던 소위 '전관예우' 등을 이용할 수 있도록 막강한 변호인단을 구성하여 불구속 상태에서 사법절차가 진행될 수 있게 하거나, 구속이 되더라도 보석을 신청하여 보석금을 내고 풀려나오게 할 수도 있다. 이러한 경우 대부분은 변호인의 조력을 받지 않을 수 없으며, 보석금이 없다면 보석될 수도 없기에 역시 '유전무죄, 무전유죄'라는 인식을 심어줄 수 있다.

대표적 형벌 중 하나인 벌금형도 유전무죄와 무전유죄의 위험성을 야기하기도 한다. 벌금형이란 형벌의 다양화와 더불어 수용시설에서의 범죄의 학습 등을 방지하기 위해 모든 범죄자에게 자유형이 꼭 필요하지는 않다는 취지에서 이루어지는 것으로 죄에 상응한 만큼 자유형 대신에 벌금을 부과하는 것인데 벌금을 부담할 경제적 능력이 없다면 그에 상응한 구금생활을 하게 된다. 이 또한 '무전'이 '유죄'라고 볼 수 있다. 그래서 이런 형평성을 고려하여 일부에서는 벌금형의 부과 시 경제력을 고려하여 차등화하자, 아니면 분할납부도 가능하게 하자는 주장도 제기되고 있을 정도이다. 물론 이러한 대안들은 벌금형뿐만 아니라 보석금의 책정에도 도입하자고 주장한다.

'유전무죄, 무전유죄'의 논란은 과거에서부터 지금까지 지속되고 있다. 안타깝게도 이러한 논란은 해소되기 어렵다. 실제로 우리 사회에서는 최근까지도 재벌기업과 그 소유주들에 대해서 실형 대신 벌금형이나 사회봉사

명령이 선고되는 반면에 일부 생계형범죄자에 대해서는 지나칠 정도로 엄격한 법의 잣대가 적용되는 경우를 볼 수 있었다. 뿐만 아니라 자본주의 시장경제체제에서 있을 수 있는 소득격차의 심화는 '유전무죄, 무전유죄'라는 부르짖음을 더 크게 만들 수도 있다는 우려도 들게 한다.

# 6

# 범죄예방 및
# 진압

# 환경설계로도
# 범죄를 예방할 수 있는가

매해 무더운 여름에는 밤마다 모기가 극성이기 쉽다. 모기로 인한 피해로 많은 사람들이 밤에 잠을 이루기 쉽지 않다. 모기를 퇴치하기 위하여 사람들은 다양한 수단을 강구한다. 모기향을 켜놓거나 모기장을 치거나 살충스프레이를 뿌리거나 다양한 방법을 시도한다. 이러한 모기 방지법처럼 범죄를 방지하는 방법이 존재할 수 있지 않을까 의문을 가질 수 있다. 즉, 범죄자들을 위한 모기장이 필요하다고 여기는 것이다.

실제로 범죄자들에게 모기장이 없는 것은 아니다. 살충스프레이가 모기를 직접적으로 살상하는 반면, 모기장이라고 하면 모기가 표적에 접근하는 것을 차단하는 기술이라고 할 수 있다. 범죄자들을 위한 모기장이란 이와 같이 범죄예방기술을 이용하여 범죄발생을 사전에 차단하는 것을 의미한다. 다시 말해, 모기장이라는 설계를 통해 모기의 접근을 차단함으로써 모기가 피를 빨 수 있는 기회를 차단하거나 적어도 접근을 더 어렵게 하듯 범죄자들이 범행기회를 가지는 것을 사전에 차단하여 범죄의 발생을 미연에 방지하는 것을 말한다.

범죄자들을 위한 모기장에 대하여 Newman 박사는 방어공간에 모기장과 같은 방지장치를 설치함으로써 모기장과 같은 효과처럼 범죄의 발생을 예방할 수 있다고 주장했다. 이러한 범죄예방법을 일반적으로 'CPTED<sup>Crime</sup>

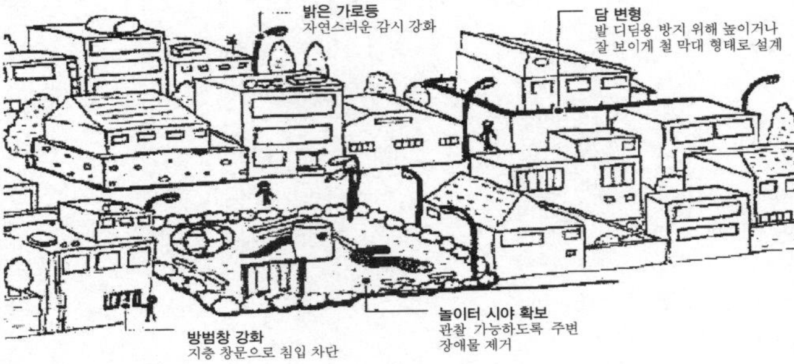

밝은 가로등
자연스러운 감시 강화
담 변형
발 디딤용 방지 위해 높이거나
잘 보이게 철 막대 형태로 설계
방범창 강화
지층 창문으로 침입 차단
놀이터 시야 확보
관찰 가능하도록 주변
장애물 제거


CPTED(Crime Prevention Through Environmental Design)

Prevention Through Environmental Design'라고 부르고 있다. 셉테드CPTED라는 것을 우리말로 풀어 보면 '환경 설계를 통한 범죄예방'이라고 할 수 있다.

Jeffery라는 학자에 따르면, 범죄의 예방을 위해서는 도시의 물리적 환경의 개선이 필요하다고 했으며, Newman이라는 학자는, 범죄의 기회를 줄이기 위해 방어공간이라는 것이 필요하다고 주장했다. Newman의 경우 영역성, 감시성, 인상, 그리고 안전지대라는 네 가지 방어공간의 요소를 강조하는데 이러한 것을 설계에 반영해 범죄를 예방해야 한다고 보았다.

환경설계를 통한 범죄예방은 곧 영역성과 감시기능을 강화하여 범죄자의 범행의 동기를 억제하고 접근을 어렵게 함으로써 적절하고 매력적인 표적을 선택하는 범죄자로 하여금 표적으로 선택되지 않도록 하자는 것이다.

여기서 영역성이란 소속감이라고도 할 수 있는 것이다. 즉, 특정 공간의 특징에 대한 소속감을 저해하는 요소를 사전에 방지할 수 있게 만들어야 한다고 본다. 쉬운 예를 들자면 미국 최고 부자촌이라고 할 수 있는 Los Angeles의 Beverly Hills에 남루한 흑인청소년이 왔다갔다 한다면 분명 그는 그 지역사회에 속하지 않는 낯선 사람으로 의심을 쉽게 받게 되어 감시가 용이해지도록 하자는 것이다.

그리고 감시성이란 주변 환경을 잘 설계하여 인구와 차량의 순환을 원활하게 하고 건물이나 구역 등을 잘 배치하여 사람의 감시의 눈이 미치지 않는 외진 곳을 없애고, 경우에 따라서는 부족한 사람의 눈을 대신하여 CCTV를 설치하여 보강하거나 가로등의 조명을 밝게 해야 한다는 것이다. 인위적인 감시 능력을 높여서 사람이 아닌 기계의 눈으로라도 감시를 강화해야 한다고 본다.

간단한 사례를 들어보자면, 자동차를 훔치려고 하는 범죄자가 있다. 그 범죄자는 본인이 훔치고자 하는 자동차를 물색하면서 고급 외제차 두 대를 발견했다. 둘 다 주차장에 있는데 한 대는 주차장이 후미진 곳에 위치해 있고 주차장 관리도 잘 안 되어서 지저분하며 조명이 어둡고 주차장 출입구도 여러 개가 있는 곳이었다. 또 다른 한 대는 주차장이 널찍한 소방도로에 인접해 있고 CCTV가 설치되어 있으며 청결하고 조명도 밝으며 주차장 출입구는 한 곳으로 출입통제가 잘 이루어지는 곳에 있었다. 이러한 상황에서 범죄자는 어느 주차장에 있는 자동차를 목표로 하게 될 것인가는 명확하다.

위와 같은 사례에서 보듯이 범죄자는 주변 환경설계로 인하여 범행을 저지르는 대상이 달라질 수 있다. 그게 바로 환경설계를 통한 범죄예방의 실체이다. 이성이 있고 합리적으로 선택을 할 수 있는 사람이라고 할 때, 첫 번째 주차장에서 절도를 시도할 가능성이 크다. 따라서 설계를 할 때 자연적 감시, 자연적 접근통제, 영역성 강화, 활동의 활성화, 유지관리 등을 강조해 주택이나 도시를 설계하려고 시도하고 있는 것이다.

이러한 설계를 주차장뿐만 아니라, 아파트나 주택의 배치, 공원이나 놀이터의 배치와 조경에도 적용할 수 있다. 요즘에는 한 도시의 단위로 환경설계를 시도하기도 한다. 사실 이런 논의가 가능한 것은 범죄자도 사고하는reasoning 존재이고 따라서 자신의 범행대상이나 표적을 선택한다는 전제에서 시작된다.

범죄가 실제로 발생하기 위해서는 범행기회가 반드시 주어져야 하는데,

환경설계의 영향으로 인하여 범행대상의 접근을 어렵게 하고, 감시기능이 강화되어 있다면 범죄자는 범행시도를 포기하거나 범행대상을 다른 곳으로 변경할 수 있다. 이렇듯 환경설계는 범죄자의 범행기회를 차단할 수 있어서 범행을 사전에 예방할 수 있게 도움을 준다.

뿐만 아니라 CCTV는 사실 범행의 사전예방에만 기여하는 것이 아니라 사건발생 후 범인의 검거에도 상당한 기여를 한다. CCTV 화면에 찍힌 용의자 얼굴이나 범행에 이용된 차량의 확인 등으로 범죄자 검거가 보다 용이해진다. CCTV로 인한 검거율을 높이는 것 또한 범죄자에게 잡힐 위험성을 높여줌으로써 범죄억제를 통한 예방에 기여하는 것도 분명하다. 하지만 CCTV에 대한 비판적 목소리가 없는 것은 아니다. CCTV가 일반적으로 개인을 감시하는 만큼 사생활 침해소지나 인권침해, 그리고 범죄의 지역적 대체Displacement가 일어날 수 있다고 비판하기도 한다.

범죄예방을 위한 환경설계는 도시 전체를 단위로 하는 경우도 존재한다.

유럽의 네덜란드 같은 경우 CPTED를 도입해, 모든 신축 건물이나 도시개발에 있어서 구체적이고 세세한 기준을 모두 통과한 건축물에 한해서 CPTED 인증을 주고 있다. 그 이후에 수도 암스테르담의 주거 침입 범죄가

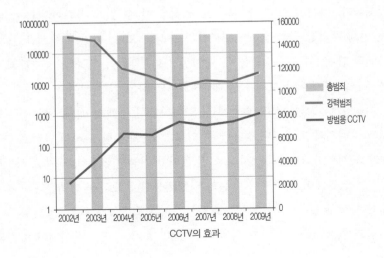

CCTV의 효과

신규 개발지의 경우 98%, 기존 지역의 경우 80%가 각각 감소했다고 한다.

또한 영국에서는 이미 1700년대 중반부터 거리범죄예방을 위한 거리조명 사용에 대한 연구가 진행되었고, 영국경찰의 기준에 부합한 제품에 한해 인증SBD: Secured by Design을 해주기도 한다. 이러한 제도는 예상외로 대중들에게 큰 파장을 일으켜 많은 기업들이 안전기준을 따르기 위해 제품을 다시 제작하기도 했다고 한다.

SBD 인증서

이런 연구가 외국에서는 1700년대부터 시작되었을 정도로 빨랐으나 우리나라의 경우는 최근 들어 관심을 가지고 도입하기 시작했다. 우리나라의 경우에 CPTED라는 타이틀로 환경설계를 도입하기 시작한 것은 2005년이라고 볼 수 있다. 당시 부천에서 발생한 살인사건을 계기로 부천富川의 4개 동이 CPTED 시범지구로 지정되

SBD인증을 받은 현관문 잠금장치

었다. 이후 아산, 천안 그리고 인천 등 여러 도시에서 안전도시 프로젝트를 가동하고 있다.

하지만 환경설계를 통한 범죄예방이 제대로 된 효과를 보기 위해서는 주택이나 아파트 단지 규모가 아니라 도시 단위로 각종 기관들이 협력해서 범죄예방을 위한 설계를 해야 더욱 효율적이다. 예컨대, 도로 같은 교통시설이나, CCTV, 가로등과 같은 것들의 설계는 도시 설계 단위에서 나오는데 이러한 요소들을 어떻게 사용하는가에 따라 범죄예방효과를 크게 볼 수 있기 때문이다.

그래서 우리나라의 아산 신도시 같은 경우 시, 시의회, 경찰서, 교육청,

국내의 CPTED 사례(마포구 염리동 소금길)

한국토지주택공사(LH공사) 등 5개 기관·단체장들이 함께 CPTED 협약식을 갖기까지 했다. 이렇게 기관들의 협조와 도시단위의 접근이 진정한 CPTED의 이념과도 합치된다. CPTED는 범죄예방이 경찰만의 의무가 아니라 주민들과 지역사회가 자신들의 영역에 대한 인식과 책임감을 갖도록 하는 것이기 때문이다.

CPTED는 단순하게 설계와 첨단 기술을 통해 범죄를 예방하자는 것만이 아니다. 본질적으로는 주민들의 범죄에 대한 인식과 지역사회에 대한 책임감의 문제도 중요한 부분으로 작용한다.

# CPTED, 판도라의 상자인가

CPTED란 환경디자인을 통한 범죄예방, 즉 'Crime Prevention Through Environmental Design'의 머리글자로서, 1971년 C. Ray Jeffery가 '환경 설계를 통한 범죄예방'이라는 책을 통하여 처음 언급하게 되었다. 물론 이 개념도 그보다 앞서 Newman이 제시한 '방어공간Defensible Space'에 크게 영향을 받았다고 할 수 있다. 즉, 우리의 환경을 범죄로부터 방어할 수 있고 방어될 수 있는 공간으로 설계하자는 주장이었다.

일반적으로 CPTED는 건물, 도로, 기반시설 등의 물리형태와 함께 활동하는 인간까지를 포함하는 건조환경에 어울리는 적절한 디자인과 그 디자인을 효과적으로 사용함으로서 범죄발생수준과 범죄두려움을 감소시키는 것을 말한다. 또한 삶의 질을 향상시킴으로서 물리적 환경 개선뿐만 아니라 더 나아가 교육, 문화, 사회프로그램 등을 접목하여 1세대 CPTED의 하드웨어적 접근과 2세대 CPTED의 소프트웨어적 접근을 통합하여 범죄를 예방하는 것을 말한다.

우리나라에서 CPTED를 분류하는 연구는 미국의 선행연구를 따라 1세대와 2세대로 분류하고 있다. 1세대 CPTED는 범죄를 스스로 예방할 수 있는 물리적인 환경을 조성하여 범죄를 예방하는 거주환경의 모델로서, 1세대 CPTED의 핵심개념은 영역성territoriality, 감시surveillance, 자연적 접근통제access control, 유지관리maintenance and management, 활동지원Activity support 그리고 명료성 강화legibility가 있다. 2세대 CPTED는 1세대 CPTED를 보완하기 위해 제시된 물리적 장치들과 제도적 환경의 결합을 의미하는 것으로서 주민들의 문화적, 사회적, 정서적 욕구를 기반으로 이웃공동체를 강화하여 내·외부로부터의 범죄를 예방하고자 하는 것을 말한다. Saville & Cleveland(2008)는 2세대 CPTED전략을 사회응집력social cohesion, 연계성connectivity, 커뮤니티 문화community culture, 지역사회의 역량threshold esteem 4가지 전략을 제시하였다. 1세대 CPTED는 도시설계에 초점을 맞춘 것이라면, 2세대 CPTED는 사회적 문제와 심리적 문제의 초점을 사회 생태에 맞추는 것이다.

실제로 정부에서도 환경설계를 통한 범죄예방의 가치와 중요성을 인식하여 적극적으로 행정적, 재정적으로 지원하고 있다. 중앙정부에서는 필요한 법률적, 제도적 장치를 마련하고, 지방정부에서는 시범사업을 다양하게 벌이고 있으며, 이에 화답이라도 하듯 건설업계에서도 주거단지를 건설할 때 설계단계부터 CPTED개념을 도입하고, 이를 관련 학회로부터 인증을 받기에 이르렀다.

행운동은 2013년 CPTED 대상지로 선정되어 적용된 지역으로 특히 20~30대 여성 1인가구가 절반에 육박하는 지역이다. 따라서 서울시는 '안심'을 주제로 다양한 범죄예방 디자인 기법을 적용하였다. LED 방범등, 후면 240도까지 확인가능한 반사경, 비상벨, 비상벨이 울리면 점멸하는 경광등으로 구성되어 있다.

서울시 관악구 행운동(2013)

용산구 용산2가동은 외국인 거주율이 전국평균2~3%보다 약 2배 이상 높은 7.6%를 차지하는 지역이다. 다양한 국적을 가진 사람들이 사는 지역인 만큼 언어적 문화적

서울시 용산구 용산2가동(해방촌)

소통문제로 인하여 이웃간의 다툼이 잦은 지역이다. 따라서 범죄예방디자인의 테마를 '소통'으로 하여 생활에티켓 픽토그램과 쓰레기 무단 투기방지 양심거울 등을 설치했다.

정부와 업계에서까지 적극적으로 나서는 데는 그만한 이유가 있을 것이다. 첫째, CPTED의 전략은 학교는 물론 도시, 주거지역, 여러 공동시설에도 적용이 가능하다. 이는 환경문제와 범죄에 대한 시점을 동일하게 보는 CPTED의 전략 때문이다. 이러한 전략은 좁은 골목, 소규모 지역 등에도 적절하게 적용할 수 있다는 장점을 가진다.

둘째, CPTED는 공공분야, 사회·경제분야, 경찰 등과 같이 여러 기관이 함께 협력하여 다각적인 효과를 보증할 수 있다.

셋째, 일반적으로 범죄예방을 위한 대부분의 프로그램들은 단기적이며 목표에 근접하게 접근하지 못한 상태로 실패를 했다. 하지만 CPTED는 단기적·장기적 목표를 성취하는 장점이 있다. CPTED는 범죄예방을 성취하는 데 여러 해가 걸릴 수 있는 최종목표를 가지고 있으며, 이러한 원리를 통해 프로그램의 목표를 성공적으로 달성할 수 있다.

그렇다고 CPTED가 장점만 있는 것은 아니다. 우리나라의 CPTED는 1990년대에 유입되어 연구되어 왔다. 2005년 범죄 예방 환경설계 정책을 본격적으로 시작하여 경찰청에 관련 정보와 지침을 배포하고 부천시에서 일반주택단지에 범죄예방 환경설계를 시범 적용하고서 판교 신도시 개발에 확대 적용했으며 서울시의 뉴타운 사업에도 적용되었다. 하지만 CPTED가

범죄예방 뿐 아니라 범죄에 따른 사회적 경제적 비용 절감, 범죄에 대한 두려움 감소로 인해 안전에 대한 행복지수 상승 등 다양한 효과가 있음에도 불구하고 우리나라는 법률과 제도적 미비, 개인정보침해, 비용적인 문제 등을 이유로 대도시 및 자치단체 등에 의해 제대로 실시되지 않고 있다.

CPTED를 시행하는 데 있어서 정부의 실패를 문제점으로 볼 수 있다. 형사사법기관의 지속적인 역할의 부족으로 범죄가 증가하였으며, 사적재private goods와 복지정책 그리고 정부와 시민간의 파트너쉽이 기반으로 되어 경제적인 범죄예방 수단이 되어야 하는 환경설계가 이루어지지 않고 있다.

따라서 성공적인 CPTED를 위해서는 정부government가 아닌 국가경영governance으로서 CPTED를 시행하여야 할 것이다. CPTED를 국가경영으로서 시행하기 위해서는 사후예방이 아닌 사전적 예방이 이루어져야 하고 형사사법기관 외에 다양한 기관들과 협력이 이루어져야 하며, 범죄자 중심이 아닌 환경중심으로 CPTED를 시행하여야 할 것이다.

지금까지의 경험과 연구결과에 비추어 볼 때, CPTED가 범죄예방이나 적어도 시민들의 범죄에 대한 두려움을 줄이는 효과가 있다는 것이 보편적 인식이지만, 그것이 곧 범죄예방과 형사정책의 모든 것, 즉 만병통치약은 아닐 것이며 나름의 한계도 있을 것이다. 첫째, 다른 범죄방지대책들과 마찬가지로 CPTED는 알콜 혹은 약물에 관련된 범죄예방 및 감소에는 적절하지 않다. 알콜 혹은 약물관련 범죄자들은 비이성적인 범죄자들이므로 CPTED의 전략의 한계라고 지적될 수만은 없다.

둘째, 범죄의 대체 혹은 전위displacement가 발생할 수도 있다. Hakim & Rengert(1981)의 주장에 따르면 CPTED와 같이 한 지역의 범죄예방 방식은 기존에 발생했던 범죄의 장소, 시간, 전략, 목표물, 범죄유형에 있어서 대체가 발생할 가능성이 있다.

셋째, CPTED의 적용과 운영에 있어서 지역사회의 참여가 낮고, 범죄

에 초점이 맞추어 진다면 이는 시민들이 요새화된 자신의 집안으로 숨게
되어 본래의 CPTED의 취지와 목적인 사회적 상호작용과 '거리의 눈' 활
동 촉진에 위배되는 결과를 초래한다.

# CCTV Closed Circuit TV가 범죄를 예방할 수 있는가

범죄는 인류의 탄생과 함께 출발했다는 말이 있듯이, 사람이 살아가는 세상에서는 하루도 빠짐없이 범죄가 발생하고 있다. 과거와는 다르게 현대사회에서 발생하는 범죄는 흉포화, 난폭화, 조직화되는 특징을 지니고 있다. 그 대표적인 예가 '무동기 범죄'라 할 수 있다. 무동기 범죄는 불특정 다수를 대상으로 무자비로 범죄를 일으키는 것이다. 이러한 무동기 범죄가 발생하면 할수록 국민들의 범죄에 대한 두려움은 계속적으로 증가하고 있다. 국민들의 범죄에 대한 두려움을 감소시키는 가장 효과적인 도구 중 하나가 CCTV라 할 수 있다.

CCTV는 미군이 베트남 전쟁 중에 군사적 목적으로 사용하였으나, 1970년대 초반에 범죄통제 및 범죄억제의 목적으로 활용되기 시작하였다. CCTV의 정확한 명칭은 'Closed Circuit Television'으로 폐쇄회로 텔레비전이다. 즉, 우리가 생활하는 주변에서 일어나는 사건이나 상황 등을 관찰하기 위한 감시공학기계를 일컫는다.

우리나라의 방범용 CCTV 도입은 2002년 11월에 서울 강남경찰서와 강남구청이 공동으로 서울 논현동 일대에 방범용 CCTV를 설치하였다. 당시에 여성을 중심으로 한 강력범죄가 증가함에 따라 이들 범죄를 예방하고 범죄자를 검거하기 위해 설치하였던 것이다. CCTV 설치로 인해 강력

범죄가 40%이상 감소되었음을 확인하였으며, CCTV가 범죄예방에 효과가 있다는 판단으로 점차적으로 증대되었다.

CCTV는 공적인 공간과 사적인 공간에서 활용되고 있다. 대표적인 공적인 공간으로는 국가공공기관, 국가중요시설과 같은 영역에서 안보 및 보안 등의 목적으로 활용되고 있으며, 초·중·고등학교와 같은 교육시설 등에서 학교 폭력 및 학생들의 유괴 등을 방지할 목적으로 활용되고 있다. 또한 경찰청과 같은 형사사법기관에서도 범죄예방, 교통통제, 불법행위 방지 등의 목적으로 활용되고 있다. 사적인 공간에서는 아파트, 연립주택 등과 같은 주거지를 중심으로 방범과 보안을 목적으로 활용하고 있으며, 할인마트, 백화점 등 고객의 안전 및 범죄예방을 목적으로 활용되고 있다. 즉, CCTV는 현재 범죄예방, 자연재해, 교통상황관제 등 많은 역할을 하고 있다.

CCTV의 여러 역할 중에는 범죄자에 대한 감시를 강화하여 범행의 동기를 억제하고 이를 통해 범죄를 예방하는 역할이 있다. 하지만 CCTV는 그러한 역할만 하는 것은 아니다. 최근 강력범 검거에 CCTV가 결정적 단서를 제공하는 사례가 증가하고 있는 것으로 볼 때 CCTV이 활용도가 커지고 있다는 것을 알 수 있다. 그래서 전국의 지방자치단체 곳곳에서 강력범죄예방의 일환으로 방범용 CCTV설치를 확대하고자 하는 움직임을 보이고 있다. 최근 들어 CCTV는 우리가 알고 있는 많은 사건의 수사와 그 해결에 있어서 일등공신 역할을 하고 있다. 2006년부터 3년여 동안 경기 서남부지역에서 부녀자들을 잇따라 납치·살해한 희대의 연쇄강간살인범 강호순의 검거에 결정적인 역할을 한 것도 CCTV이다. 또한 2015년 1월에 발생한 청주 크림빵 뺑소니 사건 역시 CCTV의 결정적인 단서로 인해 범인을 검거할 수 있었다.

CCTV는 경찰력의 한계에 따른 방범 사각지대에 대한 감시능력을 강화시키고 동시에 용의자의 신원을 파악하는데 CCTV의 녹화된 화면이 결정적인 단서를 제공하거나 결정적인 증거가 됨으로써 강력사건의 해결에 상당부분 기여를 하고 있는 것은 부인할 수 없는 사실이다. 그러나 CCTV의 범죄예방효과에 대해서 논란이 전혀 없는 것은 아니다.

CCTV와 범죄예방효과에 대한 가장 큰 의문점은 CCTV설치와 범죄발생의 감소 사이의 인과관계를 증명하기가 쉽지 않기 때문에 생기는 효과성 여부에 관한 논란이다. 일부에서는 범죄의 증감에 영향을 주는 여러 가지 변수들을 모두 통제하면서 CCTV의 범죄예방효과를 측정해야 하는데 그것은 실험실에서나 가능한 일이지 실제로 범죄가 발생하는 현실사회에서는 통제가 어렵다. 따라서 확실한 인과관계를 단언할 수 없고, 그래서 단순히 CCTV의 설치로 인해서 범죄예방효과가 있다고 주장하는 것은 아직은 시기상조이거나 무리일 수 있다고 본다.

대표적으로 범죄의 증감에 영향을 주는 여러 가지 변수에는 인구증감률, 실업률, 경찰공무원의 수, 경찰활동, 그 지역의 치안상태나 치안수요 등 범죄의 증감에 영향을 줄 수 있는 요인들이 존재한다. 이러한 모든 요인들을 통제하면서 CCTV의 범죄감소를 측정해야 CCTV의 범죄예방효과를 알 수 있다는 것이다. 범죄발생과 증감에 영향을 미칠 수 있는 모든 변수가 통제되어도 CCTV 설치여부에 따라 범죄발생 정도에 차이가 있다면 그때 비로소 CCTV의 효과가 있다고 말할 수 있다.

또한 또 다른 논란으로 제기되는 것은 CCTV가 설치된 지역이 통계적으로 범죄가 감소할지라도 그 특정지역에서만 일시적으로 줄어든 것이지 사회 전체적으로까지 줄어든 것은 아니라는 지적이 팽배하다. 이러한 사람들의 주장을 우리는 범죄의 전이효과<sup>Crime Displacement Effects</sup> 또는 풍선효과라고도 말한다. CCTV에서 논의되고 있는 범죄의 전이효과는 CCTV가 설치된 특정 지역의 범죄발생이 CCTV가 설치되지 않은 다른 지역으로 옮겨가면서 CCTV가 설치된 지역에서만 범죄율이 약간 감소하였다는 것이다. 오히려 범죄수법, 범죄장소, 범죄시간, 범죄대상 등 범죄가 다양한 지역 및 장소로 전이되었을 뿐 범죄는 또 다르게 발생한다는 것이다. 이는 풍선 안의 공기량처럼 우리 사회의 전체 범죄율의 관점에서 살펴보면, 범죄가 발생하는 장소가 대체되었을 뿐 범죄가 예방된 것은 아니라는 것이다. 따라서 전체적으로는 CCTV의 범죄예방효과는 거의 없거나 있어도 별로 크지 않다고 보는 것이다.

범죄의 전이효과는 풍선효과라고도 칭하는데, 풍선의 한쪽을 누르면 다른 한 쪽이 부풀어 오르듯이 어느 한 지역에 CCTV가 설치되고 나면 CCTV가 설치되어 있지 않은 다른 지역으로 범죄가 옮겨간다는 것이다. 이를 주장하는 사람들은 강남에 CCTV가 많이 설치되어 그 지역에서는 범죄가 감소되었을지는 몰라도 실제로는 인근지역으로 범죄가 전이되었을 뿐 범죄 자체가 예방된 것은 아니라고 주장하고 있다. 비슷한 예로, 장안동의 성매매 업소를 집중적

풍선효과

으로 단속한 결과 장안동의 성매매 업소는 현저히 줄었지만 강 건너 강남에 유사업소가 급증하여 전체적으로는 그대로라는 보도가 좋은 예라고 할 수 있다. CCTV와 직접적으로 관련되었던 사건도 있다. 2006년에 검거된 '마포 발바리'가 여성을 상대로 하는 각종 범행을 마포의 뒷골목에서 일삼았던 이유는 바로 CCTV가 설치되지 않은 곳이었기 때문이라고 진술하였는데 이 또한 CCTV 전이효과의 한 예라고 할 수 있다.

그리고 CCTV 설치로 인한 계속적인 논란 가운데 하나는 우리들의 사생활을 침해한다는 것이다. CCTV는 우리들의 동의와 상관없이 모든 정보를 수집하고 보관한다. 이렇게 수집되고 보관된 정보는 언제, 어떠한 목적으로 인해 사용되는지 모를 뿐더러, 무단공개나 유출 등으로 인해 우리의 사생활이 공개될 수 있다는 것이다. 물론 이 문제는 CCTV가 설치되는 장

소가 이미 공개된 장소이거나 공적 공간이지 사생활이 보장되는 사적 공간이 아니라는 점에서 문제가 되지 않을 수도 있다. 또한 CCTV에 대한 철저한 관리를 통하여 있을 수 있는 인권침해나 사생활침해도 최소화할 수 있을 것이다.

그렇다고 CCTV의 범죄예방효과가 없다고 볼 수는 없다. CCTV가 분명히 범죄예방효과가 있다는 주장도 만만치 않다. CCTV가 범죄예방에 효과적이라고 주장하는 사람들은 CCTV가 설치된 지역뿐만 아니라 심지어 인접지역까지 그 효과가 나타난다고 하여 CCTV가 '범죄통제 이익의 확산효과Diffusion Effects of Crime Control Benefits'까지도 있다고 주장한다. 범죄통제 이익의 확산효과란 인접지역에 설치된 CCTV로 인하여 CCTV를 설치하지 않았지만 단지 인접지역이라는 이유만으로 범죄예방효과를 본다는 것이다. 이를 무임승차효과Free Ride Effect라고도 하는데 글자 그대로 요금을 내지 않고 범죄예방효과에 편승할 수 있기 때문이다. 결국, 이들의 주장은 CCTV가 설치된 곳은 물론이거니와 설치되지 않은 인접지역까지도 범죄예방효과가 있다고 본다. 범죄통제 이익의 확산효과로 인하여 CCTV의 범죄예방효과가 해당 지역뿐만 아니라 다른 인접지역까지 확산될 수 있다는 의미이다. 어느 한 지역의 방범용 CCTV 설치가 그 인근 지역까지의 범죄감소효과를 확산시킬 수 있다는 것을 말한다.

예를 들어 정부당국의 예산상의 한계를 방범용 CCTV관제센터의 배치인원을 감소시켜 야간에는 방범용 CCTV에 나타나는 비상사태에 대하여 즉각적인 대응을 하기 힘든 상황이 되었다고 가정해보자. 잠재적 범죄자에게는 야간범행의 발각위험은 크게 약화되었음에도 그것을 인지하지 못하기 때문에 범죄실행의 비용을 매우 높이 평가하고 범죄를 포기하게 될 가능성이 크다. 이것이 바로 범죄통제 이익의 확산효과의 모습이다.

CCTV 설치는 시민들에게 있어서 범죄에 대한 두려움을 감소시키는 긍정적인 역할을 제공하고 있다. 이는 국내연구에서 뿐만 아니라 국외연구에서도 검증된 바 있다. CCTV의 설치만으로도 시민들은 범죄자가 범죄를 단념할 것이라 믿으며, 범죄가 발생을 하더라도 CCTV를 통하여 신속하게 범인을 검거할 수 있으리라 믿는다. 따라서 시민들은 CCTV의 설치를 긍정적으로 평가하고 있는 것이다.

이러한 많은 논란 속에서도 CCTV의 존재의 효과에 대해서는 긍정적인 면이 더 강하다. 그래도 많은 시민들이 CCTV가 있어서 밤길을 다니는 데 좀 든든한 부분이 있다고 답하고 있다. 비록 사람은 아니지만 누군가 또는 적어도 무언가가 나를 안전하게 지켜보고 있다는 생각이 사람들에게 안정감을 제공하기 때문이다. 이러한 이유 때문에 우리나라에서는 CCTV를 전국적으로 확대·설치하고 있다. CCTV의 설치여부만으로도 사람들의 범죄에 대한 두려움을 줄여주는 데 도움이 된다고 보기 때문이다. 실제로 설문결과 CCTV 설치 전보다 설치 후에 지역주민이 더욱 안전하다고 인식했다고 한다. 많은 연구결과 CCTV가 범죄에 대한 두려움을 감소시키는 역할을 한다는 견해에 대해서는 일치하고 있다.

그렇다고 CCTV의 효과성에 대한 면밀한 검토과정 없이 무작정 CCTV를 늘리는 것은 결코 바람직한 효과를 거둘 수는 없다. 특히 CCTV는 설치와 관리비용이 상당히 많이 드는 값비싼 도구이기 때문에 신중하게 검토한 후에 설치하는 것이 필요하다. CCTV의 설치와 관리비용이 결국 국민들의 세금으로 나가기 때문에 더더욱 신중할 필요가 있다. 특히 범죄다발지역, 우범지역, 치안사각지대 등을 중심으로 CCTV의 감시성을 극대화할 수 있는 적정 지역과 장소 또는 위치에 설치되어야 한다.

또한 CCTV가 우후죽순雨後竹筍처럼 마구잡이로 설치되어 시민의 생활 구석구석을 들여다보고 있지만, CCTV 설치와 사후 관리·감독에 관한 법적 근거가 제대로 마련되어 있지 않아 인권침해의 논란이 되고 있다. 공공기관에서는 공공기관의 개인정보보호에 관한 법률로 일부 규제를 하고는 있지만, 민간부분의 CCTV 설치에 관해서는 이렇다 할 기준과 규제가 없기 때문에 개인정보유출과 사생활침해의 가능성이 문제가 되고 있다.

CCTV가 효과적으로 운영되기 위해서는 무작정 CCTV를 설치·확대만 할 것이 아니라 이에 대한 충분한 논의를 충분히 해야 한다. 즉, 사생활침해를 최소화 할 수 있도록 법률적 근거를 마련하는 한편, 다양한 범죄예방전략이 복합적으로 고려되어야만 CCTV의 범죄예방효과를 얻을 수 있을 것이다.

CCTV는 현재 우리 사회에서 빼놓을 수 없는 도구가 되었다. 하지만 CCTV의 역할은 사람들의 범죄에 대한 두려움을 감소시키고 동시에 개인의 인권까지 보호해야 제대로 된 역할을 한다고 볼 수 있다. 오래전 조지 오웰George Orwell이 경고하였던 것처럼 CCTV가 결코 우리들의 빅브라더Big Brother의 수단으로 변질되지 않도록 다 같이 노력해야 한다.

# 깨어진 창 이론Broken Windows Theory과 무관용 경찰활동은 효과적인가

## 변화하는 뉴욕의 치안상황

과거 미국의 뉴욕은 살인을 비롯한 강력범죄가 들끓는 세계의 범죄수도Crime Capital of the World라고 까지 할 정도로 치안상황이 좋지 않았다. 하지만 현재 뉴욕의 치안상황은 상당히 개선된 것 같은 느낌을 주고 있다. 실제로 뉴욕은 1980년대에서 1990년대 초반만 하더라도 도시가 전반적으로 낙서 투성이었으며, 악명 높고 위험천만한 것으로 알려졌던 뉴욕지하철도 깔끔하게 단장되고 시민들이 비교적 안전하게 이용할 정도로 안전을 되찾았다고 한다.

한때는 심각한 범죄로 인하여 무정부상태처럼 여겨졌던 뉴욕을 '통치할 수 없는 도시Ungovernable city'라고까지 불렀다. '통치할 수 없는 도시'였던 뉴욕이 다시 '통치할 수 있는 도시Governable city'로 변모하는 데는 사소한 계기가 작용했다.

1990년대 초반까지만 하더라도 뉴욕은 위험한 도시였다. 도시 재정은 엉망이었고, 길거리에는 대낮에도 마약중독자나 알콜중독자, 부랑아들이 길거리를 활보하고 다녔고, 지하철 또한 우범지대가 되어버렸으며, 도시 한 가운데를 가로지르고 있는 센트럴 파크는 시민들의 휴식처라기보다는 범죄자들이 곳곳에 도사리고 있는 위험한 곳이었다. 시민들이 저녁시간에 길거리를 걸어 다니는 것은 범죄자의 표적이 될 수 있는 굉장히 위험한 행동으로 인식되기까지 했다. 그 만큼 뉴욕의 치안상황은 최악이었고, 시민들의 삶의 질Quality of life도 그 수준이 형편없이 낮아지게 되었다.

치안상황이 안 좋았던 뉴욕이 1993년에 보수적인 검사출신의 줄리아니가 뉴욕의 새 시장으로 취임한 뒤 치안상황이 변화하기 시작했다. 공화당 소속인 줄리아니 시장은 형사사법체계에 있어서도 보수적인 시각을 가지고 있었다고 한다. 그래서 뉴욕시의 안 좋은 치안상황을 타개하기 위하여 기존과는 다른 조치를 취하기 시작했다. 그는 뉴욕시 사법정책을 입안하고 실행함에 있어서 소위 '깨어진 창Broken-Window' 이론을 도입했다. 그리고 브래튼을 뉴욕시의 새로운 경찰청장에 임명하여 깨어진 창 이론에 근거한 강력한 범죄통제 정책, 이른바 '무관용 경찰활동Zero-Tolerance Policing'을 시행토록 하여 범죄문제에 강력하게 대처했다.

## 깨어진 창 이론과 무관용 경찰활동

줄리아니 시장이 뉴욕시 형사사법정책에 도입한 깨어진 창 이론이란 미국 Stanford 대학의 저명한 심리학자 짐바르도Zimbardo 교수의 재미있는 실험을 통해서 나온 이론이다. 짐바르도 교수의 실험은 다음과 같다. 길거리에 차 두 대를 두고 한 곳에는 보닛만 열어두고 다른 한 차량은 보닛도 열어두고 유리창도 조금 훼손시킨 채로 일주일간 방치해 두었다. 일주일 후 보닛만 열어둔 곳은 별다른 변화가 없었지만, 보닛도 열어두고 유리창도 조금 훼손시켰던 차량은

깨어진 창 이론(짐바르도 교수의 1969년 실험)

심하게 훼손이 되어있었다고 한다.

인간의 심리란 묘해서 건물 주변이 깨끗이 청소되어 있고, 보존 상태도 양호한 곳은 원래 상태로 보존해 두지만, 건물이나 집 주변이 지저분하고 깨어진 유리창을 그냥 방치해두면 점점 심하게 훼손시키고 건물 주변에 쓰레기도 마구 버리게 된다는 것이다. 마치, 우리 주변에 빈 상자를 버려 두고 그 안에 빈 깡통과 담배꽁초 몇 개만 던져 놓으면 그곳이 바로 쓰레기장으로 변하듯이 말이다.

대표적인 예로 도시재개발을 위하여 건물들이 철거 중이거나 방치된 지역이 치안사각지대가 되고 우범지대가 되는 것을 들 수 있다. 실제로 동네의 어느 한 집이 깨어진 유리창을 그대로 방치하면 집주인은 물론이고 이웃주민들조차도 전혀 신경을 쓰지 않는 것으로 비춰지게 되어 그 집은 조만간 청소년들이나 비행소년의 아지트가 되고, 나아가 마약거래자나 심지어 범죄자들의 소굴이 되고 주민들은 위험지역이라고 피하게 되어 결국은 더욱 위험한 우범지대가 되고 만다는 것이다.

짐바르도 교수의 실험에 의하면 사소한 무질서나 작은 범죄문제도 그냥 넘기지 말고 강력하게 대처하면 범죄통제에 효과적일 것이라고 유추할 수 있다. 그래서 아무리 사소한 무질서행위 일지언정 용인하거나 묵인하거나 용납하지 않고 크고 작은 모든 범죄문제에 예외 없이 철저하게 대처하자는 것이다.

그것이 이른바 '무관용 정책'이다. 다시 말해, 아주 사소한 공공질서위반행위나 일탈과 같은 경미한 행위도 용서하지 않겠다는 것을 의미한다. 즉, 경찰로 하여금 법을 엄격하고 철저하게 예외 없이 집행하는 것이 바로 무관용 경찰활동이라고 할 수 있다.

무관용 경찰활동의 효과는 통계적으로는 존재하는 것으로 나타났다. 실제 뉴욕시의 살인사건 발생률이 1995년에는 최저 수준으로 떨어졌고, 1993년 이후 치안상황은 굉장히 좋아졌기 때문이다. 그 덕분에 줄리아니

시장은 뉴욕시장의 재선에 성공할 수 있었다. 줄리아니 시장을 다시 시장으로 선출한 시민들은 그의 정책에 동의하고 만족하였다는 것을 의미한다고 볼 수 있다.

물론 그렇다고 그의 정책에 대한 논란이 전혀 없는 것은 아니다. 뉴욕시에서도 일부지역에서는 정책효과가 없었다는 주장이 제기되고 있고, 효과가 있었다는 지역에 대해서도 일부에서는 그것이 단지 '범죄전이 또는 범죄대체 효과'에 지나지 않는다는 주장도 만만치 않게 등장하고 있다. 심지어 일부에서는 그 당시 무관용 경찰활동을 도입하지 않았던 도시에서도 전반적으로 범죄가 감소했던 점을 들어 뉴욕시의 범죄감소가 꼭 무관용 경찰활동 때문이라고 볼 수 없다는 지적도 있다.

무관용 경찰활동은 아직 과학적으로 검증하여 확인되거나 확실한 효과도 증명된 적이 없으며, 오히려 지나치게 엄격한 법의 집행으로 시민의 권익이 침해되거나 지나치게 많은 사람을 범죄자로 만들 우려가 있다는 입장도 존재한다. 무관용 경찰활동은 범죄자가 되어버린 그들에게 부정적인 낙인을 가하게 되고 급기야는 누범자를 양산할 수 있게 되는 우를 범할수 있다고 비판한다.

이러한 비판에 대하여 시민들의 반발은 당연히 많았다. 뉴욕에서는 당연히 빈민층이나 흑인들의 반대가 특히 심했다. 도심의 부랑자들을 강제로 격리시키고, 빈민층을 심하게 다룬다고 해서 인권운동가나 흑인 지도자 등 많은 이들이 줄리아니 시장에게 비난을 퍼부었다. 그들은 이러한 관행을 일종의 '인종적 프로파일링Racial profiling'에 의한 인종적 차별을 야기한다고 비난했다.

무관용 경찰활동에 대한 적지 않은 비난의 목소리가 존재함에도 불구하고, 정책의 변화는 크게 나타나지 않고 있다. 특히 시민의 직접투표로 선출되는 정치인인 시장의 입장에서는 국가정책은 투표권자인 시민의 요구와 소리에 귀를 기울이지 않을 수 없다. 뉴욕에서도 예외가 아니어서 무관용 경찰활동 정책이 결과적으로는 효과가 있기 때문에 대다수 시민들의 지지를 받았다. 실제로 뉴욕시의 빈민층 상당수가 조직범죄나 마약범죄들에 연루되어 있었고, 도심의 부랑자들을 일정한 곳에 수용하게되니 거리가 정화되고 시민들의 범죄에 대한 두려움이 약화되어 시민들의 삶의 질은 높아졌다. 뉴욕시의 시민들 대다수는 이러한 상황을 반긴 것이다.

## 무관용 경찰활동의 이후

무관용 경찰활동의 궁극적인 목표는 범죄를 유발하거나 초래할 수 있고 범죄로 이어질 수 있는 근원적인 문제를 해결함으로써 범죄의 발생을 미연에 방지하자는 것이다. 이러한 경찰활동을 학자들은 '문제해결적 경찰활동Problem-Solving Policing' 또는 '문제지향적 경찰활동Problem-Oriented Policing'이라고 하여 현재의 '지역사회 경찰활동Community Policing'의 발판을 제공하였다.

다시 말해, 범죄를 유발할 수 있는 사소한 가능성을 없애서 미리 범죄발생을 예방하자는 것이다. 범죄는 우연히 발생하기도 하지만, 지역마다 범죄를 유발시키는 근본적인 문제의 원인이 곳곳에 산

Community Policing

재해 있게 마련이어서 이런 범죄유발 또는 촉진적인 근본적 문제를 해결하지 않는다면 언제든지 상황이 충족되어 범죄가 발생할 수 있다고 보는 것이다.

이러한 경찰활동은 기존의 경찰의 범죄통제 정책과 큰 차이가 존재한다. 지금까지 경찰의 범죄통제 정책들은 범죄가 발생하면 신속히 출동해서 발생한 문제를 해결하는 것이 최선이라는 생각에 기초한 소위 '사후 대응

적Reactive'인 것들이었다. 그렇다 보니 신속한 대응시간에만 급급하게 되고, 사건 해결에 있어서도 개별적인 사건 대응방식이 대부분이었던 것이다. 시민들 역시 치안문제는 경찰이 전부 해결해야 할 일로 여기고 무관심했다.

하지만 새로운 경찰활동 개념은 다르다. 경찰들 스스로 지역사회 내의 문제들을 찾아다니고 애초에 문제가 될 만한 소지들을 없애는 데 관심을 가지게 되어 사전예방Proactive에 신경쓰다 보니 사후 대응방식보다 훨씬 효과적인 범죄통제가 가능해졌던 것이다. 또한 문제의 근본이 되는 무질서들을 제거해서 종합적인 범죄 문제 해결이 가능해졌다. 더불어 시민들 역시 이러한 범죄문제가 경찰만의 일이 아니라 결국은 자신들의 문제라는 것이라고 인식하게 되어 지역사회 문제에 관심이 커졌고, 실제로 범죄발생율이 감소해 치안상황이 양호해지자 경찰에게도 호의적으로 신뢰하게 되고 협조적이게 되었다.

무관용 경찰활동과 같은 강력한 범죄통제 정책이 효과가 있다고 입증하는 데에는 많은 구체적인 정책들이 존재했다. 그러한 정책들을 살펴보면, 거리의 부랑자들이나 홈리스Homeless들을 따로 수용하고 지저분한 건물이나 거리를 깨끗하게 정돈하며, 청소년들의 사소한 폭력행위들이나 마약사용자들의 마약거래, 마약상습투여 등을 근절하는 것이 존재한다. 또한 차량 절도나 사소한 차량 파손 행위에도 강력하게 대처하고, 술을 마시고 소리를 지르거나 행인들에게 시비를 거는 사소한 무질서 행위들을 철저하게 단속하는 것도 구체적인 정책에 속한다.

실질적으로 시민들 입장에서 볼 때, 사람들이 스스로 체감하는 불안이나 두려움을 일으키는 원인은 강력 범죄보다 오히려 사소한 무질서 문제들일 것이다. 일상적으로 사소하게 겪게 되는 그러한 무질서 문제들이 근절되면 범죄에 대한 공포를 훨씬 덜 느끼게 되고, 거리를 마음놓고 다닐 수 있게 되기 쉽다.

우리나라 경찰에서도 이러한 강력한 범죄통제 정책이 영향을 미치기 시작했다. 우선 뉴욕경찰의 강력한 범죄통제 정책은 효과적인 정책임이 입증되었고, 경이로운 범죄감소를 가져왔기 때문에 여러 나라에서 관심을 가지게 되었다. 우리나라도 예외는 아니었고, 범죄통제전략들을 배우기 위해 실제 뉴욕경찰청을 방문하기도 했다. 게다가 우리나라도 치안상황이 나날이 악화되면서 정부가 범죄문제에 강력하게 대처해주기를 원하는 시민들의 목소리가 높아지고 있어 강력한 범죄통제 정책이 시행될 가능성이 높다.

최근 사회적으로 큰 문제가 되고 있는 아동성범죄 역시 이들 가해자들에 대한 처분이 지나치게 관대하다는 것에 많은 시민들이 불만을 가지고 있어서, 시민들이 우리나라의 사법정책에 불만이 높아지고 있다. 특히 범죄자에게 너무 관대하다는 비판의 목소리도 많이 나오고 있어서 범죄자에 대한 엄격한 처분을 사람들이 사법당국에 요구하고 있을 정도이다.

엄격한 통제전략들이 범죄감소에 어느 정도의 효과가 있는 것은 분명하다. 하지만 너무 강력한 경찰권에 대한 비판도 적지 않다. 과거 경찰활동이 '쇠 장갑 속의 쇠주먹An iron fist in an iron Glove'이었다면, 지금은 '벨벳 장갑 속의 쇠주먹An iron fist in a Velvet Glove'이라는 비판의 소리도 있다. 이는 과거에는 경찰권이 강력하였고 또 그렇게 보이게 활동했지만 오늘날은 겉으로는 부드러운 벨벳장갑 같지만 사실 속으로는 아직도 쇠주먹 같은 경찰에 아무런 변화가 없다는 것을 비판하고 있다.

# 범죄예보는 가능한가

범죄는 영화에서 인기 있는 소재 중 하나이다. 대부분의 범죄를 다룬 영화는 사건을 일으킨 범죄자와 그를 쫓는 수사관이야기로 구성된다. 하지만 2002년에 개봉된 ≪마이너리티 리포트Minority Report≫라는 영화는 범죄를 다룬 영화 중 다른 관점에서 범죄에 대하여 접근한다. 다름이 아니라 그 영화에서는 향후 발생할 범죄를 예지자들이 예언을 통해서 사전에 예방한다는 것이다. 정말 영화의 내용대로 현실세계에서도 범죄에 대한 예보가 가능할까. 만약 가능해진다면, 우리 사회는 더욱 안전해질 수 있을 것이다.

언제, 어디서, 무슨 범죄가 발생할 것인지를 미리 알 수 있다면 그 시간에, 그 장소에 가지 않는 등 특별히 주의하면 범죄를 피할 수 있을 것이다.

마이너리티 리포트에서의 범죄예보장면

이를 가능하게 하는 것이 범죄예보이다.

범죄예보란 범죄학의 발전과 함께 몇 가지 단계를 거쳐서 오늘에 이르게 되었다. 먼저 범죄통계가 제대로 작성되면서 학자들은 범죄가 시간과 장소에 따라 균등하지 않고 상이하게 분포된다는 것, 즉 시간과 장소에 따라 범죄발생빈도나 발생률이 다르다는 점을 알게 되었다.

일찍이 1920년대 미국의 시카고학파에서는 당시 시카고시의 범죄분포를 정확하게 알고 싶어 했다. 큰 지도 위에 범죄가 발생한 지역에 핀을 꽂아서 표시하는 방식으로 범죄분포도를 표시하였던 것이다. 이것이 지금의 범죄지도Crime map의 효시가 되었다. 지도를 통하여 그들은 도심에 가까울수록 범죄발생률이 높다는 것을 알게 되었고 결과적으로 범죄는 장소에 따라 발생빈도나 분포가 다르다는 것을 다시 한 번 더 확인하게 되었으며, 도심일수록 지역사회가 해체되어서 비공식적인 사회통제가 약화되었기 때문이라는 소위 '사회해체이론Social Disorganization Theory'을 발표하게 되었다. 이러한 범죄지도를 통하여 이제는 범죄다발지역Crime Hot Spot을 확인할 수 있기까지 발전하게 되었다.

시카고학파의 연구발표는 장소에 따라서 범죄발생빈도나 분포가 다르다는 점을 알려주었다. 하지만 범죄의 시간에 따른 차이는 설명하지 못했다. 그러나 범죄가 발생하는 시간들을 살펴보면 장소와 같이 일정한 패턴을 가지고 있다. 우선 대부분의 범죄는 무작위적Randomly으로 발생하기보다는 성공률이 높은 범죄를 실행하게 되는데 이를 일반적으로 범행기회의 문제로 보고 있다. 범행기회는 다시 표적의 선택과 관련되며 표적의 선택은 곧 범행 시간과 장소에 직결되는 것이다.

당연히 이성적 범죄자는 자신의 범행이 성공할 가능성이 높은 시간, 장소, 표적을 선택하게 된다는 것이다. 시간과 장소에 따라 표적이 변하기 때문에 시간과 공간에 따라 범죄발생 빈도나 분포가 달라진다. 과거 범죄지도는 장소만 강조한 자료로서 사진으로 말하면 'Snapshot'에 지나지 않아서 언제인지를 알 수 없지만 시간의 개념을 도입하면 그것은 동영상도 될 수 있다. 따라서 범죄지도라는 snapshot만으로 Hot Spot을 표시할 수 있었다면 범죄의 시간적 분석을 이용하여 범죄다발시간<sup>Hot Times of Crime</sup>까지도 알 수 있게 되었다. 구체적으로는 범죄가 하루 중 시간대별로, 요일별로, 계절별로 그 발생빈도가 다르다는 것을 분류할 수 있게 된 것이다.

앞에서 언급한 대로 범죄발생은 시간과 장소에 따라 범죄발생빈도와 분포가 달라진다. 대표적인 이유는 시간과 장소에 따라 범죄의 표적이 변하기 때문이다. 범죄는 반드시 가해자와 피해자 그리고 법이 동일한 시간과 공간에서 교차해야만 발생할 수 있다. 물론 명목적으로는 피해자가 없는 범죄도 사실은 피해자가 있듯이 가해자와 피해자가 같은 시간과 장소에서 만나서 법률에 위반되는 행위를 가해자가 피해자에게 가해야 범죄가 발생하는 것이다. 따라서 시간과 장소에 따라서 범죄의 표적이 되어야 할 피해자가 많아지기도 하고 적어지기도 하는 변화를 하기 때문에 장소와 시간에 따라 분포가 달라지는 것이다.

시간과 장소에 따라 표적이 변하는 것은 잠재적 표적이라고 할 수 있는 시민들의 일상적인 활동에 따라 달라지기 때문이다. 이를 학자들은 '일상활동이론<sup>Routine Activity Theory</sup>'이라고 칭한다. 그 사람의 일상적인 활동에 따라 잠재적인 가해자의 표적이 될 기회를 더 많이 주거나 더 적게 주게 된다는 것이다. 그래서 노상강도의 경우 잠재적 가해자에게 잠재적 표적이 더 많은 야간 유흥업소 주변에서 가장 많이 발생하게 된다고 본다.

이렇게 범죄가 가장 많이 발생하는 장소와 시간을 안다면 이제 각 지역별·시간별 범죄발생 가능성도 어느 정도 예상할 수 있게 된다. 바로 그점이 범죄예보를 가능하게 하는 것이다. 영화 ≪마이너리티 리포트≫에서처럼 범죄가 발생할 시간과 장소 그리고 범인을 미리 알려주는 소위 'Precrime system'이 작동할 수 있게 되는 것이다. 물론 이 영화에서는 범인까지 정확하게 미리 알려주지만 현실세계에서는 그렇게 까지는 되지 않으나 상당 수준 영화에 가깝게 다가가고 있다.

미국 California주의 Santa Cruz시 경찰은 범죄예보 시스템을 도입하여 범죄발생 가능성이 높은 것으로 예상되는 시간과 장소를 매일 시민들에게 사전에 알려주어 시민들이 범죄를 대비할 수 있게 하고 있다. 이 제도는 매우 복잡한 수학과 통계학적 알고리즘을 이용하는데 바로 큰 지진이 발생하는 경우 여진이 발생할 가능성을 계산할 때 사용되는 알고리즘을 응용하였다고 한다. 시 전체를 약 700평 단위로 세분하여 과거 수년간 발생한 범죄 패턴을 분석하여 후속범죄 가능성을 예측하는 것이다. 매일 밤 그 날 발생한 범죄의 정보를 입력하고 이를 토대로 내일의 범죄를 예보한다. 재미있는 것은 이 시스템을 운용한 결과 예보의 정확도가 무려 70%를 상회하였다는 것이다. 그런데 이러한 범죄예보가 가능할 수 있었던 것은 컴퓨터와 정보기기의 발달로 엄청난 규모의 범죄관련 정보를 저장하고 관리하고 분석할 수 있기 때문이다. 방대한 자료, Big Data 속에서 온갖 정보를 정밀하게 분류하여 특정한 패턴으로 유형화하여 활용하는 것이다.

우리나라에서도 미국의 경우처럼 과거의 범죄데이터를 이용하여 범죄예방에 힘쓰고 있다. 서울의 동작경찰서의 관할지역에서 발생한 범죄의 특성과 빈도 등을 분석하여 어떤 범죄가 어떤 장소, 어떤 시간에 일어났는지를 주민들에게 알려주고 있으며, 종로구는 어린 아이들의 교통사고 예방과 범죄로부터 안전을 도모하기 위하여 범죄안전지도를 작성하여 알려주고 있다.

## 서울에 '범죄예보제' 첫 도입

[앵커멘트]
범죄 성향이나 범죄가 자주 발생하는 장소, 시간대 등을 분석해 미리 알려주는 '범죄예보제'가 서울에서 처음으로 도입됐습니다.

HCN 동작방송 박해열 기자의 보도입니다.

[리포트]

최근 3년 동안 동작구에서 발생한 범죄의 특성이나 빈도를 분석해 어떤 범죄가 어느 장소, 어느 시간대에 일어났는지 주민들에게 미리 알려주는 범죄예보제도!

살인이나 강도 같은 민생관련 5대 범죄에 대한 내용을 동작경찰서는 일기예보처럼 한 달에 한번씩 전광판이나 소식지를 통해 발령하고 있습니다.

범죄예보제는 서울시 31개 경찰서 가운데 동작경찰서가 처음으로 도입해 운영하고 있습니다.

[인터뷰: 이용성, 동작경찰서 생활안전과장]

"어느 시간대 무슨 범죄가 발생하는지 주민들에게 알리는 제도로 최근 3년간 5대 범죄 발생현황을 토대로 시행하고 있습니다."

범죄자 검거도 중요하지만 예방이 우선되기 때문에 주민들은 다양한 범죄예방법을 반기고 있습니다.

[인터뷰: 민정식, 동작구 본동]

"(범죄예보를) 미리 요소에 알려줘 주의를 하게 되고 문단속도 꼼꼼히 하게 돼 좋습니다."

범죄예보제가 시행된 이후의 발생 통계치를 토대로 동작경찰서는 범죄예방에 효과가 있는지 분석할 예정입니다.

한편 동작경찰서는 아파트 소식지에 월별 범죄예보를 알리고 옥외전광판 홍보 역시 확대해 갈 계획입니다.

HCN 뉴스 박해열입니다.

[박해열 기자]
출처: YTN, 2007. 12. 28.

## 종로구, 등하교길 교통안전지도사업

서울 종로구(구청장 김영종)는 다음달부터 어린이 교통사고와 범죄예방을 위한 '2014 어린이 교통안전지도사업'을 시행한다고 26일 밝혔다.

이 사업은 자동차 등 위험 요소가 있는 등하교길에 어린이의 안전을 지키기 위해 마련됐다.

교통안전지도사가 등하교길에 방향이 같은 아이들과 동행하면서 신호준수, 무단횡단금지 등의 통행방법을 교육하고, 각종 아동 관련 범죄로부터 아이들을 보호한다. 지난 2010년부터 시작된 이 사업은 점차 확대돼 올해는 청운·세검정·효제·창신·혜화초등학교를 대상으로 진행한다.

교통안전지도사업은 다음달부터 12월까지 총 9개 구역에서 운영되고, 서울시에서 교육을 받은 교통안전지도사가 구역별로 1~4명이 배치된다. 종로구는 학부모 수요조사를 통해 참여 학생을 선정할 예정으로, 희망하는 학부모는 학교에 신청하면 된다.

김영종 종로구청장은 "어린이 교통안전지도사업은 안전한 통학로를 추구하고 어린이안전사고와 범죄발생을 막기 위한 획기적인 사업"이라며 "안전한 종로구를 만들기 위해 다양한 방안을 실천할 것"이라고 말했다.

[최진성 기자]
출처: 헤럴드경제, 2014. 2. 26.

# 경찰의 신속한 신고출동이 능사인가

경찰이 늑장 출동을 하게 돼서 범죄피해가 커진 사건이 가끔 보도되고 있다. 실제 어느 신문기사에서 경찰 측은 최초 신고를 받은 후 16분 정도가 지나 범인을 검거하였다고 밝히고 있는 반면에 피해자 측은 경찰이 늑장 출동하여 피해가 커졌다고 주장하고 있는 경우도 있다. 그 피해자 가족의 주장처럼 실제로 경찰이 너무 늦게 출동해서 사건이 더 커지고 피해도 더 커지며 범인의 검거는 더 어려워지는 경우도 충분히 있을 수 있다.

전례를 살펴보면 언급된 것 같은 사건이 2010년 7월 말에 발생했다. 사건 당시 피해자의 고모와 8개월 정도 사귄 조모씨가 피해자의 집에 침입해 피해자와 어머니의 손발을 묶고 둔기로 폭행한 사건이다. 가해자 조모씨는 피해자를 다른 방으로 끌고 가 성폭행하려다 때마침 현관문을 열고 들어온 피해자의 아버지, 오빠와 몸싸움을 벌이면서 둔기를 휘둘러 피해자 아버지에게 상처를 입히고 도주하다 신고를 받고 출동한 경찰과 피해자의 오빠에게 붙잡히게 된 것이다. 피해자 측은 경찰이 늑장 출동하는 바람에 가해자가 휘두른 둔기에 피해자 아버지가 중상을 입었다고 주장했으며, 경찰 측은 피해자 오빠의 신고전화를 받은 경찰이 최초 출동한 것은 신고 후 2분이었는데, 신고자의 목소리가 작아 잘못된 범행 장소로 출동한 것이라고 발표했다. 그 후 경찰은 녹음된 신고 내용을 재차 확인한 후 범행 장소로 출동해 범인을 검거한 것이다.

다행히 범인을 검거했으나, "경찰이 좀 더 빨리 현장에 출동 했더라면 피해를 줄일 수도 있지 않았나?"라는 의문을 가져 본다. 상식적으로 경찰이 신고를 접수하고 신속하게 출동을 했다면 범죄의 피해를 줄일 수도 있고, 범인을 검거하는 데에도 훨씬 용이했을 것이다. 그것은 범죄자가 현장을 벗어나서 도주할 수 있는 시간을 주지 않으로써 현장에서 검거할 수 있는 확률을 높이고, 범행현장이 훼손되지 않아 증인이나 목격자 및 증거의 확보와 보전이 용이해지기 때문이다. 이는 실제로 해결된 사건의 대부분이 범행 24시간 이내에 범인이 검거된 경우라는 통계 결과치를 볼 때, 경찰의 빠른 출동의 중요성을 유추할 수 있다.

하지만 통계로서 경찰의 빠른 출동의 중요성을 유추할 수 있지만 실제로도 경찰의 빠른 출동이 객관적으로 중요한지 확인하기란 매우 어렵다.

모든 현상에는 원인과 결과라는 인과관계가 존재한다. 즉 경찰의 출동 시간이 단축된다는 것이 원인이고, 그에 따라 검거율이 높아진다는 것이 결과라고 생각할 수 있다. 물론 조기출동이 검거율 상승의 원인이 될 수 있다. 그렇지만 검거율 상승에는 기타 다른 원인들이 영향을 미칠 수가 있는 것이다. 가령 경찰이 집중 단속을 강화하는 것과 최신 첨단 과학수사기법이 개발되어 도입된다면 출동시간과 관계없이도 검거율은 올라갈 수 있는 것이다. 그러므로 신고 접수 후 신속출동이 검거율 상승의 유일한 직접적인 원인이라고는 단정할 수 없다는 것이다. 결과적으로 빠른 출동은 경찰의 검거율을 높이는 데 영향을 미치는 여러 요인들 중 하나일 뿐, 결정적인 것이라고 확정짓기는 어렵다는 것이다.

물론 신고접수 후 가능한 빨리 출동하는 것은 중요하지만 더 중요한 것은 시민이나 피해자 또는 목격자가 얼마나 많이, 얼마나 빨리 경찰에 신고하는가이다. 극단적으로 경찰에 신고되지 않으면 아예 인지되지 않아서 출동 자체가 없을 것이며, 설사 신고하게 되어 경찰이 1분 만에 현장에 출동해도 신고자체가 사건발생 1시간 후라면 결국 경찰의 현장 도착 시간은 사건 후 1시간 1분이 되어 아무런 의미가 없는 것이 되고 만다. 결과적으로 출동시간을 단축하는 것도 중요하지만, 신고율을 높이고 신고를 빨리 하도록 하는 노력이 절대적으로 필요하다.

물론 경찰이 신고를 받고 출동하는 시간을 최대한 단축해야 하는 것도 중요하다. 경찰의 신속한 출동은 시민의 경찰에 대한 만족도와 신뢰를 증대시킬 것이고, 경찰에 대한 긍정적인 이미지 형성에도 도움이 되기 때문이다. 그렇기 때문에 경찰은 신고 접수 후 현장출동시간을 가능한 최대한 단축하려고 노력하고 있다.

따라서 경찰은 출동시간을 단축하기 위해 많은 노력을 기울이고 있다. 그러기 위해서는 먼저 경찰 응급 신고 체제인 112신고 체제에 대하여 알 필요가 있다. 112신고 제도는 1957년에 도입되었으며, 1987년 11월 112전담 기동순찰대 발대식을 계기로 '시민신고 즉응체제', 즉 통신Communication, 지휘명령Command, 그리고 통제Control를 뜻하는 C³제도로 전환하게 되었다. 그런데 시민들이 C³라는 용어를 이해하지 못하고, 거리감을 형성한다는 이유로 실제 업무에서는 1990년 11월부터 다시 112제도로 개칭하여 사용하고 있다.

C³제도

C³는 미국 군인들이 핵전력운용을 위한 전략체제로 C³IC³ System: Command-지휘, Control-통제, Communication-통신, Intelligence-정보시스템에서 유래된 것이다. 이는 최단 시간 내에 신속, 정확히 임무를 완수할 수 있도록 고안된 지휘 체계를 의미하는 것이다. 이를 토대로 경찰에서는 강력범죄 및 지능화되어 가는 범죄들에 대처하기 위한 방안으로 C³제도를 1987년 11월에 최초로 도입한 것이다. 기존의 112신고 지령 제도를 '시민신고 즉응체제'인 C³제도로 전환한 시스템을 의미한다.

경찰은 신뢰받는 민생치안 확보를 위해 전용 컴퓨터 장비와 통신 중계기 등 각종 첨단과학 장비를 지방청 및 각 경찰서, 파출소에 마련하여 모든 범죄 신고에 대한 접수부터 현장 출동 범인 검거 및 사건 해결까지 전 과정을 통합 체계화하는 시스템을 마련한 것이다(연합뉴스, 1993. 6. 30.). 이를 토대로 경찰은 112신고에 즉시 대응하고, 효율적으로 범죄사건을 해결하고자 하였다.

이러한 C$^3$제도는 실질적으로 시민의 정확하고 빠짐없는 112 신고가 있을 때만 C$^3$제도의 효율성을 극대화할 수 있었다. 하지만 시민들이 C$^3$라는 용어를 이해하기 못하고, 거리감을 형성한다는 이유로 1990년 11월부터 다시 '112제도'로 개칭하여 사용하게 되었다.

## 112 신고 체제의 운영

112는 2009년에 779만 건의 신고가 접수되었으며, 이는 하루 평균 약 2만 건이 넘는 것으로 알려져 있다. 문제는 이 중에서 범죄와 관련이 없는 생활 민원 신고가 363만 건으로 절반가량을 차지하고 있다는 사실이다. 이러한 생활 민원 신고의 증가로 인해 정작 긴급한 상황에는 신속하게 대응하지 못하게 되는 현상이 발생할 수 있는 위험성이 커지고 있다. 그래서 경찰은 112신고 대응시스템을 개선하기 위해 모든 112신고 출동 방침을 긴급출동, 일반출동, 비출동으로 구분하여 긴급한 신고에 경찰력을 집중 투입하는 등 112 신고에 차등적으로 대응함으로써 경찰력의 낭비를 최소화하는 방안을 마련했다.

따라서 등장하게 된 긴급출동, 일반출동, 비출동으로 나누는 기준이 중요하게 되었다. 긴급출동은 범죄로부터 인명, 신체, 재산을 보호하거나 신속한 범인검거가 필요한 신고를 받고 출동하는 것으로, 예를 들면 살인, 강도, 날치기 등의 범죄가 발생했을 경우이다. 일반출동은 긴급출동에 속하지는 않으나 경찰의 현장조치가 필요한 신고를 받고 출동하는 것으로, 이미 종료된 범죄, 경범죄, 교통 불편과 같은 신고가 접수되었을 때 출동하는 것을 의미한다. 그 외에 현장조치 필요성이 없는 경우에는 출동하지 않는 비출동으로 처리하는 것이다.

이처럼 개선된 112신고 대응시스템을 현재도 사용하고 있으며 2008년

1월부터 인천, 대전, 충북, 경남 등 4개 지역에서 시범적으로 운영하고 있다. 그 결과, 긴급출동은 평균 도착시간이 5분 30초로 나왔으며, 일반출동은 평균 5분 51초로 나왔다. 긴급출동이 일반출동에 비해 21초나 단축되는 등 실효성이 입증된 것이다. 2010년 1월 이후에는 개선된 체계를 전국으로 확대하였으며, 향후 운영 성과를 분석하고 미비점을 계속적으로 보완할 것이라고 한다.

112신고 대응시스템 개선방안을 보면 비출동과 같이 경찰이 출동하지 않는 경우도 있다. 이와 같은 경우 시민이 112신고를 하였는데, 경찰이 신고를 접수한 후 출동하지 않게 되면 그에 따른 시민들의 불만을 잘 해소하는 것이 중요하다. 그래서 경찰은 그러한 불만을 없애기 위해 신고의 대응기준을 명확히 하고, 그 사실을 신고한 당사자에게 자세하게 설명하여 이해시켜 주어야 하며, 시민들에게 널리 홍보하여 협조를 구하는 것이 필요하다.

또한 경찰인원에 한계가 있으니, 한정된 인원으로 효율적으로 사용하는 것이 중요하다. 그러면서도 동시에 신고를 받아서 긴급출동을 해야 한다면 최대한 신속하게 출동해야 하는 것이 중요하다. 그래서 경찰은 신속한 경찰출동을 위해 112순찰차 신속배치 시스템IDS: Immediate Dispatch System을 도입하여 운영하고 있다.

IDS는 112순찰차에 위치확인시스템GPS 단말기를 설치하여 112순찰차 위치를 실시간으로 112신고센터 전자지도에 표시함으로써 경력을 효율적이고 체계적으로 운용하기 위한 시스템이다. IDS를 활용하여 신고 접수 시 현장과 가장 가까이 있는 순찰차량을 확인하여 차량용 내비게이션에 신고내용, 신고자 위치, 목표장소까지의 최단거리 등을 표시하여 현장 도착시간을 단축하기 위한 것이다. 2004년 인천지역 시범운영을 시작으로 2007년에는 서울 및 6대 광역시에 시스템을 구축하였고, 2009년에는 경기지역 전 경찰서에 구축하였다.

IDS 시스템 도입 후 각 지역마다 차이는 있지만 대체적으로 현장 도착

시간이 감소한 것으로 나타났다. IDS를 설치하기 전과 후의 5분 이내 현장 도착시간들을 비교한 결과, 설치한 차량이 배치된 모든 도시에서 출동 대응시간이 감소한 것으로 나타났으며, 현장에 5분 이내에 도착한 비율이 평균 15% 정도 늘어난 것으로 나타났다. IDS의 효과성이 나타나면서 전국으로 시스템 설치를 확대하고 있다.

112신고의 안정화와 최적화는 우리 사회를 보다 안전하고 건강하게 하는데 필요하다. 그래서 경찰은 끊임없이 112신고체제를 보완하고 개선하는 것을 멈추지 않고 있다. 경찰의 노력이 헛되지 않도록 유지 관리를 잘하여 범죄 신고 시 보다 신속한 출동이 이루어지게 하고, 시민들이 범죄의 피해를 조금이라도 줄이고 더 안전한 도시에 살고 있다는 생각을 할 수 있도록 하는 것이 중요하다.

## "112 신고 첨단 자동화 C³체제 구축"

全南경찰청은 112 신고업무를 선진국 수준의 첨단장비로 자동화한 112신고 C³즉응체제를 구축하여, 7월 1일부터 개통한다.

경찰은 신뢰받는 민생치안 확보를 위해 전용 컴퓨터 장비와 통신 중계기 등 각종 첨단과학 장비를 지방청과 각 경찰서, 지구대, 파출소에 마련하여 모든 범죄 신고를 접수, 지령, 도착, 결과까지 전과정을 초 개념의 C³체제로 자동화했다.

이 같은 자동화 C³즉응체제 구축으로 순찰차, 형사기동대차등 경찰의 기동력을 신속하게 현장으로 유도하는 강력한 초동대응 태세를 갖추게 됐으며 사건현장 도착시간이 5~10분에서 3~5분으로 단축돼 범죄 현장 출동과 범인 검거에 가시적인 성과를 거둘 수 있게 됐다. 특히 전용컴퓨터로 사건 유형별, 지역별, 시간별 통계를 자동분석, 범죄해결에 활용할 수 있게 됐다.

경찰은 또 이 지역 유흥업소, 금융기관, 중요건물, 우범지역 등 3만여 건의 지역정보자료를 컴퓨터에 입력, 활용토록 했으며 지도화상자료에 의해 관할지역 없이 도주로 및 퇴로차단, 검문검색, 검거지원 등 수사 공조체제를 유지할 수 있도록 했다.

경찰은 이와 함께 24시간 전 과정을 녹음, 현장출동 여부와 사건의 묵살, 관할권 시비, 출동지연 등 책임소재를 명확히 하고 신고자의 전화번호를 식별할 수 있는 장비를 갖춰 허위신고, 장난 등 경찰인력이 낭비되는 요인을 배제하기로 했다.

출처: 연합뉴스, 1993. 6. 30.

## 경찰 112상황실 격상 … 범죄신고 대응 빨라진다

경찰이 112 신고 접수에 민첩하게 대응하기 위해 지방경찰청과 전국 주요 140개 경찰서의 112상황실을 독립 과로 격상한다.

경찰청은 이 같은 내용을 골자로 한 '경찰청과 그 소속기관 직제 시행규칙' 개정안을 입법예고했다고 18일 밝혔다.

경찰 직제표에서 지방청 112상황실장은 경정에서 총경으로, 140개 1급지 경찰서 112상황실장은 경감에서 경정으로 계급이 한 단계 오른다.

현재 112상황실은 지방청에서 생활안전부, 경찰서에서 생활안전과의 부속 기관이다. 112상황실이 경찰 생활안전 조직 산하 구조로는 범죄 신고 접수 후 발 빠르게 대응할 수 없고, 형사와 수사 등 다른 기능과 협조 체제를 가동하는 데 한계가 있다는 지적이 제기돼 왔다.

경찰은 범죄 대응의 최전선에 있는 112상황실의 위상을 높임으로써 성폭력과 학교폭력 등 4대악 범죄에 대한 역량을 높일 수 있을 것으로 보고 있다.

원래 경찰서에는 112신고센터와 관내 경비상황을 점검하는 상황실이 분리돼 있었지만, 2011년 인천 조직폭력배 난동 사건 이후 112종합상황실로 기능이 통합되고 있는 점도 고려됐다.

생활안전 기능은 지구대와 파출소 등 지역 경찰 관리에 집중한다.

경찰은 이미 올해 초 정기인사에서 이런 내용을 반영해 지방청 112상황실에는 총경을, 140개 경찰서 상황실에는 경정을 배치했다.

경찰은 지난해 전국적으로 112 신고 접수 인력을 209명 증원했고, 올해는 212명을 신규 채용하는 등 인력을 확충하고 있다.

출처: 세계일보, 2014. 2. 18.

# 프로파일링Profiling으로 범인을 잡을 수도 있는가

사이코패스들은 범죄를 게임으로 여긴다고 한다. 특히 이와 관련해서 요 몇 년 사이에 부쩍 범죄를 게임처럼 여기는 연쇄살인범과 그를 쫓는 경찰 혹은 형사사법기관에 근무하는 사람의 대결을 다룬 영화가 많이 나오고 있다.

그중에서도 범인이 연쇄살인을 저지르면서 현장에 남긴 단서와 흔적을 통해서 사건을 수사하는 경찰관들이 범인의 성격을 유추하고, 예전에 어떠한 전과를 가지고 있으며, 나이는 얼마나 되었을 것이고, 어떠한 직업에 종사할 가능성이 높고, 기혼자 또는 미혼자일 것이며, 혼자 사는 사람일 것이라는 등과 같은 추리나 추정을 하여 결국에는 범인을 검거하는 영화들이 늘어나고 있다. 이러한 영화들은 일반 대중들에게 큰 인기를 끌면서 실제 사건에서도 그와 같은 일이 일어나는지 궁금해 한다.

요새 인기있는 범죄영화에서 나오는 수사기법이 바로 프로파일링Profiling 이다. 프로파일링은 기존의 수사기법으로 해결하기 어려운 강력범죄가 증가하면서, 수사의 효율성을 높이기 위해 비교적 최근에 미국연방수사국인 FBI Federal Bureau of Investigation의 행동과학국Bureau of Behavioral Science에서 가장 먼저 수사실무에 도입하고 과학적으로 연구하기 시작하였다고 한다. 이렇게 등장한 프로파일링 기법은 스릴러 소설의 소재로 각광받기 시작하면서 방송매체에서도 등장하기 시작했다. 그렇게 우리가 흔히 접하게 되는 범죄관련 영화나 드라마가 소위 ≪CSI<sup>Crime Scene Investigation</sup>≫, ≪Law & Order≫, ≪Criminal Minds≫ 등이다. 범죄에 대한 관심이 많은 미국에서는 경찰을 관련 배경으로 한 것이 많기 때문이다. 이러한 외화들이 국내에도 소개가 되면서 많은 사람들이 프로파일링을 알게 되었다.

프로파일링은 1950년대 이후 최신 수사기법으로 보다 효과적인 수사를 위하여 국내에 도입되었다. 그러한 프로파일링에는 몇 가지 유형이 있지만, 궁극적으로는 모든 프로파일링이 용의자의 범위를 좁혀나가서 결국에는 용의자의 범주를 가능한 좁게 특정하기 위한 것이다. 이러한 방법이 가능한 것은 바로 인간의 속성 또는 습성으로 인한 것이다. 인간은 습관의 동물이기 때문에 무의식적이고 반복적으로 익숙한 행위를 하게 된다. 그렇기 때문에 인간은 무언가를 할 때 자기만의 독특한 습성이나 습관들이 자기도 모르는 사이에 행동에 반영된다.

그래서 범행을 하면서도 자신만의 그 습관과 습성을 따르게 된다고 한다. 범죄자의 그러한 습관적 행동들이 범행현장에서도 자기만의 습관이나 습성 또는 행동특성을 추정하거나 유추할 수 있는 흔적을 남기게 되고

FBI BSU

그 흔적을 활용하여 용의자를 압축할 수 있게 된다. 이러한 범죄자들의 습관이나 행동을 분석하여 수사기법으로 활용하는 것을 프로파일링이라고 하고, 그러한 프로파일링을 처음 개발하고 도입한 곳이 미국FBI의 '행동과학국<sup>Bureau of Behavioral Science</sup>'이었다. 특히 미국FBI의 행동과학국의 프로파일링은 범죄자의 행동특성을 분석하는 것을 주요 내용과 방식으로 하고 있다.

## 프로파일링의 분석대상들

앞서 언급한 것처럼 FBI는 프로파일링을 가장 적극적으로 연구하고 활용하는 대표적인 기관이다. FBI의 경우, 프로파일링을 연령, 인종, 사회경제적 지위, 거주형태, 범행현장과 거주지의 관계, 이동수단, 교육수준, 혼인상태, 직업경력, 범죄경력, 정신질환의 기왕증, 사회적·성적인 발달, 군대경력, 신체적 특징, 습관, 체계적·비체계적 범죄의 여부, 범행 전후의 행동, 공범 가능성 등 광범위하게 용의자와 관련된 정보를 제공하는 기법이라고 정의하고 있다. 이러한 프로파일링에는 사건과 관련된 분석, 범죄자 유형분석, 지리적 유형분석 등이 포함된다. 사건과 관련된 분석으로는 동일범의 가능성에 대한 종합적인 검토가 포함되고, 범죄자 유형분석은 우리가 흔히 접했던, 가능성이 가장 높은 범인상이 해당된다. 또 지리적 유형분석은 범행지와 거주지의 관련성, 다음 범행의 발생가능 장소 예측 등이 존재한다.

이러한 분석을 하기 위해서 필요한 요소가 상당히 많다. 프로파일링의 내용은 범죄 현장에서 무엇이 남아있는가에 따라 달라진다. 보통 완전한 프로파일링을 구성하기 위해서 범죄현장의 사진, 피해자와 이웃 사람들과의 관계, 신체 손상범위를 찍은 사진과 약물학적 보고서 등을 포함한 법의학자의 보고서, 사건직전의 피해자의 이동경로, 사건에 대한 완전한 수사보고서 등이 분석의 대상이다. 이러한 분석이 표기된 보고서는 범죄가 발생한 날짜, 시간, 위치 등에 관한 표준화된 보고서와 범행에 사용된 무기, 사건결과에 관한 수사관의 재구성과 상세한 목격자 인터뷰가 포함되어 있어야 프로파일링을 할 수 있는 자료가 된다.

그리고 피해자의 배경, 인구사회학적 배경뿐만 아니라 생활유형Life style과 성격유형, 품행, 평판, 신체적·정신적 병력, 개인적 습관과 사회적 습관, 친한 사람들과의 관계 등에 대한 내용들도 반드시 수집되어야 한다. 또 사파리크Safarik 같은 학자는 "왜 이 사람이 피해자가 되었는가, 왜 이날 범죄가 발생하였는가, 왜 이 곳에서 범죄가 발생하였는가, 그리고 왜 이런 범행이 발생하였는가?"라는 네 가지 의문사항을 프로파일링에서 반드시 고려해야 한다고 주장하고 있다. 범행 대상인 피해자를 통하여 범죄자의 범죄 유형과 습관을 유추할 수 있기 때문에 피해자학적 접근도 중요한 요소이다.

위에서 설명했다시피 상당히 많은 요소가 프로파일링을 구성하기 위해서 필요하다. 그만큼 프로파일링을 하기 위해서는 많은 자료와 그에 따른 분석이 필요하다. 하지만 프로파일링이 무조건 만능인 것은 아니다. 프로파일링을 수사기법으로 적용할 수 있는 범죄들은 주로 연쇄적이되, 비정상적인 범죄에 주로 적용되고, 모든 범죄 유형에 프로파일링 기법이 활용되지는 않는다. 프로파일링 기법은 살인범죄에 가장 적절하며, 심리학적 기능장애Psychological Dysfunction의 징후가 있는 범죄에 대해서 주로 프로파일링이 시도될 수 있다.

프로파일링이 적용될 수 있는 심리학적 기능장애의 징후가 있는 범죄로는 가학적 성폭행, 사체의 장기적출, 사체에 대한 성폭행, 치정살인이나 원한 살인, 소아에 대한 이상 성범죄, 은행 강도, 동기가 불분명한 방화, 테러목적의 편지우송 등과 같은 범죄가 이에 해당된다.

프로파일링은 현재 고급수사기법으로 세계 각국에서 각광받고 있다. 그러나 대중매체에서의 프로파일링에 대한 보도가 확산되면서 프로파일링에 대한 사람들의 인식이 프로파일링이 만능인 것처럼 왜곡되고 있다.

물론 프로파일링의 효과는 분명히 존재한다. 하지만 프로파일링을 할 수 있게 만들기 위해서는 관련 데이터와 정보가 방대하게 필요하며 그에 따른 관련 전문가도 양성해야 한다. 또한 프로파일링이 효과가 있는 범죄도 한정적이라는 것을 기억할 필요가 있다.

현실에서의 프로파일링과 영화나 드라마에서의 프로파일링과는 차이가 있을 수 있다는 것을 알아야 한다.

### 프로파일링Profiling

범죄자 프로파일링profiling이란, 범죄자에 대한 여러 가지 데이터를 수집, 분석하여 범죄자의 성격·유형 등에 대해 추론하는 것을 말한다.

최근의 프로파일링은 다양한 형태와 용어로 사용되고 있다. 즉, 범죄자 프로파일링Criminal Profiling, 심리학적 프로파일링Psychological Profiling, 행동학적 프로파일링Behavioral Profiling, 언어적 프로파일링Linguistic Profiling, 지리학적 프로파일링Geographic Profiling 등 그 대상 및 방법에 따라 용어가 다르게 사용된다.

프로파일링은 범죄에 대한 광범위하고 종합적인 분석을 통하여 얻을 수 있는 범죄자의 심리학적·행동적 특징을 파악하여 범죄 동기 및 범행수법을 유추하여 수사 범위를 축소시켜 효율적인 수사에 기여하는 범죄수사기법으로 활용되고 있다. 따라서 일반적으로 프로파일은 사전에 용의자에 대한 이미지를 형상화하는 것으로 범인을 검거하기 전에 작성된다. 그러나 경우에 따라서는 용의자를 검거한 후에 진범 여부는 물론 진술의 진부 여부를 규명하기도 하고 범인임을 확정된 뒤에도 성격, 정신병리 검사와 심시수사관의 인터뷰 등을 종합한 범죄분석 보고서는 데이터베이스를 거쳐 보관한다. 이러한 자료는 향후 동종 사건이나 유사한 사건이 발생하였을 때, 동일한 범인의 소행인지 여부를 검토하는 수사 자료로 이용된다. 그것은 프로파일이 담고 있는 인터뷰 및 성격, 정신병리 검사와 범죄분석이 대상자의 재범 가능성을 판단할 수 있는 과학적인 근거자료이기 때문이다. 따라서 이러한 자료를 활용하여 재범 가능한 우범자의 선정과 관찰에 활용한다면 본래의 수사자료 제공뿐 아니라 우범자 관리에도 객관적이고 과학적인 자료가 될 수 있을 것이다.[27]

---

27 김성문, "강력범죄 우범자 관리를 위한 프로파일링 기법의 적용에 관한 연구", 강원대학교 대학원 박사학위논문, 강원대학교 대학원, 2007, p. 47.

# 7

# 범죄 사후대책,
# 형벌과 교정

# 사형제도는 꼭 필요한가

　사형은 국가에 부여하는 형벌 중에 가장 강력한 형벌로 범죄자의 생명을 인위적으로 거두는 것이다. 이러한 사형에 대하여 많은 논란이 있다. 과연 국가가 행하는 사형이 살인과 다를 바가 있냐는 의문이 끊임없이 제기되고 있다. 이러한 의문은 사형이라는 제도의 당위성에 대하여 부정하기 시작했고 최근 들어서는 헌법재판소에 위헌제청[28]을 하기도 하였다.

　그러나 지난 2010년 2월 헌법재판소가 현행 사형제도가 합헌이라는 결정을 내렸다. 그리고 나서 사형제도 폐지와 관련된 수많은 언론보도와 시민들의 의견이 쏟아지기도 했다. 결론적으로 우리나라에서는 현재 법률적으로는 사형이 헌법에 위배되지 않는다고 볼 수 있다. 하지만 미국은 다르다. 미국은 주에 따라 사형제도를 존치하는 주도 있고 폐지된 주도 있는 것만 보아도 아직도 사형제도의 존치와 폐지에 대한 논란이 식지 않고 있다.

　기본적으로 사람의 생명을 존중하는 것은 윤리적으로나 법적으로나 기본적인 입장이다. 그럼에도 불구하고 국가가 행하는 사형에 대해서는 인정하고 있다. 헌법재판소의 결정에서도 사형제도에 대한 결론은 합헌으로

---

28 법률의 위헌 여부가 일반법원에서 재판의 전제가 되는 경우에 법원이 직권 또는 당사자의 신청에 의하여 헌법재판소에 위헌법률심판을 제청하는 제도를 말한다(헌법 제107조 제1항, 제111조 제1항 제1호).

났지만, 실질적인 내용면에서는 사형 조항을 개선하거나 폐지해야 한다는 의견이 더 많아서 정치권에서 사형제도 존폐에 대하여 진지한 고민을 할 필요가 있다.

그리고 사형제도가 유지된다고 해서 사형이 반드시 집행되는 것도 아니다. 우리나라의 경우 사형의 확정판결은 매년 선고되어 2010년 7월까지 총 59명의 사형수가 존재하지만, 1999년 12월 30일 이후 11년 가까이 사형집행을 하지 않고 있다. 그래서 국제 인권단체 앰네스티 인터내셔널은 우리나라를 10년 이상 사형을 집행하지 않은 나라를 칭하는 '실질적 사형 폐지국'으로 분류하고 있다.

하지만 아직도 사형제도의 필요성에 대하여 찬성하는 사람들이 존재한다. 찬성하는 사람들은 사형이라는 형벌제도가 가지는 범죄에 대한 억제력이 크다고 생각하기 때문이다.

하지만 그러한 주장에 대하여는 많은 의견들이 분분하다. 실제로 사형제도가 가지는 범죄 억제력에 대하여 효과가 있다는 연구결과도 있고, 효과가 없다는 연구결과도 있다. 셀린Sellin이라는 학자는 미국의 사형폐지 주州와 사형존치 주州의 살인사건발생률을 비교하는 연구를 수행하였는데, 그 결과는 사형이 살인범죄에 대한 억제력이 없는 것으로 나타났다. 하지만, 엘리히Ehrlich라는 학자의 연구에 따르면 억제력이 있다는 결과를 보여주었다.

국가 간의 비교에 있어서도 마찬가지이다. 현재 사형제를 존치하고 있는 국가가 대략 73개국, 모든 범죄에 대하여 사형을 완전히 폐지한 국가가 86개국, 군범죄 등 특수한 범죄를 제외한 일반범죄에 대하여 사형을 폐지한 국가가 11개국, 우리나라처럼 법률상 존재하지만 실질적으로 집행하고 있지 않은 경우가 26개국 정도가 되는데, 각국에서의 강력범죄 발생률과 비교해 보아도 뚜렷한 상관관계는 찾기 어렵다는 분석이 많다. 참고로 1988년과 2002년, 두 차례에 걸쳐 UN이 사형제도와 살인율의 상관관계를 조사하였는데, 이 당시에도 사형집행이 종신형보다 더욱 뛰어난 예방효과를 가진다는 것을 입증하는 데 실패했다. 종합해보면, 엄밀한 의미에서 사형제가 확실한 범죄 억제력을 갖는다고 보기는 어렵다고 보는 것이 맞다. 그래도 보편적으로 전통적인 노상범죄의 경우 형벌에 의한 범죄동기의 억제효과가 조금은 있는 것으로 알려지고 있다. 하지만 사형이라는 가장 엄격한 형벌이 존재함에도 살인범죄에 미치는 억제효과가 없다고 알려져 있다.

물론 엄격하게 말하자면, 사형제도가 가지는 살인범죄에 대한 범죄억제효과가 있다는 과학적인 증거도 없으며, 범죄억제효과가 없다는 과학적인 증거도 없다고 한다. 그 이유는 살인범죄의 특성에 존재한다. 살인범죄는 대체로 격정이나 충동에 의한 상황적 범죄로서 형벌의 범죄억제효과를 전혀 기대할 수 없거나, 치정, 원한 등에 의한 살인은 일종의 확신범과 같아서 형벌의 유무나 과다에 관계 없이 범행을 행하기 때문에 사형제도가 살인범죄억제와는 무관한 것이다.

그런데도 사형제도의 존치를 여전히 주장하는 이유는 사형제도가 가지는 효용에 있다.

사형제도가 가지는 효용 중 첫째는 피해자 유가족과 일반 국민의 법 감정을 들 수가 있다. 흉악한 범죄를 당한 피해자 유가족의 입장에서는 아마 가능만 하다면 사적으로라도 범죄인을 잡아서 죽이고 싶을 것이다. 선량하고 건전한 상식을 가진 일반 시민들도 내 이웃에 그러한 흉악범이 있다면 돌이라도 던지고 싶은 심정일 가능성이 크다. 그러나 우리 법은 개인적인 응보를 금하고 있으니, 국가 차원에서 사형을 행함으로써 피해자 유가족의 억울한 심정이나 일반 국민의 증오, 두려움을 조금이나마 해소해주는 효과를 기대할 수 있는 것이다.

두 번째로는 사형제도가 가지고 있는 살인범죄에 대한 억제력이다. 사형폐지를 주장하는 측에서는 살인범죄가 우발적·충동적으로 일어나는 경우가 많으므로 범행 당시에 자신의 장래와 사형으로 인한 죽음을 예견하여 연관짓지 못하는 경우가 많다고 주장한다. 하지만 모든 살인범죄가 우발적·충동적인 것은 아니다. 반대로 우발적·충동적 살인이 아닌, 치밀하고 계획적인 살인의 경우에는 그 범인이 일반적으로 합리적인 사고능력을 갖춘 경우가 대부분이다. 그렇다면 범행으로 인한 자신의 장래와 사형으로 인한 자신의 죽음을 연관지어 사고할 가능성이 크며, 이런 경우라면 두려움을 느껴 범행을 포기하게 할 수 있다. 사형이 일반적으로 우발적 살인범에게는 잘 과해지지 않고, 치밀한 계획에 의하여 고의로 살인을 한 경우에 과해지는 점을 고려하면 어느 정도 타당한 측면이 있는 주장이다.

## 사형 vs. 종신형

사형폐지론자들은 사형이 가지는 두려움은 종신형도 가질 수 있다고 주장한다. 합리적 사고능력을 갖춘 범죄자라면, 반드시 사형뿐만 아니라 종신형 같은 다른 형벌도 무서워할 가능성이 클 것이라고 본다. 즉, 반드시 사형이 아니더라도 '내가 이 범행을 하면 남은 평생을 감옥에서 보내야 할지도 몰라'라는 생각이 드는 것이 범죄인 입장에서는 더 무서울 수도 있다.

그래서 종신형, 특히 가석방의 여지가 없는 종신형이 사형제 폐지에 대한 가능한 대안으로 늘 제기되고 있다. 그러나 이에 대한 비판도 제기되고 있다. 극단적으로 생각해보면, 종신형이라고 해도 법의 개정으로 인한 가석방의 여지가 아예 없는 것이 아니며, 또 혹시 수용사고로 인해 탈옥을 할 수도 있을 것이고, 질병으로 인해 일반 사회의 병원으로 옮겨질 수도 있는 등 다시 사회로 복귀하여 피해자 유가족과 일반 시민들 곁에서 숨 쉬며 살아갈 여지가 있기 때문이다. 그리고 이 과정 중에서 범죄자에 의한 보복이 이루어질 수 있다는 위험도 무시할 수 없다. 또, 설사 교도소에서 생을 마감하게 한다고 하더라도 어찌 보면 이 살기 어려운 경쟁사회에서 그러한 보장은 오히려 형벌이 아니라 복지가 될 수도 있다. 성실하고 건전하게 살아도 하루 세 끼 먹기 힘들고, 길거리에서 노숙을 하는 사람도 많은

데, 흉악범죄를 저지르고 나니, 여생을 국가가 책임지고 먹여주고, 재워주고, 건강도 책임져주고, 취미생활도 보장해준다면, 범죄인 스스로도 의아해 할 수 있으며, 일반 국민들도 정서상 용인하기 어려운 측면이 있다. 더군다나 그 예산은 모두 건전한 국민들의 세금으로부터 조성된 것일 텐데, 일반인들의 사고로는 '내가 고생해서 벌어서 낸 세금이 흉악범 밥값으로 쓰이는 구나'하는 자괴감도 들 수 있다.

물론 사형제도에 비해서 종신형이 인도적 측면에서 본다면 꼭 나쁘지만은 않다. 일반적으로는 가석방 없는 종신형이 사형보다는 인도적이고 인권보장에 합리적이라고 본다. 하지만 발상을 전환한다면 반대로도 생각해볼 수 있을 것이다. 즉, 아무런 희망도 없이, 자유와 이성, 기호식품, 자율적 친교관계, 기타 각종 재화와 용역을 박탈당한 상태에서 하루하루 의미 없이 생을 살아가야 한다는 것은 오히려 사형보다 더 잔인할 수도 있다.

더군다나, 종신형은 입소하는 자의 연령에 따라서 형벌의 무게가 달라질 수 있는 불균형이 존재한다는 점도 문제다. 즉, 80세가 넘어서 입소한 자에게 종신형이란 그다지 무거운 형벌이 아닐 수도 있지만, 20세도 채 되지 않은 청년에게는 사형보다도 끔찍한 가장 잔인한 형벌이 될 수도 있다. 나아가 우리사회의 기대 수명이 점점 증가하는 것을 고려한다면, 종신형을 선고받는 범죄자들이 늘어나면서 그에 따른 관리예산과 인력, 시설이 얼마나 더 들게 될지 쉽게 예측하기도 어렵다. 종신형이 가지는 형벌효과는 사형보다 상대적으로 다르게 나타나기 때문에 대안으로서는 한계가 있다.


## 사형제도에 대한 입장

사형제도는 궁극적으로 폐지되는 것이 좋다고 본다. 사형제도가 가지는 의미 중에 하나는 국가가 범죄를 행한 사회구성원 중 한명의 생명을 박탈시킴으로써 다른 사회구성원들에게 범죄를 범하지 않도록 강요하는 것과 같다. 국가의 역할은 국민을 보호하고 보살필 의무가 있다. 하지만 사형은 그러한 국가의 역할을 포기하는 것과 같다고 볼 수 있다. 비록 사형수도 한 명의 범죄자에 불구하지만 그 또한 국가가 보호해야 할 국민임에는 틀림없기 때문이다.

부모가 엇나가는 아이들을 바로잡고 건전한 어른으로 성장할 수 있도록 책임을 가지고 있듯이, 국가는 비행소년이나 범죄자들을 돌보아서 다시 범죄를 저지르지 않도록 해야 하며, 범죄를 범했을 때는 교화갱생을 시켜 다시는 그러한 범죄를 하지 않는 건전한 사회 일원으로 복귀시켜야 할 의무가 있다. 그런데, 사형이라는 것은 범죄자를 우리 사회에서 단순히 제거해 버릴 뿐, 이렇듯 복잡하고 중차대한 국가의 책무는 쉽게 포기해 버리는 것과 같다.

더구나, 우리가 소통하고 화합하는 사회를 지향한다면, 피해자 측과 가해자의 화해와 배상의 가능성을 완전히 배제해버리는 사형제도는 합치된다고 볼 수 없다. 물론 흉악범죄자와 피해자 측의 화해가능성이라는 것은 실질적으로는 매우 상정해보기 어렵더라도 말이다.

또한 사법부의 할 수 있는 잘못된 재판의 가능성이나, 독재정권의 정적 축출의 수단으로의 악용될 여지 등도 사형제도 폐지의 근거가 될 수 있다. 한번 박탈당한 생명은 되살릴 수 없다. 궁극적으로는 공권력이 생명을 박탈하는 구시대적 제도가 21세기 문명화된 이 시대에서조차 그대로 계속되는 것은 국격에도 맞지 않고, 국가가 스스로는 도살자화하는 것 밖에는 되지 않는다는 점이 고려되어야 한다. 국가가 국민들에게는 절대로 사람을 죽여서는 안 된다고 강요하면서 사형을 집행함으로써 국가 스스로 사람을 죽이는 살인범이 된다는 것은 논리적으로 볼 수 없다. 생명은 인간이 가진 가장 기본적이고 천부적인 권리로서 아무도 박탈할 수 없는 것이기 때문에 국가 또한 존중할 필요가 있다.

# 성범죄자에 대한
# 화학적 거세는 필요한가

최근 들어 젊은 여성을 대상으로 하는 범죄가 나날이 흉포해지고 증가하고 있다. 그러다 보니 딸을 가진 부모들은 딸이 범죄의 희생자가 되지 않을까 걱정을 할 수밖에 없다. 더욱이 연이어 터지는 조두순, 김길태 사건과 같은 성폭력, 특히 아동 성폭력범죄 사건소식은 범죄에 대한 두려움을 크게 만든다.

하지만 진짜 문제는 다른 면에 있다. 현재 알려진 대부분의 성폭력범들이 초범이 아니라는 점이다. 특히나 성폭력범죄는 다른 범죄에 비해 재범률 Recidivism rate이 유난히 높은 범죄라는 사실이다. 다시 말하자면 한 번 성폭력범죄를 저지르면 다시 성폭력범죄를 저지를 위험성이 더 커진다는 것이 더 큰 문제라는 것이다.

유독 성폭력범죄가 다른 범죄보다 재범률이 더 높은 것에는 여러 가지 이유가 있지만 가장 거시적인 입장에서 판단하자면 성범죄에 대한 대처에 있다고 볼 수 있다. 지금까지 성폭력 범죄자를 우리는 단순히 다른 여타 범죄와 다르지 않게 형사정책적, 형벌로만 처리해 왔다는 것이 문제가 될 수 있다.

사실 성폭력범죄자의 일부는 약물이나 음주의 영향 등 막연한 충동에 의한 우발적인 범죄일 수도 있지만 상당수는 이상성욕자와 같은 일종의 정신질환에 의한 것일 수 있음에도 질환의 치료는 하지 않고 그냥 형벌만을 부과한 것이다. 그것은 마치 배가 아픈 환자에게 매를 치는 것과 같은 것이다. 성폭력 범죄자에게는 사회와 여성의 보호를 위해서, 그리고 죄에 대한 형벌로서 사회로부터의 격리가 필요하겠지만 그것으로 족하지 않고 치료가 병행되어야 재범의 위험을 없앨 수 있다는 것이다.

더구나 성범죄자들에게 부과되는 형벌마저도 형벌의 고통을 통한 범죄 동기의 억제에 충분할 정도로 강하지 못했다는 지적도 있다. 적지 않은 사건이 피해자와 합의했다는 이유로 실형을 피하기 쉽고, 실형의 경우에도 피해자의 피해정도에 비해 상대적으로 낮다고 보는 여론이 강하다. 더구나 충분한 형벌이 부과되어 형벌에 의한 범죄동기의 억제가 기대되는 경우에도 병적인 문제로 다시 범행하는 경우는 형벌만으로는 어찌할 수 없다.

## 성범죄자에 대한 대책들

성범죄자들에 대한 전통적인 형벌의 부과가 점점 더 한계를 나타내고 있는 가운데 정부와 사회에서는 여성과 아이들을 성범죄자들로부터 보호하기 위하여 다른 제도들을 강구하고 있다.

그래서 정부는 처음에는 소위 '전자발찌'라고 하는 '위치추적전자장치 부착제도'를 시행하였고, 이것만으로는 부족하다고 판단하여 특히 아동대상 성폭력 범죄자에 대한 형량이 부족하다는 지적에 따라 아동 대상 성폭력범죄자에게 최고 무기징역까지 부과할 수 있도록 형량을 대폭 상향하였다. 그리고 성폭력이 재범률이 높다는 점을 감안하여 성범죄자 등 흉악범의 유전자DNA 정보를 채취하여 데이터베이스를 구축하고 있다. 이는 향후 발생할 성범죄사건에 대한 대비를 하는 것과 동시에 이러한 유전자데이터가 수집되어 있음을 범죄자에게 알려 향후 범죄 발생을 예방하고자 한다. 일부 성폭력범죄자는 그 신상을 공개하여 시민들이 주변의 성폭력 전과자에 대비할 수 있게 했다. 가장 최근에 도입된 것은 성폭력 범죄자에게 성

충동을 억제하는 약물을 주입하는 소위 '화학적 거세 제도'이다.

위에서 언급된 대책들은 보다 효율적인 성범죄에 대한 대처를 하기 위하여 만들어졌으나 한계가 존재한다.

전자발찌는 처음 미국에서 '전자감시 가택구금House arrest with electric monitoring' 이라는 이름으로 미결수용의 폐해를 방지하기 위하여 재판을 기다리는 범죄자를 자신의 집에 구속일종의 가택구금시키면서 그 대신 전자장치로 감시를 하겠다는 의도로 시행되었으나 우리나라에서는 이것을 응용하여 성폭력범죄자들의 재범을 방지할 목적으로 발목에 전자감시장치를 부착하여 위치를 추적하는 성폭력범죄자를 감시하는 제도로 활용하고 있다. 그러나 이 제도는 기계와 기술적인 부족으로 감시기능을 만족스럽게 하지 못하고 단지 범죄자의 대략적인 위치정보만 파악할 수 있고, 감시는 사람의 몫인데도 인력이 없어서 제대로 감시가 되지 않고 비상상황이 발생해도 즉각 대응하지 못하는 단점이 존재한다. 더구나 실제로 범죄자가 발찌를 착용하지 않거나 배터리를 충전하지 않으면 위치추적도 안 되며, 위치가 추적되더라도 그 장소에서 무엇을 하고 있는지는 파악할 수가 없어서 아직은 재범방지에 부족한 면이 많이 있다.

성폭력범죄자 신상정보의 공개는 우리 이웃에 성폭력범죄자가 살고 있는지, 있다면 어떤 사람인지 정보를 주민들에게 알려줌으로써 시민들이 스스로 주의하라는 것이다. 이는 결국 시민 스스로가 성폭력을 당하지 않도록 알아서 조심하라는 것에 지나지 않는다.

유전자은행은 이미 시행하여 보관하고 있는 범죄자유전자은행에 정보를 성폭력범죄자를 중심으로 다시 정리하는 것과 다를 바 없다. 이렇게 되면 예산의 중복적 사용으로 비효율적이며, 이 은행에 보관된 범죄자 유전자의 역할은 다시 범행을 할 때 확인하는 역할에 지나지 않는다.

가장 최근에 등장한 성범죄자에 대한 대처로는 화학적 거세를 들 수 있다. 화학적 거세까지 시행하게 되었다는 것은 결국 기존의 많은 노력에도 불구하고 성범죄예방이나 대처에 대한 큰 성과를 거두지 못했다는 것을 의미한다.

위에서 설명한 제도들은 결국 성폭력범죄에 대한 하나의 수단이지 결코 근본적인 해결책이 아니기 때문이다. 모든 제도들의 역할이 다 사후약방문死後藥方文에 불과한 수준이다. 병이 나고 약을 쓴다고 모든 환자가 다 낫지 않는 것과 같다.

## 화학적 거세란

예전에 어느 성폭력범죄자가 말하기를, "개를 묶어 두는 것과 성폭력범죄자를 교도소에 구금하는 것은 다를 바 없다"고 표현했다. 미쳐서 날뛰는 개를 목줄로 묶으면 당장은 조용해질지 모르지만 목줄이 풀리는 순간 다

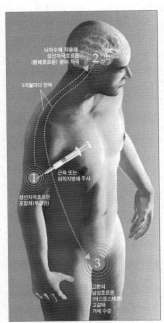

시 날뛰게 되는 것처럼 성폭력범죄자도 마찬가지라는 이야기를 한 것이다. 구금은 구금된 기간 동안만 성범죄를 늦출 뿐 성폭력의 동기를 근본적으로 없애는 것은 아니기 때문에 재범방지를 위해서 어쩔 수 없이 화학적 거세가 필요하다고 보는 것이다.

화학적 거세는 성폭력범죄자의 몸에 남성호르몬의 분비를 차단하는 약물이나 에스트로다이올과 같은 여성호르몬을 주입하여 성폭력범죄자의 성욕을 억제하자는 것이다. 글자 그대로 성폭력범죄자의 성기능을 약물을 주입하는 기간 동안 한시적이나마 화학적으로 제거하는 것을 목표로 한다.

문제는 화학적 거세로 인한 효과이다. 현

화학적 거세의 과정

| 〈화학적 거세는 어떻게 하는가〉 | |
|---|---|
| 치료대상 | 피해자가 만 16세 미만인 만 19세 이상의 성범죄자(초범 포함, 법 시행 이전에 형이 확정돼 수감 중인 자는 '가석방 후 치료'에 동의할 경우 치료) |
| 결정 절차 | 검사의 청구(정신과 전문의 진단 감정으로 성도착증 여부 판단) → 법원이 결정 (최대 15년까지) |
| 방법 | 성충동을 억제해주는 주사 또는 먹는 약 정기 투여, 심리치료 병행 |
| 기간 | 검사가 치료 연장 청구 가능, 치료 6개월 후 재심사 통해 가해제 가능 |
| 당사자 동의 여부 | 동의 없이 강제 치료 |
| 투여 약물 | 루크린(루프롤라이드·leuprolide), 고세렐린(goserelin), 여성호르몬(MPA), 전립선 암 약(CPA) |
| 치료비용 | 연간 500만원(약물 180만원, 호르몬 수치검사 50만원, 심리치료 270만원) |
| 부작용 | 심폐질환·골다공증·근위축증 등 |

재 화학적 거세제도에 대한 효과에 대해서는 많은 의견이 분분하다. 약물효과에 대하여도 효과가 있을 수도 있고, 있어도 만족스러울 정도는 아닐 수도 있고, 아니면 아주 만족스러울 수도 있다고 말한다. 이런 복잡한 대답을 한이유는 우선 약물효과가 있어도 한시적, 제한적이라는 점 때문이다. 당연히약물의 영향이 있는 한 성기능이 억제되어 정해진 거세기간 동안은 재범을할 수 없기 때문에 그만큼의 효과는 있을 것이다.

그러나 영원히 약물을 주입하여 억제하기란 불가능에 가깝기 때문에제한된 기간만 유효하다는 것이 문제다. 또 대부분의 성폭력범죄자가 소위 '강간통념Rape myths'[29]을 가지고 있어서 그에 대한 심리치료가 없다면 화학적 거세만으로는 재범률을 낮출 수 없다.

뿐만 아니라 화학적 거세는 인권침해의 소지도 존재한다. 화학적 거세는초범자에게까지 본인의 동의 없이도 강제로 약물을 주입할 수 있다는 점에서 인권침해의 소지가 있다는 지적이 존재한다. 또한 거세 대상자의 범위가

---

29 강간통념이란, 강간 범죄와 그 피해자 및 가해자에 대해 대부분의 사람들이 지속적으로가지고 있는 편향되고 고정관념적인 신념이나 태도를 말한다. 이는 범죄의 책임을 가해자가 아닌 피해자에게로 돌리기 때문에, 궁극적으로 강간 사건의 범죄 성립을 부정하고,범죄 사실이 공개되어 가해자가 입는 타격을 최소화하며, 사건으로 인한 피해자의 고통이나 후유증을 과장되거나 거짓된 것으로 폄하하는 한편 가해자가 억울한 누명을 썼다는 등 가해자에 대한 옹호와 동정을 불러일으키기도 한다(http://blog.naver.com/PostView.nhn?blogId=id93320&logNo=90178973678).

<화학적 거세 확대 논란>

|  | 확대론 | 신중론 |
|---|---|---|
| 제도의 성격 및 인권침해 논란 | 치료적 성격 강해 인권침해 아냐 | 징벌적 성격 강해 인권 침해 우려 |
| 대상 확대 여부 | 전체 성범죄자로 확대 | 확대 반대, 현행법상 처벌 대상 유지 |
| 실시 방식 | 현행처럼 강제 실시 | 대상자 본인의 동의 필요 |
| 재범 억제 효과 | 선진국 등에서 효과 확실히 검증 | 아직 검증됐다고 확신 어려운 단계 |
| 소요 비용 조달 문제 | 예산, 우선 편성 | 점차적으로 확대 |

지나치게 확대 적용된다는 지적도 있다. 성폭력피해자 연령을 13세에서 16세로 높이고, 치료대상자 연령은 반대로 25세 이상에서 19세 이상으로 낮추었기 때문에 적용대상자가 지나치게 많아질 수 있다는 지적도 있다.

그리고 화학적 거세를 위한 비용도 만만치 않게 요구되는 것도 문제이다. 현재 1인당 연간 검사 및 투약비용이 500만원, 감정 및 인건비가 180만원에 이를 정도로 큰 비용이 들 것으로 예상하고 있다.

성범죄자에 대한 대책은 점점 더 강화되고 있다. 이는 성범죄가 사회에 미치는 영향이 크기도 하지만 여성의 활동이 점점 더 증가하면서 성범죄의 발생가능성도 점점 더 높아지기 때문이다. 화학적 거세는 그러한 성범죄에 대한 대응 중에 극단적인 대처방법에 속한다. 비용이 많이 소모되고 인권침해의 위험성이 큼에도 불구하고, 화학적 거세에 대한 사회의 입장은 긍정적이다. 그만큼 성범죄에 대한 부정적인 입장이 크기 때문이다.

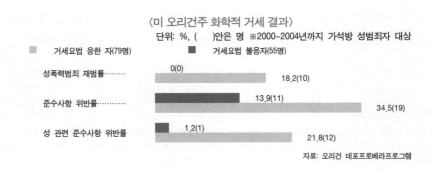

〈미 오리건주 화학적 거세 결과〉

단위: %, ( )안은 명 ※2000~2004년까지 가석방 성범죄자 대상

■ 거세요법 응한 자(79명)　　　■ 거세요법 불응자(55명)

성폭력범죄 재범률········ 0(0)　　18.2(10)

준수사항 위반률·········· 13.9(11)　　34.5(19)

성 관련 준수사항 위반률 1.2(1)　　21.8(12)

자료: 오리건 데포프로베라프로그램

# 전자발찌의 허와 실

흔히 언론에서 심심치 않게 등장하는 '전자발찌'는 보호관찰제도 중 '전자감독Electronic Monitoring'을 말한다. 대상자의 발목에 착용하는 장치라는 점때문에 전자발찌라는 이름을 갖게 된 것이다. '전자감독'은 GPS 방식처럼 인공위성 등을 활용하여 특정 범죄자의 위치를 24시간 파악하여, 이를 통해 재범을 억제하고 대중들의 범죄피해의 두려움을 해소하기 위한 보호관찰 프로그램이다. 참고로 우리 주변에 전자발찌 부착자의 현재 위치에 대해서는 알 수 없지만, '성범죄자 알림e 사이트'를 통해 주변에 전자발찌를 부착한 성범죄자의 거주지에 한해서는 알 수 있다.

'전자발찌'는 1984년, 미국 뉴멕시코주의 판사 잭 러브가 만화 스파이더맨에서 나온 위치추적장치에서 영감을 얻은 것을 시작으로 위치추적 전자장치를 특정 범죄전과자의 발목에 처음 부착하면서 실용화된 것으로 알려져 있다. 처음 전자발찌라는 개념이 형사사법에 도입된 것은 미국에서 교정시설의 과밀수용을 해소하고 미결구금자의 피해를 최소화하기 위한 목적으로 원래 '전자감시 가택구금House Arrest with Electronic Monitoring'이라는 이름으로 미결수를 구치소에 구금하는 대신 자신의 거주지에 구속하고 그 감시를 전자적으로 하려는 의도였다. 이 전자발찌는 오로지 위치정보를 이용한 착용자의 위치파악과 감시에 적용되었고 그 목적에 충분히 기여할 수 있었다. 그러나 우리나라의 전자발찌는 위치감시보다는 행동감시가 필요한 목적으로 도입되어 문제가 생기는 것이다. 정해진 위치에 있으면서 범죄행동을 하더라도 현행 전자발찌는 감지할 수 없는 것이다.

우리나라는 성폭력 범죄자들의 재범을 방지할 목적으로「특정 범죄자에 대한 위치추적 전자장치 부착 등에 관한 법률」을 제정하여 2008년 9월 1일부터 시행하였다現 특정 범죄자에 대한 보호관찰 및 전자장치 부착 등에 관한 법률. 연쇄살인과 성범죄가 급증함에 따라 도입되어 살인, 미성년자 유괴, 성폭력 등 강력범죄를 중심으로 적용이 확대되는 추세다. 2014년 6월부터는 상습 강도범에게도 전지발찌가 부착되었다. 또한 무기수에게도 전자발찌가 착용될 수 있으며, 전자발찌 착용은 출소 이후가 원칙이다.

위치추적의 원리는 법무부의 범죄예방정책국 자료를 참고하고자 한다.

1단계 : 특정 범죄자의 휴대용 추적 장치를 통해 위성 신호를 수신
2단계 : 이동 통신망을 통해 위치 정보를 중앙관제센터에 송신
3단계 : 특정 범죄자의 이동경로 지속 탐색 및 발생경보 처리
4단계 : 일선 보호관찰소의 전담직원은 위치정보를 지도감독에 활용
※ 위치를 직접적으로 확인하는 일련의 전자장치(전자발찌, 휴대용 추적장치, 재택 감독장치) 및 수신된 위치정보를 가공·현출하는 위치추적시스템으로 구성

출처 : 법무부 범죄예방정책국

24시간 동안 어디에 있는지 그리고 보호관찰관이 이를 감시하고 있기 때문에 심리적 영향으로 범죄를 억제하여 재범률을 줄일 수 있고, 범죄를 저질러도 위치추적이 되기 때문에 용의자를 검거하기도 한결 수월하기 때문이다. 그러나 반대로 '전자발찌'의 효용가치에 대한 반대의 목소리도 지속적으로 커지고 있다. 1차적으로 '전자발찌'는 낙인을 상징하는 아이템과 동시에 '이중처벌'이며, 24시간 동안 감시받는다는 점에서 전자발찌 착용자들이 극심한 스트레스를 받아 마약을 하거나 자살을 하는 사례도 나타났다. 이처럼 사생활의 비밀과 자유를 보장받지 못한다는 점에서 인권 문제가 끊이지 않고 있다. 그러나 위치추적기를 '전자팔찌', '전자목걸이'로 만들지 않은 것은 범죄자들을 최대한 배려한 것이 아닐까?

## 보이지 않는 전자발찌, 볼 수 없는 그 가치

긴 바지를 입으면 쉽게 가려져 보이지 않는 '전자발찌', 과연 그 효용가치는 볼 수 있을까?

2015년 법무부 공식자료에 의하면 2008년 전자감독제도가 시행된 이후 8년간 착용 대상자가 약 15배 늘고 재범률은 8분의 1 수준으로 급감했다고 한다. 수치만 놓고 보면 분명 성범죄를 억제하는 데 있어 실효를 거뒀다. 그러나 시행 이후 전자발찌를 훼손하고 종적을 감추거나 착용한 채 성범죄를 비롯하여 추가적으로 범죄를 저지르는 사건이 잇따라 발생하였다.

실제로 지난 2016년 국회자료에 의하면, 전자발찌를 착용한 채 범죄를 저지른 재범자가 5년 간 3배 이상 증가했다고 한다. 심지어 성폭력뿐만 아니라 유괴, 강도 등의 범죄를 저지른 재범자 역시 지속적으로 늘어났음이 확인됐다.

전자발찌를 착용하였음에도 불구하고 재범 가능성이 지속적으로 증가하는 이유는 무엇일까? 일단 전자발찌는 부착 대상자의 '위치'만 노출된다. 그것도 전원이 켜진 상태에 한해서다. 즉 전자발찌의 전원이 꺼진다면 대상자의 위치를 알 수 없는 것이다.

실제로 작년에 상습적으로 전자발찌와 함께 가지고 다녀야 하는 휴대용 위치정보 송신장치를 고의적으로 충전하지 않아 전원을 꺼지게 하는 수법으로 자신의 위치를 추적할 수 없게 한 사례가 있었다. 조작미숙이나 충전을 깜박했다고 변명하면 담당 보호관찰관의 경고만 받을 뿐 별다른 법적 제재를 받지 않는다는 점을 이용한 것이다. 나아가 전자발찌를 탈부착 할 수 있도록 불법개조를 하는 사례가 지속적으로 나타나고 있다.

이러한 허점으로 인해 전자발찌만으로는 재범 가능성이 높은 범죄자들을 통제하기에는 다소 부족하여 최근에는 물리적 거세를 도입하자는 주장도 강력하게 나타나고 있다.

하지만 이 역시 답이 될 수 없다. 대다수의 성범죄자들은 성적인 이유보다는 타인을 무자비하게 강압적으로 억누르는 공격성, 폭력성 등의 심리적 기제를 지니고 있기 때문이다. 그렇기 때문에 물리적 거세를 하더라도 성욕과 강압적인 심리가 사라지는 것도 아니고 성기 대신 도구나 손가락 등을 이용하여 성폭행을 할 수 있기 때문에 완벽한 대책이 되지 못한다.

전자발찌 부착 대상자들을 관리하는 전담하는 보호관찰관의 인력문제도 있다. 전자발찌 부착 대상자들은 거주지를 관할하는 보호관찰소로부터 보호감시를 받는다. 담당 보호관찰관은 전자발찌 부착자가 거주지나 허용된 이동반경을 이탈하는 등 문제상황을 감지할 경우, 그 행동 사유를 알아보고자, 유선으로 그들에게 연락을 취한다. 다음 기사에서 보호관찰관의 업무 속에서 그들의 보이지 않는 노력을 볼 수 있다.

## 성범죄자 전자발찌 관찰관 24시간 동행르포

술먹고 한밤중 외출땐 가슴 철렁

많은 국민이 올림픽 축구 대표팀의 8강 진출이 걸린 대가봉전을 응원하며 잠 못 들던 지난 2일 새벽 4시, 성폭행 전과자와 밤새 통화하며 잠 못 이루는 남자가 있었다. 바로 '전자발찌' 피부착자 관리 업무를 맡고 있는 법무부 서울보호관찰소의 관찰관.

관찰관은 자신의 업무 중 가장 어려운 일로 '술에 취한 피부착자를 어르고 달래는 일'을 꼽았다. 실제로 2일 새벽 자원봉사자들과 강원도 강릉으로 여행을 떠난 피부착자 A씨가 "숙소를 이탈하겠다"며 난동을 부렸다. 연락을 받은 관찰관은 전화로 1시간여 설득한 끝에 A씨를 숙소에 머무르게 할 수 있었다.

관찰관은 올해 설에 고향에 내려가지 못했다. 설 직전 알코올중독인 B씨가 자립시설에서 쫓겨났는데 모텔에서도 술을 마시고 옷을 벗은 채 복도에서 자 모텔 주인에게서 연락이 온 것. 결국 설날 연휴 동안 같이 지내는 수밖에 없었다.

이 같은 고생을 '사서' 하는 이유는 피부착자의 신뢰를 얻기 위함이다. 관찰관은 "관찰관과 전자발찌 부착자 사이에 믿음이 생겨야 설득과 교화가 가능하다"고 강조했다. <이하생략>

[장재혁 기자]

출처: 매일경제, 2012. 8.7 [30]

기사에서 살펴본 바와 같이 보호관찰 업무를 하는 데 있어서 시시때때로 다양한 상황들이 발생한다. 심지어 여직원의 경우에는 그들을 관리, 감독하다가 오히려 위협과 협박을 당하는 상황도 있다고 한다. 그러나 이들을 감시하기 위한 인력은 턱 없이 부족한 수준이다. 법무부(2016)에 따르면, 전자발찌 부착 대상자의 수는 2,500여 명에 이르지만, 이를 감독하는 직원은 120명도 되지 않는다고 한다. 보호관찰을 아무리 잘해도 범죄자가 마음먹기에 따라서 재범을 저지를 수 있지만 보호관찰의 주목적이 재범을

---

30 http://news.mk.co.kr/v3/view.php?no=492950&year=2012.

방지하여 범죄를 예방하는 것이라면, 의무적으로 해야 할 업무들은 반드시 수행되어야 할 것이다. 그렇기 때문에 전자발찌의 물리적, 제도적 빈틈을 메우지 못한다면 국민에게 완전한 신뢰를 주긴 힘들 것으로 보인다.

## 몸에 채우는 전자발찌, 나쁜 마음도 채울 수 있을까?

앞서 얘기한 바와 같이, 물리적으로 전자발찌를 떼어내고 잠적하면 사실상 위치추적이 불가능하다. 그리고 전자발찌를 차고 있더라도 위치추적만 될 뿐 어떤 행동을 하는지에 대해서는 알 수 없기 때문에 별다른 활동 제약이 없다. 다시 말해 전자발찌 부착자의 이동이 허용되는 범위 안에 있다면, 마음만 먹으면 발찌를 찬 채로 범죄를 저지를 수 있는 것이다.

> 자신의 발목을 물끄러미 응시했다. 전자 발찌. 마음만 먹으면 풀고 도망가는 것도 불가능하지는 않다. 마음에 걸리는 것이라면 역시…

위는 소설 「로튼 애플」 중 여자친구에게 배신당해 졸지에 전자발찌를 차게 된 천재 해커의 속마음을 나타낸 한 구절이다.

'전자발찌' 언뜻 보면 발목에 차는 시계 같기도 하고 혹은 만보기처럼 보일 수도 있다.

시간을 알 수 있는 시계처럼 '전자발찌'를 착용한 이가 다시금 범죄를 저지를지 혹은 중단할지를 알 수 있다면 얼마나 좋을까? 단순히 착용만으로도 건강을 유지하는 만보기처럼 그들이 범죄를 억제하려는 마음을 그대로 유지하며 다시금 마음의 건강을 되찾기를 기대해본다.

# 성매매는 근절될 수 있는가

뉴스에 성매매 문제에 대한 보도가 종종 나온다. 여성의 성<sup>性</sup>을 상품화하는 성매매는 현재 국내에서는 위법행위에 해당한다. 그래서 지난 2000년에 종암경찰서에서 미아리 집창촌 일대를 중심으로 성매매 업소에 대한 집중단속을 시행하였다. 또한 2004년 9월부터는 성매매 근절을 위해 '성매매특별법'[31]을 시행하였고, 최근에도 장안동 주변을 중심으로 성매매 업소에 대한 집중단속을 한 적이 있다.

그런데 성매매나 매춘이 비단 우리나라만의 문제는 아님에도 불구하고 우리 경찰이 성매매에 그처럼 온갖 경찰력을 집중하는 특별한 이유는 무엇일까.

우리나라는 농촌사회에서 정보화사회까지 반세기 내에 고속으로 성장하면서 전통적으로 유지되던 우리 사회의 성의식이 지나치게 해이해졌고, 문란한 성풍속이 특히 자라나는 10대 청소년들에게 나쁜 영향을 미치고

---

31 성매매특별법이란 '성매매알선 등 행위의 처벌에 관한 법률'과 '성매매방지 및 피해자보호 등에 관한 법률'로 구성되어 있다. '성매매알선 등 행위의 처벌에 관한 법률'은 성매매, 성매매알선 등 행위 및 성매매 목적의 인신매매를 근절하고, 성매매피해자의 인권을 보호함을 목적으로 하는 법률로서 전반적인 성매매 행위에 대한 처벌을 규정해 놓았다. '성매매방지 및 피해자보호 등에 관한 법률'은 성매매를 방지하고, 성매매 피해자 및 성을 파는 행위를 한 사람의 보호와 자립을 지원하는 것을 목적으로 하는 법률로서 성매매 여성의 자립과 구조 그리고 보호를 규정해 놓은 법률이다.

있어서 그러한 문제에 대한 대책마련이 시급한 상황이었기 때문이다. 더구나 매춘업에 종사하는 여성들 역시 의료적인 서비스를 적절히 받지도 못하고 많은 시간을 일에 시달리고 있지만, 지나친 착취로 인해 실제 매춘여성들에게 쥐어지는 돈은 극히 적은 부분에 지나지 않는다. 결국은 부당하게 지워지는 엄청난 빚으로 인해 그러한 일에서 빠져나올 수가 없게 되는 악순환이 반복되는 상황도 문제가 되었다. 뿐만 아니라, 성병 등 전염병의 우려, 매춘여성의 건강과 인권침해, 마약 등 약물남용의 문제, 조직폭력의 개입 등 매춘과 관련된 사회적 문제와 파장 또한 적지 않았다. 그래서 이러한 문제를 해결하고자 경찰이 대대적인 집중단속을 시행하게 되었다.

성매매에 대한 경찰의 집중단속은 분명 사회에 제기되었던 문제 해결에 효과가 있었다. 경찰은 주로 마약이라든가 조직범죄, 음주운전, 청소년 폭력 등의 문제에 대해 공격적이고 적극적인 방법으로 집중단속을 실시해 범죄자들을 소탕하고 문제를 해결해오고 있었다. 그 결과 이러한 전략들은 상당히 성과를 거두고 있었다. 그런데 문제는 이러한 전략이 단기적으로는 효과가 있을지는 모르지만, 장기적으로 보았을 때는 큰 성과를 거두지 못한다는 지적이 존재한다는 것이다.

그러한 지적이 나오게 된 가장 본질적 이유는 문제의 근본적인 원인에 대한 조치가 이루어지지 않았다는 점에 있다. 사실 경찰이 최일선에서 범죄문제의 해결자로서 많은 역할과 책임을 담당하고 있으나 본질적인 문제 해결에 경찰만의 힘으로는 한계가 있다.

문제의 원인을 파헤쳐보면 사회구조적인 측면에서 비롯되는 경우들이 많고, 이러한 문제의 해결을 위해서는 경찰력만이 아니라 전 사회적인 측면에서의 종합적인 노력이 필요하다. 매춘 문제 역시 단순히 포주와 성매매 여성들에 대한 단속만으로는 대처에 한계가 있기 마련이다. 여전히 이러한 성매매 서비스나 업소를 필요로 하는 남성들이 있고, 잘못된 성의식이 우리 사회 전반에 만연해 있다. 한 마디로 수요가 있기 때문에 시장이 존재한다는 시장경제원리가 성매매의 주요한 원인으로 작용하기 때문이다.

실질적으로 모든 문제의 진정한 해결방안은 매춘의 근본적인 원인을 제거하는 예방이 우선인데, 성매매 문제는 그 원인이 워낙 다양하고 복잡하여 경찰만으로 예방할 수 있는 문제가 아니다.

그리고 성매매에 대한 강력한 단속이 만족스러운 장기적인 효과를 내지 못한다는 지적을 받게 하는 중요한 이유는 따로 있다. 바로 '대체효과 Displacement Effect' 때문이다. 대체효과Displacement Effect란 어떠한 조치로 인하여 발생하게 되는 활동의 이동과 전이 그리고 재구성을 말한다. 예를 들어, 경찰의 일정구역에서의 성매매 집중단속으로 성매매가 일시적으로는, 그것도 집중단속지역을 중심으로 상당히 약화된 것은 사실이었다. 실제 성매매 업소들이 밀집되어 있던 곳에서 한동안 그러한 업소들의 모습이 사라지기도 했다. 그러나 이러한 성매매 업소들이 완전히 없어진 것이 아니라는 점이 문제였다.

당시 대부분의 성매매 업소들은 집중단속구역 내에서의 단속을 피해서 다른 장소로 옮겨간 경우가 대부분이었다. 집중단속구역 내에서 영업이 어렵기 때문에 비교적 경찰의 감시가 덜한 장소에서 여전히 업소를 운영하는 것이 가능하기 때문이다. 즉, 장소만 대체되었을 뿐 성매매 자체가 척결되는 것은 아닌 것이다.

실제 지난해 동대문 일대 유흥업소에 대한 대대적인 단속을 벌인 결과 그 지역에서는 유흥업소가 현저히 줄었지만, 인근지역인 한강 다리하나 건너 강남 지역에는 유사유흥업소가 같은 시기에 엄청나게 증가하였다는 조사결과가 나오기도 했다. 또한 경찰의 감시를 피해 다양한 형태로 변질되고 더욱 음성화되어 결국은 종전과 다름없이 성매매업을 운영하고 있다는 것이다. 경찰의 눈을 속이기 위해 수법과 유형만 바꾸었을 뿐이지 여전히 성매매는 이루어지고 있는 것이다.

요즘 유흥가나 술집들이 밀집되어 있는 곳들을 가보면 키스방 등 새로운 업종들이 많이 출현한 것을 확인할 수 있다. 더구나 감시를 피하려다 보니 보다 은밀해지고, 서비스 비용도 비싸질 뿐 아니라 성매매 여성들에 대한 착취와 학대는 보다 심각해지고 있다고도 한다. 시간적으로도 집중 단속을 실시하는 그 시기만 자취를 감추었을 뿐 단속이 느슨해지게 되면서 보다 퇴폐적인 형태로 이러한 업소들이 생겨난다는 것이다. 호랑이가 없는 곳에서 여우가 왕 노릇을 한다는 말처럼 아무리 단속을 철저히 해서 그러한 업소에 종사하는 자들을 검거한다 하더라도 누군가 또 다른 자가 나타나 그러한 일을 여전히 한다는 것이다.

이러한 이유 때문에 범죄자가 바뀌고, 범행 장소가 바뀌며, 범행수법이 바뀌고, 범행시간이 바뀐다고 해서 이를 범죄대체라고 말한다. 성매매와 같은 범죄의 경우, 풍선에 들어 있는 공기의 양은 일정하게 변함이 없지만 손으로 세게 누르는 곳의 공기가 느슨한 곳으로 옮겨가게 되어 눌리고 있는 곳에는 공기가 빠진 것처럼 보이는 현상과 유사하여 한 편에서는 대체 효과를 '풍선효과'라고도 칭하고 있다.

그런데 이러한 대체효과는 대체로 범행의 장소를 바꾸는 범죄지역의 대체, 행위자가 바뀌는 범죄자 대체Criminal Displacement, 행위의 유형이 바뀌는 범죄유형의 대체, 수법이 바뀌는 범죄수법의 대체, 그 밖에 범죄시간이 달라지는 범죄시간의 대체, 그리고 피해자가 바뀌는 범죄표적의 대체 등이 있다. 성매매 집중 단속의 경우에는 범행 장소, 수법, 지역을 중심으로 대체되었다고 할 수 있다.

이러한 현상들을 유추해볼 때, 성매매 문제의 근절은 결국 불가능하다고 볼 수 있다. 이러한 상황에서 학자가 해야 할 일은 문제의 원인을 찾아서 적절하고 효과적인 대책을 제시하는 것인데, 사실 뉴스나 신문의 보도들을 볼 때면 한계에 부딪힐 수밖에 없다. 풍선의 모양을 아무리 여러 가지로 변형시켜도 그 속에 있는 공기의 양은 일정하다는 풍선효과처럼 우리사회에서 발생하고 있는 성매매 역시 시기적으로 혹은 장소, 사람, 수법만 바뀔 뿐, 총 발생하는 양은 늘 큰 변화가 없다는 것이 문제다. 이런 점 때문에 페리Ferri라는 학자는 한 사회에서는 일정한 수준의 범죄가 발생하기 마련이라는 **범죄포화의 법칙**이라는 것을 주장했다.

성매매나 매춘이 잘 해결되지 않는 또 다른 이유는 성매매와 매춘에 대한 접근방향에 문제가 있다. 어떻게 보면 성매매 문제는 형사정책의 대상이라기보다는 사회정책적 접근이 필요한 것이라고 볼 수 있다. 그 이유는 매춘이 대표적인 피해자 없는 범죄Victimless crime로서 매춘여성 자신이 가해자이며 동시에 피해자이기 때문에 형사정책적으로만 해결될 수 없는 부분이 있기 때문이다. 그래서 대부분 이와 같은 피해자 없는 범죄인 마약, 도박 등과 함께 매춘도 범죄화하여 형사정책의 대상으로 접근하기보다는 비범죄화하여 사회복지정책의 대상으로 해결하자는 주장이 힘을 얻고 있다.

인류에게 가장 오래된 직업 중 하나가 매춘부라고 한다. 그 만큼 성매매는 먼 옛날부터 세상 어디에나 그 이름과 모습만 달랐을 뿐 성매매는 계속 존재해 왔다. 이러한 문제들이 이 사회에서 완전히 없어지기를 기대하는 것은 무리일 수 있으나 국민들이 성에 대한 건전하고 올바른 의식을 가지게 되고, 건전한 성문화가 우리사회에 정착이 된다면 그러한 문제들도 자연스럽게 해결될 수 있다. 결국은 불건전한 성문화가 뿌리내릴 수 없는 사회분위기의 조성이 근본적인 문제의 해결방침이라고 보고 있고, 이를 위한 전 국가적인 노력과 지원이 지속된다면 시간이 걸릴지라도 언젠가는 성과를 달성할 수 있을 것이다.

## 울산 최대 유흥가, 경찰에 '철퇴' … 성매매 음지로 숨어

울산광역시 최대 유흥가인 남구 도심의 유흥업소들이 경찰의 성매매 단속 철퇴를 맞고 있다.

울산 남부경찰서는 지난해 10월부터 9일 현재까지 성매매나 유사성행위를 알선한 유흥업소 17곳을 적발하고 업주 등 30명을 형사입건했다고 밝혔다.

이번에 적발된 17곳은 모텔과 연계해 성매매를 알선하는 형태의 이른바 '풀살롱' 3곳, 모텔·여관 5곳, 유사성행위를 제공한 퇴폐 마사지업소와 키스방 9곳 등이다. 1년 전 같은 기간의 단속 실적(업소 5곳 적발, 16명 형사입건)과 비교하면 업소는 3배, 피의자는 2배나 증가한 셈이다.

경찰은 또 지난해 3월 개정 경범죄처벌법 시행 이후 유흥업소 호객행위 87건, 광고물 부착 293건도 적발했다고 밝혔다. 개정법 시행 이전인 2012년에는 한 해 동안 호객행위 3건 단속에 그쳤고 광고물 부착은 한 건도 없었다.

하지만 경찰의 대대적인 단속에 유흥가 일대 상권에서는 불만도 나오고 있다. 상권 전체가 위축된다는 논리다.

이러다 보니 일부 업주들은 더욱 기발한 성매매 수법을 찾아내기도 한다.

경찰이 최근 단속한 모텔 가운데 3곳은 유흥업소와 연계하지 않고 직접 투숙객에게 성매매를 알선한 것으로 드러났다.

모텔이나 여관 업주가 직접 성매매를 알선하는 형태는 과거에 유행했다가 거의 근절됐지만 최근에 다시 등장했다고 경찰은 설명했다.

지난해 11월에는 목욕탕 남탕 안에 있는 이발소가 여종업원을 고용해 유사성행위를 제공하다 적발되기도 했다.

이 여종업원은 이발소 안쪽 구석에서 몰래 근무해 경찰은 물론 목욕탕을 드나드는 일반 손님들도 불법영업을 쉽게 알 수 없었다.

심지어 일부 성매매 알선업주들은 경찰의 단속차량 번호를 파악하고 있기도 했다. 때문에 경찰은 단속에 활용하는 승합차 번호판을 3개월에 한 번씩 바꾸거나 아예 경찰관 개인차를 타고 단속에 나서는 실정이다.

경찰은 단속 강화의 '풍선효과'로 앞으로 성매매가 오피스텔이나 원룸 등으로 숨어들 가능성이 있는 것으로 보고 맞춤형 단속 전략을 짜고 있다고 밝혔다.

이두문 남부경찰서 생활질서계장은 "다양한 형태로 변질되거나 다른 지역으로 무대를 넓히는 등 성매매 범죄 근절이 쉽지는 않을 것"이라면서 "성매매를 용인하지 않는다는 지금의 분위기가 이어질 수 있도록 단속 고삐를 늦추지 않겠다"고 밝혔다.

출처: 서울신문, 2014. 1. 9.

# 삼진아웃제도는 효과가 있을까

　사람은 습관의 동물이다. 습관적으로 행하는 행동으로 인하여 도움이 될 수도 있고 도리어 방해가 될 수도 있다. 범죄의 경우도 마찬가지다. 일부 사람들은 범죄를 행하면서 범죄에 대한 죄의식이 있는 것이 아니라 습관적으로 행하게 되는 것이다.

　실제로 하나의 범행으로 처벌을 받은 후 또 다른 범행을 하는 비율을 의미하는 재범률Recidivism Rate이나 교도소에서 석방된 뒤 다른 새로운 범행으로 다시 교도소에 수감되는 비율을 뜻하는 재입소율Reinstitutionalization Rate이 상당히 높다는 사실이 이를 잘 보여주고 있다.

　습관적 범행이 발생하는 이유로는 원래 이성적, 합리적rational인 선량한 사람의 경우에도 처벌이 지나치게 가벼워서 형벌의 범죄억제효과를 기대할 수 없거나 범인성이 고착되어 개선이 어려운 경우 혹은 음주운전과 같이 정상이 아닌 상태 등의 이유로 상습적으로 범행을 하게 되는 직업적 범죄자나 중누범자들이 생기게 되기 때문이다.

　따라서 이러한 재범의 위험성이 아주 높은 이들로부터 사회와 시민을 보호하기 위해서 기존과 다른 형사정책을 강구할 수밖에 없었다. 그렇게 등장한 제도가 바로 삼진아웃3 Strikes-out제도이다. 삼진아웃은 야구경기 룰을 벤치마킹해서 도입한 것이다. 삼진아웃제도란 야구에서 3번 스트라이

크가 되면 아웃이 선언되는 야구 규칙에서 따온 것으로 3회 이상의 중범죄를 범한 자에게 강제적으로 가중된 형기를 부여하도록 하는 제도로 1990년대 이후 미국에서는 캘리포니아주를 비롯하여 25개 주에서 입법화하여 시행하고 있다. 이는 상습범은 교정이 불가능하므로 공공의 안전을 위하여 사회로부터 격리해야 한다는 데에 근거를 두고 있다.

### 삼진아웃3-strikes-out

삼진아웃이란 야구용어로 "스트라이크가 세 개이면 타자가 아웃된다Three Strikes and you're out"라는 의미에서 파생된 것으로, 사회의 안전과 공공의 안녕을 위하여 특정범죄자가 3회 이상의 중범죄를 범할 경우 강제적으로 사회로부터 격리하여, 가석방 없이 영원히 수용하도록 하는 제도이다. 1990년대 이후 미국의 각 주서 입법화되고 실행되기 시작하였는데, 이 법과 제도의 주된 수단이기도 하며 동시에 목표이기도 한 핵심내용은 범죄자를 수용함으로써 그의 범죄능력을 무력화 시키고 따라서 더 이상 범행을 하지 못하도록 하는 범죄자의 무능력화Incapacitation를 통한 범죄억제Crime deterrence라고 할 수 있다. 뿐만 아니라, 그와 같은 강력한 형벌을 통하여 일반의 잠재적 범죄자에게는 형벌의 위하작용을 통한 범행동기의 억제와 그로 인한 범죄의 일반적 예방이라는 부수적인 효과도 기대하는 제도이다.

그러나 국내에서는 미국의 삼진아웃법과 같은 법률 도입에 대한 논의가 활발하지 않다. 국내에서 삼진아웃이라는 용어는 오히려 행정기관이나 관공서, 기업 등에서 일정한 원칙을 정해 놓고, 이 원칙을 3회에 걸쳐 위반했을 경우 위반자에게 부과하는 일종의 벌칙으로 사용되고 있는 정도이다. 그러다 2001년 7월 경찰청이 「도로교통법 시행규칙」에 '음주운전 삼진아웃제'를 도입하여 음주운전규제정책을 명시하였다.[32] 뿐만 아니라, 최근 들어 각종 행정심판과 저작권 침해 등에 삼진아웃제도의 도입을 논의하고 있고, 아울러 인터넷 게시판에 비방하는 글 혹은 욕설, 악성 댓글 등을 3회 이상 올릴 시 아이디를 제한 또는 탈퇴시키는 것과 같은 유형으로 삼진아웃제를 활용하고 있다. 이처럼 우리나라의 경우 아직까지도 삼진아웃 형태의 법률을 입법화하지 않고 다만 도로교통법에 음주운전자의 처벌과 관련하여 삼진아웃 개념이 도입되어 있을 뿐이다.

---

32 네이버 지식백과(http://100.naver.com/100.nhn?docid=763441).

우리나라의 경우는 아직 특별히 삼진아웃제도를 입법화하지 않고 있으나 도로교통법 제93조 제 1 항 제 2 호에 의해 음주운전으로 2회 이상 위반하고 다시 위반했을 시 운전면허의 취소사유에 해당된다고 명시하고 있다. 실제로 삼진아웃제도는 우리나라에서 활발한 논의의 대상이 아니다. 왜냐하면 법원의 재량권Discretionary power을 인정하지 않고 강제적으로 가중된 형을 부과하게 하는 것은 결국 형사사법의 경직된 운용으로 이어지고, 교정시설의 운영에도 과다수용과 과밀수용을 초래하게 되어 여러 가지 교도소와 재소자 관리의 어려움과 많은 비용부담의 문제를 불러 오기 때문이다.

하지만 최근 들어 각종 행정심판과 저작권 침해 등에도 삼진아웃제도의 도입을 논의하고 있고, 아울러 인터넷 게시판에서도 비방하는 글 혹은 욕설, 악성 댓글 등을 3회 이상 올리는 경우 아이디ID를 제한 또는 탈퇴시키는 것과 같은 유형으로 삼진아웃제를 활용하고 있다.

삼진아웃제도는 범죄자에 대한 무능력화Incapacitation와 큰 관련이 있다. 누범자를 우리 사회로부터 삼진아웃 시키는 것은 결국 그들로 하여금 우리사회에서 범행을 할 수 없도록 무력화시키기 위한 수단으로 사회로부터 영원히 격리하는 제도라는 점에서 삼진아웃을 통한 범죄자의 범행능력에 대한 영원한 무력화라고 할 수 있을 것이다.

이러한 삼진아웃제도의 효과에 대해서는 아직 평가하기 이르다. 삼진아웃제도의 성과에 대해서는 다양한 의견이 제시되고 있으나, 아직까지 찬성과 반대의 논의가 지속적으로 진행 중에 있다. 미국의 경우 25개의 주에서 삼진아웃제를 입법화하고 있으나 그 내용은 개별 주마다 다르게 적용되고 있다.

캘리포니아주의 삼진아웃제는 2번 중범죄를 저지른 사람에 대하여 3번째에는 죄의 비중과는 상관없이 삼진아웃제도를 적용하여 가석방이 없는 종신형에 처하고 있다. 따라서 잔인하고 비정상적인 형벌이라는 비판이 따르고 있으나 상습적인 누범자의 사회격리라는 차원에서 적어도 보수 계층으로부터는 사회적인 지지를 받고 있다. 아직까지 삼진아웃제도에 대한 효과에 대한 국내의 실험이나 검증은 이루어지지 않고 있으나 국외연구에 따르면 처벌의 엄중성Severity이 이후 범죄행위에 큰 영향을 미치지는 않는 다는 주장도 있고, 범죄자 대체효과criminal displacement effect의 문제도 제기되고 있어서 삼진아웃제도의 효과에 대해서는 보다 체계적이고 과학적인 연구 와 검증이 필요하다고 할 수 있다.

**우리나라의 삼진아웃제도에 대한 평가**

음주운전에 삼진아웃제도 도입에 따른 위헌성 논의가 꾸준히 제기되고 있는 것이 사실이다. 이것을 정리하면 다음과 같다.

(1) 이중처벌 금지원칙 및 일사부재리 원칙 위배 여부

이미 3회 이상의 음주운전으로 면허취소처분을 받은 후, 도로교통법 제82조 제 2 항 제 5 호에 따라 신규면허를 취득한 후에는 음주운전으로 1회만 적발되더라도 이미 처벌받은 3회의 음주운전 전력에 근거해 운전면허를 재차 취소하도록 규정하고 있는 바, 이는 음주운전에 대한 이중처벌로서 헌법 제13조 제 1 항의 이중처벌금지 원칙 및 일사부재리 원칙에 위배된다고 할 수 있다.

(2) 기타 헌법상 비례의 원칙이나 책임주의 원칙 위배 여부

① 평등원칙 위배

음주운전자의 반사회성이 저감되었는지 여부와 상관없이 무조건 면허취소를 하도 록 가중요건을 강하게 적용하는 것은 음주운전 이외의 다른 범죄의 누범규정과 비교 할 때 불합리한 차별에 해당하므로 헌법상 평등원칙에 위배된다고 할 수 있다.

② 과잉금지원칙 위배

음주운전에 대한 사회적 비난가능성 및 음주운전을 금지해야 할 공익상 필요성이 인정된다 하더라도, 음주운전으로 사고를 야기한 바 없어 피해가 현실화되지 않았고, 음주운전 여부를 판단하기 위해 음주측정기에 전적으로 의존하는 현실에서 3회 이상 음주운전 전력이 있기만 하면 무조건 운전면허를 취소하도록 하는 것은 책임을 초과 한 처분으로서 과잉금지원칙에 위반된다고 할 수 있다.

그밖에 이 제도 시행에 따른 문제점으로 과중한 교정비용의 발생, 교도소의 과밀화 초래, 다수의 장기복역수의 발생 등이 지적될 뿐만 아니라, 범죄자의 재사회화의 가능

성이 배제된다는 문제점이 지적되고 있다(김종구, 2008: 335).

그럼 과연 이 제도가 효과적인 것인가에 대한 의문을 제기해 볼 수 있다.

실제, 삼진아웃제도 도입이후 음주운전 단속건수와 음주운전 사고건수를 비교하여, 삼진아웃제도가 음주운전을 규제하는데 영향을 끼쳤는지 여부를 평가하여 삼진아웃제도의 효과성을 검증할 수 있다.

⟨음주운전 단속 건수와 사고건수 비교 현황⟩

| 구 분 | 음주단속 | 사고건수 |
|---|---|---|
| 2000 | 274,400 | 28,074 |
| 2001 | 372,319 | 24,983 |
| 2002 | 319,805 | 24,972 |
| 2003 | 485,149 | 31,227 |
| 2004 | 500,446 | 25,150 |
| 2005 | 385,178 | 26,460 |
| 2006 | 353,580 | 29,990 |
| 2007 | 412,482 | 28,416 |
| 2008 | 434,148 | 26,873 |
| 2009 | 327,606 | 28,207 |

출처: 경찰청(2009: 189; 2010: 218) 재구성

하지만, 경찰청 공식통계에 의하면 삼진아웃제도 시행 이후 음주운전 단속건수는 감소하였으나, 실질적으로 음주운전 발생건수는 감소되지 않고 오히려 증가하여 그로 인한 사망자나 부상자가 증가함을 볼 수 있다.이처럼 삼진아웃제도가 음주운전을 규제하는 데는 별로 영향을 끼치지 못하였다고 볼 수 있다.

또한, 범죄자를 교정·교화를 통해 사회로 복귀시키고자 하는 재사회화도 중요함에도 불구하고, 삼진아웃제는 세 번째의 중죄를 저지른 자에 대해서는 재사회화의 가능성을 완전 배제시키고 있다(김종구, 2008: 357). 즉, 범죄자를 사회로부터 격리와 형벌의 위하를 통한 억제에만 초점을 두어 범죄 대책으로서 처벌만을 강조하고 있을 뿐이다. 하지만 언젠가는 사회로 복귀하게 될 범죄자에 대해서 처벌만을 강조하는 것은 증가하는 범죄 문제를 해결할 수는 없을 것이다.

아직 분명하게 검증되거나 확정된 결론은 아닐지 모르지만 형사정책으로서의 삼진아웃제도는 해결해야 할 과제가 한두 가지가 아니기 때문에

더 연구하고 검토할 부분이 많다. 종합하자면, 미국의 삼진아웃제는 과다 수용으로 인한 지나친 교정경비의 유발, 교도소의 과밀화와 그로 인한 수형자 관리와 교화개선Rehabilitation의 어려움 초래, 다수의 장기복역수의 발생 등이 문제점으로 지적될 뿐 아니라 그로인한 사회복귀라는 궁극적인 형벌과 교정목표의 포기라는 근본적인 문제점이 지적되고 있다. 이는 형벌의 본질을 강력한 처벌, 즉 응보에만 둔다면 진정한 의미의 교정이란 있을 수 없다는 것을 의미하기 때문이다. 형벌은 범인의 재사회화를 위한 교화개선의 기능이 함께 적용되어야 한다.

# 범죄에 대한 무능력화만이 재범방지의 유용한 대책인가

농업사회에서 산업화사회로 발전하기 시작하자 범죄는 점점 더 흉포해지고 증가하기 시작했다. 그러자 사람들은 완벽하게 우리 사회를 범죄자들로부터 보호할 방법을 찾기 시작했다.

그래서 과거 영국은 사회에서 범죄자를 몰아내기 위해 범죄자를 호주나 뉴질랜드로 추방했다. 이렇게 사회에서는 범죄로부터 질서와 안전을 보호하기 위해 모든 범죄자들을 전부 국외로 추방시키거나, 교정시설에 구금시키는 등 우리사회로부터 영원히 제거하거나 격리시키는 방법을 활용하기 시작했다. 전과자들을 사회로부터 격리시키거나 고립시킬 수 있다면 최소한 전과자들의 재범으로부터는 보호받을 수 있기 때문이다.

문제는 이러한 방법이 현실적으로 불가능하다는 데에 있다. 우리사회에 재범만 있는 것도 아니고, 이미 범행한 범죄자만 격리시킨다고 모든 범죄문제가 해결되는 것이 아니기 때문이다. 더구나 이미 범행을 한 모든 범죄자들을 국외로 추방할 수도 없고, 교정시설에 구금할 수도 없다. 더 큰 문제는 우선 발생하는 모든 범죄를 인지하여 체포하는 것도 불가능할뿐더러 체포한다고 하더라도 이 많은 수의 범죄자들을 전부 수용하거나 추방할 방법이 없다는 것이다. 설령 전부 수용한다고 하더라도 그에 따르는 비용을 감당하는 것도 어렵다.

현실적으로 모든 범죄자를 사회로부터 격리하고 수용하는 것은 불가능하다. 그렇지만 약간의 발상을 전환한다면 마냥 불가능하다고 보기도 어렵다. 물론 모든 범죄자 전부를 추방하거나 구금하기란 불가능하겠지만, 가급적 범죄자를 사회로부터 격리·제거함으로써 사회의 안전을 확보하려는 노력은 고금古今을 막론하고 계속되고 있어서 범죄자의 격리수용이 어찌 보면 범죄로부터 사회를 보호하기 위한 가장 기본적인 범죄 대응 전략이라고도 볼 수 있기 때문이다. 이처럼 범죄자를 우리 사회로부터 격리시키고 그들로부터 사회를 보호하고자 하는 것은 범죄자를 구금시킴으로써 그들이 자신의 구금 동안은 사회에 대한 범행을 할 수 없도록 하자는 것이어서 학계에서는 이를 범죄자의 범행능력을 무력화無力化시킨다거나, 무능화無能化시킨다고 하여 '무능력화Incapacitation'라는 용어를 사용하고 있다.

범죄자를 무능력화시키기 위하여 가장 중요한 것은 범죄자를 둘러싼 여건setting 또는 context을 물리적으로 변화시켜서 범죄자가 범행을 할 수 있는 기회 자체를 박탈함으로써 더 이상 범행을 할 수 없도록 만드는 것이다.

그러한 무능력화하는 방법으로는 여러 가지가 있다. 보편적으로 무능력화라고 하면 범죄자의 구금을 통한 방식을 말하고 있지만 범죄자의 무능력화가 반드시 구금과 추방에 의해서만 가능한 것은 아니다. 엄밀하게 말하자면 범죄자나 범죄를 목표하고 있는 잠재적 범죄자가 물리적으로 범죄를 행할 수 없도록 전부 무능력하게 만드는 것이다. 아예 사형집행을 해버리든지, 영원히 국외로 추방해버리든지, 시설에 수용시켜버리든지 하는 것들이 전부 무능력화의 한 방법이 될 수 있다. 또 성범죄자를 화학적으로 거세하는 것도 사실은 물리적으로 범행을 불가능하게 한다는 측면에서 무능력화의 방법이라 볼 수 있다.

그중에서도 가장 대표적인 것은 '구금'을 통한 무능력화라고 볼 수 있다. 가장 일반적으로 무능력화의 수단으로 작용되는 것은 바로 구금이다. 일단 수용되는 기간 동안에는 적어도 사회에서의 범행은 불가능하게 되어

문자 그대로 범죄에 대해 무능력해지는 것이다.

  범죄자가 구금되어 있는 기간 중에는 사회에서의 범행기회 자체가 주어지지 않기 때문에 무력화되는 것이고, 설령 석방이 되더라도 나이를 많이 먹은 후에 늙어서 출소하게 되는 경우라면, 일반적으로 범죄를 저지를 수 있는 연령대가 지나게 되어 더 이상의 범행을 하지 않게 되기 때문에 사회방위의 효과를 달성할 수도 있다.

  범죄자가 구금과 같은 방법으로 무력화되어 있다면, 적어도 구금기간 동안에는 범행을 할 수 없게 되어 그 만큼 우리 사회의 범죄가 예방된다고 할 수 있을 것이다. 이처럼 무능력화는 매우 효과적인 범죄통제정책이라고 볼 수 있다.

  문제는 범죄자의 구금을 통한 범죄자의 범행능력의 무력화와 그로 인한 범죄예방효과에 대해서는 상당한 논란이 있다는 것이다. 우선은 모든 범죄자를 영원히 우리 사회로부터 격리시킬 수 없기 때문에 무능력화의 효과가 시간적으로 제한적이라는 것, 구금에 따른 수용인구의 증대와 과밀수용의 심화와 그로 인한 처우의 악화, 안전의 악화 등 부수적인 교정관리 문제의 발생 위험성이 있다는 것, 낙인과 범죄학습으로 인한 범죄예비군의 양산의 문제가 있다는 점, 수용인구의 증가에 따른 수용경비 증대, 끝으로 가장 심각한 문제라고 할 수 있는 범죄자 대체효과Displacement effect 등이 범죄자 무능력화가 안고 있는 현실적 또는 잠재적 문제로 지적될 수 있다.

  무능력화가 처음에는 간단하고 효과적인 대안인 것 같았는데, 알고 보니 적지 않은 문제점도 같이 안고 있어 많은 학자들이 개선점을 찾고자 논의를 지속했다. 그래서 일부에서는 그러한 문제들을 최소화할 수 있는 대안들을 내놓았는데, 가장 대표적인 대안이 바로 '선별적 무능력화Selective Incapacitation'이다.

  선별적 무능력화Selective Incapacitation를 주장하는 이들에 의하면 대부분의 범죄, 특히 우리 사회에 비교적 큰 파장을 가져오는 중범죄는 소수의 고위험 범죄자들에 의해서 이루어진다고 볼 수 있기 때문에 이들을 집중적으로 무능력화하면 된다는 주장을 하고 있다. 따라서 문제를 일으키는, 그리고 문제를 일으킬 우려가 있는 그 소수의 고위험 범죄자들만 잘 선별적으로 수용하여 우리 사회로부터 제거하면 과다수용이나 과밀수용, 과잉 범죄화Over criminalization와 그로 인한 전과자의 양산, 수용인구의 증가와 수용기간의 장기화로 인한 수용경비의 증대 등의 문제도 해소하고 동시에 다수의 중요범죄도 예방할 수 있는 효율적인 정책이 될 수 있다는 것이다.

선별적 무능력화는 나름 합당해보이지만 선별하는 기준이 문제가 된다. 범죄는 국가에 따라서, 지역에 따라서, 사회 환경에 따라서, 시기에 따라서 차이가 있을 뿐만 아니라 초범자들의 범행이나 우발적이고 충동적인 범행의 비중도 간과할 수 없기 때문이다.

무능력화 이론에 대한 또 다른 비판으로는 바로 '범죄자 대체'와 관련된 것이다. 예를 들어, 조폭 두목을 교도소에 수감한다고 조직범죄가 없어지는 것은 아니다. 조폭 두목이 잡혀갔지만, 그 아래에 있던 부하가 두목직을 승계할 것이고, 새로운 두목 체계가 생기고 새 체제 하에서 다시 범행은 계속되는 것이지, 범죄 그 자체가 쉽게 없어지지는 않는다는 것이다. 마치 운동경기에서 주전선수가 부상을 당하면 벤치에 있던 후보 선수들이 그 자리를 매우는 것과 같다.

그 외에도 무능력화 이론을 현실화하기 어려운 한계점도 대표적인 비판이다. 무능력화 이론을 실현시키기 위해서는 범죄자를 수용할 수 있는 충분한 시설과 그들을 수용하여 관리할 수 있는 비용이 필요하다. 무능력화의 효과를 잘 달성하기 위해서는 많은 중누범자들을 장기간 시설에 수용해야 하는데, 이를 위해 우리 사회가 감수할 비용이 상당히 크다고 볼 수 있다.

그 뿐만 아니라 무능력화 이론은 궁극적으로는 "지나치게 비인간적으로 범죄자를 억압하는 형사사법제도가 아닌가"하는 지적도 있다. 무능력화가 지나치게 강조된다면, 범죄자들이 도리어 극단적인 선택을 할 가능성이 크다. 범죄자 입장에서는 범죄를 저지를 때, 어떻게 되든지 당국에 잡히게 된다면 사형을 당하거나 교도소에 구금이 될 거라고 여기기 때문에 더욱 교묘하고 악랄하게 범죄를 저지르기 쉽다. 도리어 무능력화가 범죄현상을 악화시킬 위험성을 제공하는 것이다.

결국 완벽한 무능력화를 통해 우리 사회를 범죄로부터 보호하는 것은 어려운 일이라는 것을 알 수 있다. 그래서 범죄자를 구금할 때에는 단순히 무능력화를 넘어서 범죄자에 대한 재사회화 교육, 치료적 처우, 직업 교육 제공, 종교적 계도 등과 같은 교화개선 노력이 병행될 수밖에 없는 것이다.

완벽한 이론이나 제도는 있을 수 없다. 하지만 범죄예방과 범죄통제라는 목적 달성을 위해서는 여러 가지 수단들이 병행되는 것이 더욱 효과적일 것이다. 범죄예방과 사회방위를 더 잘 하기 위해서는 방금 살펴본 무능력화 노력뿐만 아니라, 형벌을 통한 경고·위하적 노력, 교화개선 노력, 사회계몽·교육적 노력과 같은 모든 형사정책적 이념이나 노력이 함께 조화를 이루어야 한다.

# 교도소는 세탁소인가 염색공장인가

## 범죄자는 교화개선(Rehabilitation) 될 수 있는가

신문이나 뉴스와 같은 방송매체를 보면 한 번 범죄를 저지른 사람들이 또 다른 범죄를 저지르는 경우가 상당히 많다. 어떤 보도에 등장한 범죄자의 경우는 심지어 전과 16범도 있을 정도이다. 뿐만 아니라 이보다 전과가 더 많은 사람들도 있다고 한다. 어떻게 보면 평생을 범죄의 길로 살아 온 그들이야말로 직업이 범죄인 '직업적 범죄자Career or Professional Criminals'라고 할 수밖에 없다. 정말 이렇듯 뼛속 깊이 범죄성에 물든 중누범자Recidivists들은 영원히 교화개선시킬 수 없는 것인가에 대해서는 학자들 사이에서도 논란이 있다.

물론 그중에는 예외도 있겠지만 정말 깊숙이 범죄성이 내재된 경우라면 교화개선이 쉽지는 않을 것이다. 사람들에게 내재된 범죄성에 대한 판단은 사람들의 질병 중에서 난치병도 있고 불치병도 있는 것과 같다. 그런데 범죄성이 고착화된 습관적이고 직업적인 중누범자들은 병세가 아주 악화된 중증환자보다 훨씬 더 개선시키기가 어렵다. 일반 환자들은 자신의 질병을 스스로 고치려고 자발적으로 병원과 의사를 찾고 시간과 돈과 노력을 투자하지만 범죄자는 대부분 스스로 자신의 범죄성을 고치려고 자원하거나 노력하지 않기 때문이다. 전과가 10범, 20범이 된다는 것은 범죄가 일종의 습관처럼 되었다는 것을 의미한다.

전과기록은 사실 공식적으로 국가기관에 인지된 범죄만 기록된 것이므로 실제로는 훨씬 더 많은 범행을 습관처럼 행했을 가능성이 크다. 이러한 습관적인 범죄도 문제가 되지만, 습관 수준을 벗어난 경우라면 더 큰 문제가 될 수 있다. 단순한 습관 수준을 벗어난 병적인 집착 같은 경우가 그렇다. 소위 말하는 도벽盜癖이나, 약물이나 도박 중독 문제, 변태적 성적 집착 같은 것들은 단순한 습관이라고 보기에는 그 정도가 지나치다. 이러한 문제는 일종의 질병으로 간주하여 적극적이고 체계적인 치료 프로그램을 꾸준히 제공해야만 어느 정도 효과를 기대해볼 수 있는 것이지 단순히 교도소에서의 교정처우만으로는 그 성과를 기대하기 힘들다.

그래서 우리나라에서도 상습적인 성폭력범죄자들이나 약물중독범죄자들을 공주치료감호소에 수용하여 치료하고 있다. 그것도 모자라서 최근에는 상습적인 성폭력범죄자들에게는 그들의 성적 기능을 무력화시키기 위한 화학적 거세를 고려하고 있다. 그 만큼 일부 범죄자들에 대한 교화개선이 어렵다는 것을 잘 보여주고 있다.

중독자들뿐만 아니라 교육이나 치료로 개선되기 어려운 강한 범죄성을 지닌 특정범죄자들도 있다. 예를 들어 뇌의 기능 이상과 같은 생물학적 원인에서 비롯된 생래적, 즉 타고난 범죄성이라든지, 어린 시절의 강한 충격이나 자극에서 비롯된 범죄성, 전 생애에 걸쳐 뼛속 깊이 학습된 범죄성, 심각한 정신질환에 의한 범죄성 같은 경우에는 단순한 교정교육이나 치료로 개선되기 어렵다. 이런 경우에 상습적 성폭력범죄자에 대한 화학적 거세와 같은 화학요법Chemotherapy을 시도할 수밖에 없다.

중누범자들의 개선이 어려운 가장 큰 이유 중 하나는 바로 사회의 책임이다. 범죄자라고 정말 그 범죄가 좋아서 자꾸 반복해서 범하는 경우는 많지 않다. 결국 할 수 있는 것이 별로 없고, 그 중에 잘 할 수 있는 것이 범죄이기 때문에 범죄를 저지르게 되는 경우가 많은 것이다. 가정이나 이웃에서 소외되고, 적절한 대외관계에도 실패하고, 취업에도 실패하여 경제적으로 곤궁한데 적절한 복지적 혜택을 받지 못하는 등 심각하게 상대적 박탈감Relative Deprivation과 그로 인한 사회적 증오심만 키운 경우들을 생각해 보면 반드시 중누범의 책임을 그 개인이나 교정의 실패로만 몰아갈 수는 없을 것이다. 어쩌면 우리사회가 그들로 하여금 범죄의 길로 내몰지는 않았는지 한 번쯤 되돌아 볼 필요도 있다.

위와 같은 사례들을 살펴보면 범죄자들을 교화개선하는 것은 정말로 어려운 과제라는 것을 알 수 있다. 하지만 어렵다고 해서 교화개선의 노력을 포기할 수는 없다. 범죄자도 국가가 책임져야할 국민인 이상 교화개선은 국가가 범죄자들에게 제공해야 할 의무이기 때문이다.

실제로 범죄자들에게 적절한 처우가 제공된다면 교화개선이 불가능한 일만은 아닐 것이다. 하지만, 이에는 전제가 있다. 바로 효과적인 처우가 가능하도록 교정 여건이 개선되는 것이 필요하다. 지금처럼 온갖 문제가 많은 범죄자들을 1~2천 명씩이나 한꺼번에 과다하게 수용하여 획일적인 교화개선처우를 하게 된다면 범죄자별로 다른 문제가 있고 따라서 각자 다른 처우가 필요함에도 적절한 처우를 제공하지 못하여 궁극적으로 교화개선처우는 결코 성공하지 못할 것이다. 또한 교정의 현실은 재소자에 대한 처우보다 보안을 중심으로 하는 재소자관리, 즉 사고 없는 교도소를 운영하는 데 급급할 수밖에 없게 되어 제대로 된 교정처우를 통한 교정의 효과를 기대하기란 힘든 일이다.

하지만 이러한 상황에서도 교화개선은 불가능한 일이 아니다. Martinson 박사가 교정처우의 교화개선효과를 'Nothing Works'라고 극단적으로 평가하였던 자신의 주장을 후에 적정한 여건에서 개별적으로 필요한 처우를 전문적으로 제공한다면 일부 교정처우는 교화개선효과가 있을 수 있다는 소위 'Something Works'라는 말로 입장을 바꾸었듯이 우리가 제대로 된 처우를 꼭 필요한 범죄자에게 제공한다면 교화개선 효과를 기대할 수 있다. 이를 전문적으로 표현하자면 교정처우의 전문화와 개별화라고 한다. 하지만 현실은 그렇지 못하다. 왜냐하면 우리 사회 전체에서의 교정에 대한 관심이 우선순위에서 밀려 있어 정말 필요한 만큼의 충분한 예산이나 인력을 확보하지 못하게 될 가능성이 크기 때문이다. 그러다보니 범죄자 개개인에게 적합한 전문적인 맞춤형 처우는 사실 실현되기 어려운 것이 현실이다. 이러한 여건이 획기적으로 개선된다면 아무리 중한 범죄자라 하더라도 개선시킬 수 있는 가능성은 그 만큼 커질 수 있을 것이다.

진정한 의미의 범죄자 교화개선을 위해서는 국가와 사회의 교정여건의 개선뿐만 아니라 범죄자와 가까운 주변 사람들의 노력도 필요하다. 별 관련 없는 사람이 백 마디 하는 것보다 의미 있는 유대를 가진 사람의 한 마디가 사람의 판단이나 행동을 변화시키는 데 훨씬 큰 영향을 미친다. 이러한 주변인들 중 대표적인 집단이 바로 가족이다. 범죄자의 교화개선에 배우자나 부모의 노력은 절대적인 영향을 미칠 수 있다. 실제로 연구결과에 의하면 가족관계가 원만하게 유지되는 재소자일수록 출소 후에 재범할 확률이 낮았다고 한다. 그러나 안타깝게도 대부분의 재소자가 처한 현실은 그렇지 못하다. 범죄를 저지르면 가족들조차도 망신스럽고 창피하다는 이유로 등을 돌리는 경우가 많기 때문이다. 따라서 가족이나 친구 기타 의미 있는 유대관계를 가지고 있는 주변인들이 끝까지 포기하지 않고 개선적 노력에 힘을 보탠다면 교화 가능성을 높일 수 있을 것이다.

궁극적으로는 우리 사회도 범죄문제에 대해서 공동의 책임이 있기에 지역사회에서 범죄자들도 포용하고 구성원으로서 받아들이는 재통합의 노력이 활발해지는 것이 절대적으로 필요하다. 지금까지 우리는 범죄자들을 우리사회로부터 격리시키는 데 급급한 소위 '배타적Exclusive' 형사정책을 유지해 오고 있지만 사형이나 종신형을 제외하고는 언젠가는 우리사회로 되돌아올 수밖에 없기 때문에 그들을 배척하는 것만이 해결책이 될 수 없는 것은 너무나 자명한 일이다. 따라서 이제는 그들을 배척만 할 것이 아니라 '포용적Inclusive' 자세로 대할 필요가 있다.

'교화개선이 어렵다', '타고난 범죄자'라고 하지만 사실 범죄자들도 결국 우리 사회의 구성원들이다. 분명 어려움이 있겠지만 범죄자들에 대한 교화개선의 노력을 포기하지 않아야 한다. 사실 끝까지 교화개선의 노력을 포기하지 않는 것이 국가와 공동체 구성원들의 책무이기 때문이다.


## 교도소의 교화개선 노력은 소용이 없는 것인가

현대사회에 들어서서 나타나는 범죄의 증가는 필연적으로 범죄자의 증가를 불러왔다. 정부당국은 늘어나는 범죄에 대한 대책과 향후 발생할 수 있는 재범 위험의 예방과 방지를 위하여 많은 전술을 활용하고 있다. 그 중 하나가 바로 교도소에서 실시하는 범죄자의 교화개선이다. 그런데 우리는 '교도소에서 실질적으로 그러한 효과를 볼 수 있을까'라는 의문을 가지고 있다.

현대사회에서 교도소의 중요한 역할로서 교화개선, 재사회화, 건전한 사회복귀를 말하지만, 그것이 과연 실제로 가능한지 여부에 대하여 비판하는 사람도 존재한다. 그들의 주장에 따르면, 교도소는 단지 우리 사회에서 범죄인들을 제거하여 격리시키는 데 목적이 있거나, 또는 범죄피해자들을 대신해 국가가 죄를 응징하는 수단으로서 기능하는 면이 더 크다고 본다.

교정의 목적이나 기능은 여러 가지로 나누어져 있다. 쉽게 생각해볼 수 있는 것으로는 '처벌을 위한 교정'이 존재하고, 궁극적 지향점이 되어야 할 모델로는 '교화개선을 위한 교정'도 들 수 있을 것이며, 더 나아가서는 '사회재통합을 위한 교정'도 있을 것이다.

이렇게 교정의 목적과 기능이 여러 가지로 나타나는 이유는 교정에게 요구하는 역할이 늘어났기 때문이다. 과거 범죄자에 대한 처벌과 사회로부터의 격리 중심의 교정의 역할을 넘어서 범죄자들이 교도소에서의 범죄학습을 막고, 재범 및 재입소를 방지하는 교화개선을 위한 교정이 현재 강조되고 있다.

교화개선을 위한 교정은 인간이 자유의지를 가진 존재로 보기보다는 이미 결정된 존재로 보아 범죄를 자유의지에 의한 선택의 결과로 보지 않고 범죄자가 되도록 이미 결정된 사람의 행위로 본다. 따라서 교정은 범죄자에 대한 처벌이 아니라 범죄자에 대한 치료와 처우 등을 통한 사회복귀가 필요하다는 것을 말한다. 교정의 교화개선을 주장하는 이들에 따르면 범죄를 일종의 사회적 질병Social ill으로 여기고 있으며, 범죄자를 그러한 질병을 앓고 있는 일종의 환자로 보아야 한다고 주장한다. 따라서 아픈 사람, 환자에게 처벌이 아닌 질병을 낫게 해주는 것이 필요하며, 이러한 질병치료를 위해 심리적, 사회적 각종 처우를 제공하는 것이 바로 **교화개선적** 교정이라고 말한다.

교화개선적 교정은 범죄자들의 범행을 다 그들의 마음의 병 때문으로 생각하여 교도소에서는 범죄자들에게 심리치료, 상담과 같은 다양한 심리적 처우를 제공하여 치료하여야 한다고 본다. 또 다른 한편에서는 범죄자들이 교육과 훈련을 제대로 받지 못하여 합법적인 기회와 수단이 차단되거나 제한되어 범죄라는 불법적 기회와 수단에라도 호소할 수밖에 없었다고 판단하여, 그들에게 합법적인 기회와 수단을 가질 수 있도록 각종 교육과 훈련을 제공해야 한다고 본다. 그래서 현재 거의 모든 교도소에서는 학과교육을 시키고 직업훈련과 교도작업을 시키고 있는 것이다. 다시 말해, 재소자들에게 고기를 잡는 방법을 가르쳐주면 굳이 남의 고기를 뺏거나 훔치지 않을 것이라고 여기는 것이다.

## 교화개선적 교정의 평가와 효과

전통적 입장을 고수하는 학자들에게는 이러한 교화개선 노력에 대해서 무용론적인 견해 내지 부정적인 견해들도 많이 있다. 첫째는 교화개선이 오히려 인권침해적일 수 있다는 비판이다. 교화개선이라는 것은 쉽게 말하면 정신을 개조하는 것인데, 아무리 범죄자라 하더라도 국가가 시설에 구금해놓고 본성에 반하는 특정 사고를 주입하는 것이 억압적이지 않느냐 라는 견해이다. 또한 실제로 교화개선적 교정을 거친 범죄자를 조사해봤더니 실패한 것으로 들어났다는 평가도 있다. Robert Martinson이라는 학자는 이를 교화개선은 결국 '무의미한 일, 아무 소용도 없는 것<sup>Nothing</sup> works'이라는 표현을 써서 설명하기도 했다.

Robert Martinson이 교화개선적 교정에 대하여 아무런 효과가 없다고 주장한 이유는 교화개선에 의한 교정의 결과가 만족스럽지 못하였다는 통계적 경험에서 비롯된다. 실제로 교도소를 출소한 수형자들이 다시 범죄를 하여 형사사법기관에 인지된 비율을 말하는 재범률이 매우 높으며, 이들 중에서도 중범죄를 저질러 다시 교도소에 수감되는 비율인 재입소율도 30%에 이른다면 결코 성공적이지 못했다고 보는 것이다. 뿐만 아니라 설사 그 효과가 있어서, 즉 재범률이 100%에 이르지 않았다는 것이 일부 성공적인 면도 있다고 주장하지만 그것이 반드시 교화개선의 효과라고 확신할 수 없다는 문제가 있다. 출소자가 재범하지 않는 것이 교화개선 때문이라기보다 철이 들어서 더 이상 범행하지 않는 성장효과<sup>Maturation Effect</sup> 때문일 수도 있으며, 처벌에 대한 두려움으로 인한 범죄억제<sup>Deterrence</sup>의 결과일 수도 있다는 것이다.

이러한 부정적 평가는 물론 교정처우 자체가 효과적이 아닐 수도 있지만, 사실은 교정처우 프로그램 자체가 문제가 아니라 현재의 교정환경 하에서는 효과적일 수 없다는 주장도 있다. 처음부터 교도소는 형벌의 기관이지 치료와 교육과 훈련과 처우를 위한 기관은 아니어서 제대로 시행되고 효과를 기대하는 것이 애당초 무리라는 근원적인 반론도 있다. 대부분의 질병이 환자가 병을 치료하겠다는 자발적인 의지와 의사에 대한 신뢰가 전제되어야 하는데, 재소자는 대부분 자신의 잘못<sup>病</sup>을 인정하지 않고 따라서 치료할 의지가 없으며, 교도관 등에 대한 신뢰관계를 결코 갖지 못하기 때문에 효과를 기대할 수 없다는 주장도 있다. 재소자에 대한 교육과 훈련의 효과가 없다는 사실도 부정하기 어려운 이유는 교육과 훈련은 자발적 참여가 전제되어야함에도 교도소에서의 교육과 훈련은 자발적 참여에 의한 것이 거의 없다는 점이다.

한편 우리가 재소자에게 제대로 된 처우를 제공하지 못한다는 비난도 받고 있다. 즉, 전문성을 가진 전문가로부터 재소자 각자의 개별적인 필요와 문제에 적합한 처우, 즉 전문적이고 개별화된 처우를 제공하지 못하고 모든 재소자에게 획일적인 처우만 제공되기 때문에 효과가 나올 수 없다는 것이다. 과거 동네 의원에서 모든 환자를 다 치료하였던데 비해 요즘은 같은 내과라도 소화기내과, 호흡기내과 등으로 전문화되어 진료하듯이 교도소의 교정처우도 그렇게 되어야 한다. 그러나 결론적으로 흉내내기나 눈감고 아웅하기Window dressing에 그쳤기 때문에 효과가 없다는 것이다.

이러한 부정적인 평가에도 불구하고 현대의 교정에 있어서 교화개선의 이념을 포기한다는 것은 불가능하다. 구금기간이 끝난 범죄자들은 결국은 사회로 복귀해야 하는데 그에 대한 준비를 하지 않으면 범죄자들은 다시 사회에서 다시금 문제를 일으킬 수밖에 없다. 그래서 범죄자들이 사회에 적응할 수 있도록 도와주는 교화개선적 교정은 국가의 책무이기도 하다.

때문에 교화개선적 교정을 지지하는 의견이 여전히 많은 지지를 받고 있는 것이다. 실제로 앞에서 언급한 Robert Martinson 같은 학자의 연구와 반대의 결과를 보인 연구도 존재한다. Paul Gendreau와 Robert Ross 같은 학자들이 수행했던 연구에서는 교화개선적 처우프로그램이 매우 성공적인 것으로 검증되기도 했다. 이보다 더 큰 목소리는 실제 교화개선적 처우가 제대로 실시될 여건이 갖추어져야 한다는 것이다. 현재까지의 감시·감독·통제 위주의 교정행정을 펼치면서, 교화개선적 처우의 효과를 측정한다는 것 자체가 모순이다. 그렇기 때문에 좋은 처우를 제공할 수 있는 전문가 인력도 충분히 확보·제공을 하고, 예산도 충분히 할당하고, 구체적인 여건도 개선한 후에야 교화개선적 처우가 제대로 실시될 것으로 기대할 수 있을 것이고, 평가가 그 이후에 이루어져야 정확한 평가가 될 수 있다고 본다.

교화개선적 처우의 제공이야말로 국가가 범죄자에게 도움을 제공하도록 의무를 지우는 유일한 교정정책이며, 그들에게 기회를 주는 최후의 수단이라는 점을 상기한다면, 교화개선적 교정처우를 끊임없이 개선·발전시키며 확대해가려는 노력을 멈춰서는 안 될 것이다. 국가가 범죄자들에게 도움을 베풀고 기회를 주고, 범죄자는 이러한 국가와 사회의 노력에 보답하여 교화갱생하려는 의지를 가꾸어나간다면, 우리사회에서 악<sup>惡</sup>이 차츰 사라질 수 있을 것이다.

## 교도소는 과연 필요한가

교도소가 효과가 있는지 없는지는 당연히 교도소가 무엇을 목표로 하고 있으며, 그 목표를 얼마나 달성했는가에 따라 결정된다. 문제는 교도소의 목표가 너무나 다양하고 복잡하다는 것이다. 자동차공장에서는 자동차 몇 대를 생산하였는지, 휴대전화공장에서는 휴대전화를 정해진 시간에 몇 대를 생산하였는지만 알면 공장의 생산성 또는 효율성을 쉽게 알 수 있다. 하지만 그에 비해 교도소는 그 목표가 다양하고 복잡하며 한편으로는 분명하지도 않아서 생산성이나 효율성을 논하기가 어렵다. 그러나 다양한 목표 중에서도 한 가지 분명한 것은 역시 교도소를 출소한 후에 또다시 범행을 하지 않고 사회에 준법시민으로 복귀, 적응하는 것이라고 할 수 있다. 그런 면에서 우리는 재범률, 교도소 출소 후 또다시 범행에 가담하는 비율로서 교도소의 필요성과 효과를 평가하고 있다. 그런데 매년 50~60%대에 이르는 절대적인 재범률 수치만 놓고 보자면, 교정시설이 효과적으로 제 역할을 못한다고 볼 수도 있을 것이다. 그렇지만 교정시설의 효과를 그렇게 단순하게만 판단할 수는 없다.

교정시설의 가장 큰 가치는 물론 좋은 교화개선적 처우를 제공해서 출소자가 사회에 잘 재통합될 수 있게 하고, 그렇게 함으로써 다시는 범죄를 범하지 않게 하는 것이다. 하지만 앞서 설명한 것처럼, 단순히 재범방지 이외에도 교정시설의 존재 가치는 또 있다. 기본적으로 교도소와 같은 교정시설은 일단 범죄자를 일반 사회로부터 격리하는 기능을 한다. 비록 적절하게 교화개선시키지는 못했다하더라도 사회로부터 철저하게 격리하고 있는 그 자체로 교도소는 기능을 하고 있다고 할 수 있다.

적어도 범죄자가 교도소에 수용되어 있는 동안에는 다른 사람에게 또 다른 범행을 할 수 없게 된다. 범죄학이나 교정학에서는 이를 범죄자에 대한 무능력화Incapacitation라고 부르고 있다. 따라서 그들이 교도소에 수용되어 있는 동안만이라도 우리사회는 그들의 범죄로부터 안전할 수 있는 것이다.

또 범죄자를 교도소에 수용한다는 것은 자유를 박탈하는 자유형이고, 자유의 박탈은 인간에게 최고의 고통인 관계로 형벌의 고통을 통하여 일반시민이나 범죄를 범하려고 하는 잠재적 범죄자들에게 겁을 주어 그들의 범죄동기를 억제하는 효과도 생각해볼 수 있다. 범죄자에게 신속하고 확실하며 엄중한 처벌을 가한다면, 아무래도 범죄를 범할 때 더 신중하게 될 것이고, 결국 범행을 포기할 여지를 키울 수 있다고 본다. 앞에서도 언급한 바와 같이 이러한 형벌의 효과를 우리는 억제, 제지, 또는 예방Deterrence효과라고 하며, 범죄자에 대한 그러한 효과를 특별예방이나 특별억제Special Deterrence라고 하며, 일반인에 대한 것을 일반예방이나 일반억제General Deterrence라고 구분하고 있다.

하지만 기본적으로 교정시설에 수용되었던 범죄자를 교화개선시켜서 생산적이고 준법적인 시민으로 사회로 복귀시키지 못한 것에 대한 비판은 가능하다. 그렇지만 이 또한 쉽게 판단할 수 없다. 일단 교화개선이 이루어지려면 교화개선이 가능할 수 있는 충분한 여건을 만들어줘야 한다. 적은 인력과 부족한 예산, 제한된 처우프로그램, 부적절한 시설에서 좋은 교화개선적 성과를 이루어 내라는 것은 모순이다. 결국 교정시설이 효과적으로 기능하지 못한다고 단언하기 이전에 정말 교정시설이 적절히 기능할 수 있는 환경을 조성해 주고 있는가를 먼저 고민해볼 필요가 있다.

물론 설사 교도소의 기능여건이 다 갖추어지고 교도소가 제 역할을 아주 훌륭하게 수행하여 결과적으로 재소자를 완전히 변화, 개선시킨다고 모두가 준법시민으로 사회에 복귀할 수 있는 것도 아니다. 예를 들어, 전과자에 대한 차별이나 적대감 등으로 그들의 사회복귀가 얼마나 어려운지, 그래서 결국에는 직업적 범죄자의 길을 걸을 수밖에 없게 되는 것은 누구나 알고 있는 일이다. 아무리 교도소에서 갱생을 시켜 사회로 내보내더라도 취업에도 실패하고 이웃들도 전과자라고 냉대하는 등 지역사회에서 잘 받아들여주지 않는다면 출소자가 할 수 있는 일은 결국 다시 범행을 하는 것뿐이다. 범죄자가 자신의 범행에 대한 충분한 대가<sup>형벌</sup>를 치루고, 스스로 반성하고 회개하여 새로운 사람으로 다시 태어났음에도 불구하고 그가 돌아가야 할 우리 사회가 그가 뿌리내릴 수 있는 기회를 주지 않는다면, 사회에 대한 증오와 분노가 생기고, 전과자라는 낙인으로 인한 사회적 배척을 견디지 못하여 또다시 범죄의 길로 빠지게 될 수밖에 없다.

또한 범죄자가 애당초 범죄를 하게 된 원인이나 계기가 범죄자 자신만의 문제라기보다 사회환경적 문제 때문이었다면, 범죄자 개인에 대한 교정당국의 노력만으로는 결코 교정이 성공할 수 없다. 예를 들어 폐병환자를 완치하였더라도 숨을 쉬는 공기가 오염되어 있고 황사가 심각하다면 또다시 폐병이 재발할 수 있는 것과 같은 이치이다. 그래서 범죄자뿐만 아니라 범죄를 유발하거나 조장한 가정, 학교, 사회 등의 문제가 해소되어서 범죄자와 사회가 동시 변화되어 다시 재통합할 수 있어야 궁극적으로 교정이 성공할 수 있는 것이다. 이를 학계에서는 사회재통합<sup>Social Reintegration</sup>이라고 하는데 이런 점에서도 교정의 실패가 결코 교도소만의 문제가 아닌 것이다. 물론 한편으로는 교도소에서 아무리 좋은 처우를 하더라도 생래적으로 너무 악한 범죄자는 교화개선이 극히 곤란한 경우도 있을 수 있다.

결국 교정의 실패는 교정당국뿐 아니라, 범죄자 개인의 차원에서, 또 지역사회 전체적인 맥락에서 종합적으로 고민해볼 문제라는 것이다. 비단 재범률이란 잣대로 평가하는 교도소의 효과, 즉 교화개선도 있겠지만, 기본적으로 탈주나 사고를 예방하고, 감시·감독하는 등 범죄자에 대한 구금의 확보와 그에 기초한 응보적 형벌의 부과와 결과적인 사법정의의 실현과 범죄억제 등의 역할과 기능도 있기 때문에라도 교정시설의 효과는 매우 복합적으로 생각해야 한다.

뿐만 아니라 교정은 사실 아주 다양한, 그것도 때로는 목표와 기대가 상충되는 고객을 대하고 있다는 점도 교정의 효과를 단순하게 평가할 수 없게 하는 요인이 되기도 한다. 범죄자는 당연히 편하고 쉽고 짧게 형기를 마치고 출소하는 것이 최선의 목표인 반면, 피해자는 가해자에 대한 최대한의 처벌이 가장 바라는 경우가 될 것이며, 교도관은 재소자관리가 쉽고 편하기를 바라며, 국가는 예산의 절감을 원하고, 일반사회는 아마도 그것이 무능력화이건 교화개선이건 범죄억제이건 범죄자로부터 보호받을 수 있기를 희망할 것이다.

이와 같은 교정이념이나 목표는 누구에게는 효과적이지만 다른 누구에게는 효과라기보다는 오히려 해악이 되는 복잡성과 복합성으로 인해, 교정목표의 성취나 그 평가는 더욱 어려워지는 것이다.

# 민간교도소는 괜찮은가

2010년 국내 최초로 '소망교도소'라는 이름의 민영교도소가 개소했다. 이는 곧 범죄자에 대한 형벌과 교정을 국가가 아닌 민간에게 맡긴다는 것이다. 이에 대하여 과연 국가의 형벌권을 민간이 담당해도 되는 것인가에 대한 논란이 있다.

일반적인 사고로는 민간이 교도소를 운영하는 것은 말도 안 되는 소리처럼 여겨진다. 그러나 민간교도소의 운영은 엄연한 사실이고 현실이다. 실제로 미국을 비롯하여 영국, 호주, 브라질 등에서는 국가가 책임져야 할 교정을 민간과 분담하는 교정 민영화정책이 실제로 실시되었다. 그 효과를 쉽게 논할 수는 없겠지만, 일반적으로는 상당한 성공을 거둔 것으로 평가되고 있는 것이 사실이다.

민영교도소의 효과를 쉽게 논할 수 없다는 판단은 교도소의 교정효과 때문에 나온 것이다. 특정한 교도소가 성공적으로 운영되는가를 알아보려면, 다른 교도소들과 비슷한 수준으로 흉악한 범죄인들을 비슷한 기간 동안 수용하면서, 특정 교도소 나름의 프로그램을 적용할 것이 전제되어야 한다. 하지만 통상 각국의 민영교도소에는 국영교도소에 수용될 범죄자들과 비교해서 상대적으로 경미한 죄질의 범죄자들이 수용되어 있어 민영교도소가 정말 효과적으로 운영되기 때문에 재소자들이 보다 많이 교화개선 되어서 사회로 복귀하게 된다고 결론내리는 것은 사실 매우 어려운 문제이다. 즉, 처음부터 국가가 운영하는 공영교도소와 민간이 운영하는 민영교도소에 수용되는 재소자가 여러 가지 특성에서 차이가 나는 다른 부류의 재소자일 수 있어서 단순히 재범률만으로 서로를 비교해서는 안 될 것이다.

물론 재범률 자체의 문제점도 존재한다. 즉, 재범률의 차이가 반드시 공영교도소와 민영교도소의 교화개선의 차이가 아니라 재소자 특성의 차이에 기인할 수 있다는 것이다. 처음부터 재소자들의 인성이나 범죄성이 다르기 때문에 다른 결과가 나올 수밖에 없다는 것이다.

이렇게 민영교도소의 효과성이나 다른 면의 우월성도 아직 분명치 않다면서 왜 굳이 교도소까지 민간에게 맡겨야만 하는 특별한 이유는 무엇인가. 이는 교정의 민영화 때문이다. 교도소는 국가의 독점사업 중 하나로 자원과 인력이 소모적으로 투입되는 경향이 짙다. 게다가 국가독점이기 때문에 효율성 개선이 힘들고 소모비용이 늘어날 가능성이 커 경제논리에 따라 민간분야의 참여가 이루어진 것이다. 범죄의 증가로 인한 재소자 수의 증가와 흉악범죄나 누범자들의 증가에 따른 수용기간의 장기화로 인한 교정수요는 증가하고 있으나 국가예산이라는 자원의 한계로 인하여 충분한 수용시설을 마련할 수 없게 되어 민간분야의 힘을 빌려서 교정시설을 증축하고 그 운영까지도 맡기자는 취지이다. 특히, 민간분야의 우수한 경영기법 등을 활용한다면 국가보다 적은 예산으로도 더 우수한 양질의 서비스를 제공할 수 있다는 믿음에서 민영교도소가 등장하게 된 것이다.

교도소를 민간분야에 맡긴다고 해서 문제가 없는 것은 아니다. 앞에서 언급된 경제성과 재범률이라는 양 측면에서의 비교평가, 국가형벌권의 민간위임에 따른 법률적 논쟁, 국가형벌권을 이용한 사익의 추구라는 윤리적 쟁점, 민영교도소 교도관의 무력사용 여부와 그로 인한 교도소 관리의 문제 등이 주요 쟁점사항이라고 할 수 있을 것이다.

특히나 민영교도소의 효과성 논의를 운운하기 이전에 국가의 형벌권을 민간에 위임하는 것이 가능한지, 또 타당한지에 대해서 발생하는 의문점에 대하여 해소할 필요가 있다. 실제로 개인의 자유와 권리를 침해하는 소위 침익적 국가작용은 민간 부분에 위탁되는 것이 지양되어왔던 것이 사실이다. 그 대표적인 것이 바로 국가의 형벌권이라 할 수 있다. 그런데, 최근에 작은 정부 논의, 민간 부분의 역할 확대 논의와 더불어서 침익적 국가작용의 경우에도 언제나 민간에 위탁하지 못한다고 볼 것은 아니라는 주장이 강하게 제기되어왔고, 형벌권도 그 논의에 포함되게 된 것이다. 나아가, 형벌권의 경우에는 크게 '형벌 결정권'과 '형벌 집행권'으로 나누어볼 수도 있을 텐데, 수사와 소추, 재판을 통해 행사되는 '형벌 결정권'의 경우에는 어떠한 경우에도 민간 위임이 어렵겠지만, 단지 결정된 형벌의 집행만을 위탁하는 경우, 즉, '형벌 집행권'을 위임하는 것은 가능하다고 볼 수도 있다고 판단했다. 물론 이러한 위임의 전제는 국가의 감시와 통제, 형평성 보장의 노력이 담보되어야 한다는 것이다. 우리의 경우에도 법무부에서 5명의 감독관이 파견돼 교도소 운영·관리 실태 등을 점검하고 있다고 하며, 관련법에는 매년 1회 이상 법무부장관이 위탁업무에 대한 감사를 하도록 규정되어 있다.

그렇다 하더라도 일반인들이 생각하기로는, 국가는 국가가 가진 권한을 민간에 넘겨주기 싫어하고 계속해서 독점적으로 행사하고 싶어 하는 경향이 있는데, 도대체 어떠한 실질적인 이유들 때문에 각국에서 민영교도소를 도입하고 있는지 의문을 가진다. 그에 대한 답변으로는 다음과 같다.

첫째는 늘어나는 범죄로 인하여 교정에 대한 수요가 늘고 있다는 문제이다. 즉, 우리사회는 교도소에 보내야 할 강력 범죄자가 줄어들지 않고 있다. 또한 시민들의 여론은 더 강하고 엄정한 법집행을 바라고 있다. 그렇다면 현재 교도소의 수용 규모나 역량을 늘려야 할 것인데, 제한되어 있는 예산이나 인력, 부지, 각종 장비의 확보 등이 쉽지 않은 것이 현실이다. 이런 상황에서 민간 부분이 교정에 진출하겠다고 하면, 국가 입장에서야 부담을 덜어서 좋고, 민간은 새로운 사업 영역에 진출하게 되는 확장 효과를 얻을 수 있어서 좋고, win-win할 수 있다는 판단이 가능하다.

뿐만 아니라 현행 시스템의 효과성에 대한 의구심이나 반성에서 비롯된 부분도 있을 것이다. 현재 국영 교정시스템이 성공을 거두고 있다면, 범죄자들의 재범률이 줄어들어야 하지만, 실제는 그렇지 않다. 그렇다면 실패를 겪고 있는 공교정에 대한 대안으로서의 민영교도소에 기대를 품을 수도 있다. 이외에도 민영교도소가 활성화됨으로써 얻을 수 있는 여러 가지 효과에 대한 기대가 존재한다. 예컨대, 국가 예산을 절감하면서도 범죄자 교정의 효과를 얻을 수 있을 것이라는 기대도 있을 것이고, 아무래도 국가보다는 민간기업이 사회변화에 대한 적응이 빠르므로 직업교육에 있어서도 실제 사회에서 보다 쓸모 있는 교육이 가능할 것이라는 기대도 있다. 또한 획일화된 교화개선 프로그램이 민간에 의해서 다양하고 풍부하게 변화될 여지도 있을 것이다.

민영교도소가 이들 장점 못지 않은 더 큰 기여를 교정에 하고 있다. 그것은 바로 상대적 비교이다. 민영교도소와 국영교도소 간의 상대적 비교와 경쟁이 가능해지고 결과적으로 국영교도소의 발전과 향상에도 크게 기여할 수 있다.

민영교도소의 도입 필요성이 적지 않은 만큼 민영교도소로 인하여 발생할 수 있는 우려도 크다. 예를 들면, 아무래도 민영교도소는 국가의 예산 지원이 없거나 적을 텐데, 그렇게 된다면 교도소는 자체적으로 발생하는 수익에 의존하게 될 것이고, 교도소가 마치 수익을 발생시키는 일반 사기업과 같은 체제로 운영되지는 않을까하는 염려도 제기되고 있다. 그렇게 된다면, 교도소에서의 수익원이라면 결국 교도소 내 작업을 통해 일반사회에 물건을 판매하는 것일테고, 자칫 재소자들이 교화의 대상이 아닌 단지 수익 창출을 위한 노동자처럼 간주될 수 있다는 우려가 생길 수 있다.

제일 우려가 되는 상황은 민영교도소의 수익성이 운영의 전제가 될 경우이다. 이 경우, 민영교도소와 관련하여 여러 가지 문제가 생길 수 있다. 앞에 언급된 것과 같이 재소자가 교화와 교육의 대상자로서의 지위가 낮아지고 생산노동자로서의 역할이 높아질 우려도 존재하고, 수익을 창출하기 위한 과정에서의 과도한 노동은 인권문제로 비화될 소지도 있다. 또한 쉽게 수익을 내려면 현실 사회에서 잘 팔리는 상품을 생산해야 할 텐데, 그렇게 된다면 교정교육이나 작업교육이 오히려 시장성 있는 몇 가지 소수의 기술능력 향상에만 집중되어서, 전인적 교육이나 적성에 맞는 직업교육이 곤란해질 수 있다는 문제도 생길 수 있다.

가장 근본적인 것은 국가의 형벌권은 민간에 위임하는 데 있어서의 사회 철학적 합의가 도출되지 못했다는 문제나 민영교도소 운영에 있어서의 책임 문제와 같은 사변적 논의들이다. 교도소에서 사고가 났을 때 사고에 대한 책임은 누가 가질 것인지, 민간이 재소자를 어느 수준까지 처벌하고 훈육할 수 있을 것인지 하는 문제들도 존재한다. 이 외에도 민영교도소에는 경미한 범죄자들만 수용될 텐데 과연 극악한 범죄인의 교화라는 교정의 본래 목적 달성에 적합하다고 볼 수 있을지, 아무래도 기존의 교도소들에 비해서 시설이 좋을 텐데 일반 시민들이 범죄자에게 좋은 시설을 제공하는 것을 감정적으로 납득할 수 있을 것인지 등등 앞으로 논의·해결되어야 할 많은 과제가 있다고 볼 수 있다.

이러한 문제들 때문에 민영교도소의 운영에 있어서 수익성을 우선적으로 하는 전문 사기업보다는 종교단체에서 운영하는 사회기업 형태의 민영교도소의 운영이 좀 더 나은 대안이 될 수 있다.

그래서 국내 최초의 민영교도소 역시 종교 관련 재단인 기독교 아가페 재단에서 운영하고 있다. 종교단체에서 우리사회의 가장 어려운 문제 중 하나인 범죄인 교화에 관심을 가지고 노력을 보태주는 것은 사실 매우 고마운 일이다.

다만, 종교단체에서 운영을 책임진다고 해서 모든 문제가 해결되는 것은 아니다. 교정교육에서 실질적으로 많은 비중을 차지하는 것은 바로 종교교육이다. 실제로 범죄자들이 뉘우치고 반성하게 되는 것은 바로 종교에 귀의하게 됨으로써 가능해지는 경우가 많기 때문이다. 그런데 특정 종교단체에서 교도소를 운영한다면 수용자들에게 특정한 종교에 대한 믿음만을 강요하는 문제가 발생할 수도 있을 것이다. 문제는 이러한 상황이 헌법에서 보장한 종교의 자유 등과 같은 수용자에게 기대되는 적절한 인권보호가 저해될 우려가 있다.

범죄자에 대한 교화개선이 현대사회에서 정말 어렵고도 중요한 문제이다. 그렇기 때문에 민영교도소 운영도 정말 잘 운영되어 우리사회가 안전하고 활기찬 사회로 나아가는 데 보탬이 되도록 관심을 가져야 한다.

# 범죄자의 신상은 공개되어야 하나

## 범죄자의 신상은 공개되어도 괜찮은가

범죄는 점점 더 흉포화되어가지만 피해자들이나 일반 사람들이 범죄자를 대비할 방법은 없었다. 특히 여성이나 아동을 대상으로 하는 성범죄의 경우는 범죄자들이 다시 범행을 범하는 경우가 많아 위험성이 크다. 그래서 정부에서는 아동성범죄자에 대한 신상을 공개했고 이어서 이제는 흉악범에 대한 신상공개의 논의도 거세게 일어나고 있다.

일반적으로 형벌을 부과할 때는 비례성의 원칙에 맞도록 지은 죄에 상응한 처벌이 강조된다. 또한, 아직 행하지도 않은 단지 미래범행의 가능성만으로 추가적인 처벌을 하는 것은 이중처벌로 보아서 금지하고 있다. 따라서 범죄자의 신상공개는 헌법에 반하는 것이라는 주장도 없지 않고, 우리의 상식이 죄는 미워하되 사람은 미워하지 말라는 격언이 있음에도 불구하고 범죄자들의 신상을 공개하자는 주장은 사람들의 호응을 얻고 있다.

범죄자의 신상공개에 대한 논의는 어제오늘 있었던 논의가 아님에도 불구하고 최근 들어 누범률<sup>Recidivism Rate</sup>이 증가하여 중누범자가 늘어나고, 그들에 의한 범죄가 증가하고 있고, 전반적으로 범죄 자체가 더욱 흉포해지고 다양해짐에 따라 중누범자들의 범죄는 시민의 관심사가 되었다. 계속되는 중누범자들의 범죄는 시민들로 하여금 그들을 경계하게 만들었고, 시민들은 최소한의 자기보호를 위하여 범죄자들을 조심하기 위한 신상공개를 정부에 요구하기에 이르렀다. 이러한 시민들의 범죄자 신상공개 요구는 시민들 스스로가 범죄에 대비하기 위해서 필요하다는 데에 공감하기 시작했고 점점 더 많은 힘을 얻을 수 있게 되었다. 결과적으로, 정부에서는 이미 '아동·청소년의 성보호에 관한 법률'을 개정하여 20세 이상 성인이면 누구나 성범죄자의 신상정보를 인터넷에서 열람할 수 있도록 하였으며, 이러한 범죄인 신상공개제도는 아동을 대상으로 한 성범죄자뿐만 아니라 신상공개 대상자의 범위를 살인 및 납치, 절도 및 강도와 같은 강력범죄자들에게까지 확대하여 실시하자는 의견도 나오고 있다.

하지만 일부 인권단체에서는 범죄자들의 인권침해의 문제나 기타 형평성, 비례성, 죄형법정주의의 위배 등과 같은 법률적 문제 등 여러 가지 이유를 들어 신상공개에 반대하고 있는 것도 사실이다. 물론 양쪽 의견 모두 타당하다고 생각하지만 사회의 안녕과 질서의 유지 및 시민의 보호라는 공익우선의 범죄예방적 차원에서 볼 때, 신상공개제도는 어쩔 수 없는 선택이라고 할 수 있다. 신상공개가 어쩔 수 없는 선택인 이유는 당연히 범죄예방을 통한 사회와 시민의 안전과 보호에 효과적이기 때문이다.

전 세계적으로 유명한 병법서인 손자병법에 의하면, '지피지기知彼知己면 백전불태百戰不殆', 즉 적을 알고 나를 알면 백번 싸워도 백번 다 위태로울 일이 없다고 한다. 범죄가 사람들에게 두려운 이유는 적이 누구인지 모를 때 우리는 언제, 어디서, 어떻게 대비해야 할지 모르기 때문이다. 이러한 무지는 더욱 범죄에 대한 두려움을 배가하여 범죄의 노출위험을 크게 만든다. 그러나 범죄자 신상공개를 통하여 나에게 범행을 할 위험성이 있는 범죄자가 누구이며, 어디에서 무엇을 하는 사람인지 알게 된다면 그만큼 위험에 대비하기가 쉬워진다. 사람들은 범죄자를 대비하기 위하여 거주지를 이전하거나, 경계를 강화하여 자신을 범죄자와 거리를 둠으로써 위험에 노출시키지 않고자 한다. 그래서 범죄자에게 범행의 기회를 주지 않게 하여 자신에 대한 범죄를 더 쉽게 예방하고자 한다.

물론 그처럼 신상공개제도가 범죄예방에 효과가 있을 수 있겠지만, 동시에 신상이 공개된 범죄자에게는 수치심과 죄책감을 유발시킬 수도 있다. 직접적인 범죄예방 효과 말고도 범죄자의 수치심과 죄책감 유발이 범죄예방에 어떤 영향을 미치고 어떻게 기여할 수 있는지 알아볼 필요가 있다.

대표적인 사례를 들어보자면, 희대의 살인마인 강호순도 검거된 후 조사받고 재판받는 과정에서 항상 담담한 모습을 보이다가 자신의 얼굴이 공개된 것을 알고 처음으로 당황하고 불안해했다고 한다. 물론 그것이 단순한 수치심과 죄책감 때문이라고 쉽게 설명할 수는 없는 부분일 수도 있다. 하지만 범죄자의 신상공개제도는 범죄자에 대한 법익박탈과 고통을 수반하여 공개 대상자의 취업의 자유와 거주이전의 자유의 제한을 초래할 수 있으며, 자신의 인격에 대한 외부적 평가로 인한 수치심으로 고통이 유발될 수 있다. 특히, 명예를 중시하는 사람의 경우 신상공개는 형벌보다 더 중한 고통이 될 수도 있다.

범죄자신상공개는 범죄자에게 그러한 고통을 가함으로써 본인은 물론이고 다른 잠재적 범죄자에게도 일종의 일반예방의 효과를 기대할 수도 있다. 신상이 공개된 범죄자뿐만 아니라 범죄의 충동이나 계획을 가지고 있는 잠재적 범죄자의 경우에도 자신이 범죄를 저지르고 난 다음에 붙잡혀 자신의 신상이 공개되었을 때의 수치심과 불명예를 떠올리게 하여 충동이나 계획을 억제하는 효과를 가져올 수 있다. 그러한 효과는 여기서 그치는 것이 아니라 일반 국민에게도 범죄 및 범죄자에 대한 정보를 제공함으로써 범죄에 대한 경각심을 일깨워 주어 유사한 범죄를 예방할 수 있다.

그러나 공공의 이익을 위한 범죄예방도 좋지만 자유민주주의사회에서 범죄자의 인권도 보호받아야 할 필요가 있지 않느냐는 문제가 있다. 일부에서는 '신상공개가 이중처벌이다', '거주이전의 자유를 제한한다', '사생활의 침해다' 등의 우려도 제기되고 있다.

　그러한 우려가 있음에도 불구하고 범죄자의 신상을 공개하는 것은 이미 시행되고 있다. 아무리 시민들이 원한다고 하더라도 법치국가에서 마음대로 사람의 기본권을 제한할 수 없다. 그래서 범죄자 신상공개는 헌법에 의한 근거로서 실시하고 있다. 헌법 제37조 제 2 항에 보면, 국민의 모든 자유와 권리는 국가안전보장, 질서유지 또는 공공복리를 위하여 필요한 경우에 법률로써 제한할 수 있다고 규정되어 있다. 또한 판례에 따르면 "공적 기록의 내용 중 일부를 국가가 공익 목적으로 공개하는 것으로 공개된 형사재판에서 밝혀진 범죄인들의 신상과 전과를 일반인이 알게 된다고 하여 그들의 인권 내지 사생활의 비밀을 침해하는 것이라고 단정하기는 어렵다"라고 명시하고 있다. 그렇기 때문에 범죄자의 인권보호보다 공익이 우선시되어 범죄자의 신상공개를 하는 것이 타당하다고 보는 것이 보다 보편적이라고 할 수 있다.

　이러한 범죄자 신상공개는 우리나라만 실시하고 있는 것은 아니다. 미국의 일부 주에서는 소위 '메간법 Megan's Law'이라는 특별법을 만들어 아동을 성폭행한 성범죄자들의 신상을 우리보다 훨씬 더 공격적이고 적극적으로 공개하고 있다. 예를 들어, 주민 누구나 가까운 행정기관에서 쉽게 명단을 열람할 수 있도록 하고, 심지어 성범죄자 주거지에 팻말을 세우기까지 할 정도로 적극적이고 공격적으로 성범죄자의 신상을 공개하고 있다.

　우리나라뿐만 아니라 외국에서도 범죄자 신상공개를 적극적으로 실시하는 것을 보면, 범죄자의 신상공개를 통하여 우리사회가 얻을 수 있는 이익은 적지 않다고 볼 수 있다. 신상공개는 처벌·보안처분 등 전형적인 형사제재 이외의

정부의 성범죄자 신상공개 사이트(http://www.sexoffender.go.kr)

새로운 형태의 보완적, 대안적 처벌이 될 수 있다. 수치심을 유발하여 형벌 이외의 고통을 줄 수 있다. 신상공개의 직접적인 효과로 첫째, 많은 사람들이 가해자의 신상을 알게 되어 다시 범행을 저지르려고 해도 범행을 일으킬 만한 여건이 잘 형성되지 않아 가해자의 재범 실행의지를 차단할 수 있다. 둘째, 수형자가 출소한 후에도 그 주변 지역사회가 안전을 보장받을 수 있다. 지역주민은 신상공개제도를 통하여 집 주변에 살고 있는 범죄자들을 알게 되어 더욱 조심할 수 있고, 예방을 위해 최선을 다할 것이다. 마지막으로 가해자의 신상을 공개함으로써 추가 범죄에 대한 제보가 들어올 수 있다. 예를 들어, TV 현상수배도 범죄자의 얼굴과 약간의 신상이 함께 나오는데, 이것을 본 시청자들은 자신이 목격한 것, 피해를 입은 것 등을 제보하고 있다. 이와 같은 맥락으로 가해자의 신상을 공개하게 되면 드러나지 않은 추가 범죄 등이 제보로 들어올 수 있다.

## 수치심이론

'수치'란 말은 주로 '부끄럽다'로 표현되고 있으며, '부끄럽다'의 사전적 정의는 "자기의 잘못이나 결점 따위를 강하게 의식하여 남을 대하기가 떳떳하지 못하다, 대할 낯이 없다"이다. 이처럼 수치심이란 인간의 주요 정서 중 하나로 모든 사람들이 아주 어릴 때부터 느껴온 감정으로 관계 속에서 나타나는 심리적인 현상이라 할 수 있다.

이러한 수치심은 기존의 엄격한 형벌이 상당히 부정적 효과를 가지고 있다는 점을 인정한 많은 범죄학자들에 의해 지지되었다. 대표적으로 John Braithwaite는 1989년에 "범죄, 수치심, 재통합Crime, Shame, and Reintegration"이라는 저서를 통해 재통합적 수치심이론Reintegrative shaming Theory을 주장하였다.

재통합적 수치심이란 용서의 단어나 몸짓 또는 일탈자라는 낙인을 벗겨주는 의식을 통하여 범법자가 법을 준수하고 존중하는 시민의 공동체로 돌아가도록 재통합시키는 노력을 의미한다(John Braithwaite, 1989: 100-101). 즉, 재통합적 수치심이론은 가족 구성원이나 친구들로부터 거절당할 것을 두려워하는 사람은 일탈행동에 참여하기를 꺼린다고 보고 이러한 수치심이 범죄의 억제요인이 되며, 비공식적 사회 통제의 강력한 수단이 된다고 보았다.

따라서 Braithwaite는 비공식적 사회 통제가 공식적 통제보다 영향력이 커서 개인적 수치심을 경험하는 것이 법적 처벌을 받는 것보다 예방 효과가 커서 범죄를 예방하기 위해 사회는 재통합적 수치심이론을 받아들여야 한다고 주장한 것이다. 후에 Braithwaite와 그의 재통합적 수치심이론에서 옹호되는 이런 정책들은 이른바 회복적 사법Restorative justice을 위한 주요한 촉진제로 작용하게 되었다.

# 찾아보기

**저자약력**

이 윤 호(李 潤 鎬)
동국대학교 경찰행정학과 졸업
미국 Michigan State University 범죄학 석사, 박사학위 취득

경기대학교 교정학과, 경찰학과 교수 역임
　　　　　교학2처장, 대외협력처장, 행정대학원장 역임
동국대학교 경찰사법대학 교수 역임
　　　　　사회과학대학장, 행정대학원장 역임
　　　　　경찰사법대학장, 경찰사법대학원장 역임
　　　　　입학처장 역임

국가경찰위원회 위원 역임
법무부 법무연수원 교정연수부장(개방형 임용 계약직 이사관) 역임

대한범죄학회장 역임
한국공안행정학회장 역임
한국경찰학회장 역임
한국산업보안연구학회장 역임
한국대테러정책학회장 역임

현) 고려사이버대학교 경찰학과 석좌교수
　　동국대학교 명예교수
　　사단법인 목멱사회과학원 이사장
　　한화 시스템 자문위원

**저 서**

『한국소년비행론』, 『한국형사사법정책론』, 『범죄학』, 『경찰학』, 『교정학』, 『피해자학』, 『현대사회와 범죄』, 『범죄, 그 진실과 오해』, 『범죄심리학』, 『연쇄살인범 그들은 누구인가』, 『청소년 비행론』, 『하루 한 줄 행복에 물들다』, 『세기와 세상을 풍미한 사기꾼들』, 『범죄 기네스북』, 『영화속 범죄코드를 찾아라』, 『인생 프로파일링, 삶을 해부하다』, 『폭력의 해부』(역저), 『범죄예방론』

증보판
# 범죄, 그 진실과 오해

| | |
|---|---|
| 초판발행 | 2014년 8월 20일 |
| 증보판발행 | 2017년 6월 30일 |
| 중판발행 | 2024년 1월 31일 |

| | |
|---|---|
| 지은이 | 이윤호 |
| 펴낸이 | 안종만·안상준 |

| | |
|---|---|
| 편 집 | 이승현 |
| 기획/마케팅 | 이영조 |
| 표지디자인 | 조아라 |
| 제 작 | 고철민·조영환 |

| | |
|---|---|
| 펴낸곳 | (주) **박영사** |
| | 서울특별시 금천구 가산디지털2로 53, 210호 |
| | (가산동, 한라시그마밸리) |
| | 등록 1959. 3. 11. 제300-1959-1호(倫) |
| 전 화 | 02)733-6771 |
| f a x | 02)736-4818 |
| e-mail | pys@pybook.co.kr |
| homepage | www.pybook.co.kr |
| ISBN | 979-11-303-0440-3   03350 |

copyright©이윤호, 2017, Printed in Korea

정 가      18,000원